스포츠 내셔널리즘
: 스포츠 자국주의

조 영정

지음

2022

사회사상연구원

Sports Nationalism

By
Yungjung Joh

Social Idea Research Institute Press
Seoul, Republic of Korea

2022

머리말

우리 선수가 들어온다. 빠르고, 힘차고, 강하고, 늠름한 저 모습. 우리 선수가 가슴으로 우승 테이프를 끊었다. 아! 나는 전율한다. 내가 테이프를 끊었다. 내가 힘든 숨을 내쉬고 있다. 내가 그 힘들고도 어려운 일을 해내었다. 그가 누구이든, 어떤 사람이든 상관없다. 그가 나다. 이 순간 나는 세계를 제패한다. 온 영광이 내게 쏟아진다. 내 삶의 어려움, 부질없음, 부끄러움, 원망과 자책 같은 것은 흩어져 날아가 버리고 이 시간 나는 영웅으로 탄생한다.

지금 나는 올림픽 마라톤을 보고 있다. 이렇게 스포츠 내셔널리즘은 항상 나를 감동시킨다.

이것이 한 평범한 사람의 스포츠 내셔널리즘이다. 이 감동은 상황에 따라 더 격한 충격으로 다가오고, 사람에 따라 더 강하게 울리기도 한다. 그래서 어떤 이는 환호하고, 어떤 이는 눈물을 흘리며, 심지어 어떤 이는 심장이 멎기까지 한다. 이렇게 내셔널리즘은 벅차도록 가슴 속에 채워져 출렁대고 있지만, 안으로 깊게 가려져 있어서 일상에서 자주 볼 수 있는 현상은 아니다. 이 숨겨져 있는 내셔널리즘이 오늘날의 일상에서 가장 자주 드러내 보이는 곳이 바로 스포츠다.

스포츠 내셔널리즘은 스포츠 영역에서의 내셔널리즘이며, 그 자체로서 독특한 성격을 갖는 것은 아니다. 하지만 스포츠와 내셔널리즘은 비슷한 특성을 갖고 있어서 그 결합은 서로 어울리는 가운데 큰 힘을 발휘한다. 스포츠는 사람의 타고난 천성을 바탕으로 하고 있고, 내셔널리즘 또한 사람의 선천적인 성향에 바탕을 두고 있다. 그리고 스포츠는 강함을 추구하고 내셔널리즘 또한 강함을 추구한다. 이러한 성격으로 인하여 스포츠와 내셔널리즘은 둘이 만났을 때 서로 감정적으로 중첩되고 공명하면서 크게 증폭되는 측면이 있는 것이다.

우리의 삶에서 국제경기가 일상으로 다가오게 되면서 스포츠 내셔널리즘이 크게 작동하고 있다. 최근에 동아시아지역에서는 대형 국제 스포츠 행사가 연이어 개최되었다. 금세기에 한국에서 한 번, 중국에서 두 번, 일본에서 한 번의 올림픽이 있었고, 그리고 한일월드컵이 있었다. 그런데 중국, 일본에서 올림픽이 있을 때마다 한국은 다른 어느 지역에서의 경기에서보다 저조한 성적을 거두었다. 그런데 최근에 와서는 러시아나 중국을 위해 조국을 등지는 선수들도 나오고 있다. 이러한 상황에서 한국인의 마음이 심란하다. 여기에 내셔널리즘 문제들이 쏟아져 나온다. 국가의 영광, 통치자의 정치적 목적, 선수의 국가 정체성, 국민의 자부심, 형제애 등등. 그들이 우리 선수를 데리고 간 것도 내셔널리즘으로 인한 것이었고 우리가 마음 아픈 것도 내셔널리즘으로 인한 것이다. 내셔널리즘이 문제다.

오늘날 스포츠 내셔널리즘은 다른 어느 영역에서 보다 큰 힘을 발휘하고 있다. 스포츠 내셔널리즘은 겉으로는 매우 강렬하고 선명한 모습을 지니고 있지만, 그 이면에는 결코 단순하지도 선명하지도 않은 가운데 어둡고 감추어져 있는 모습들이 많이 있다. 그래서 오늘날 우리가 일상으로 접하고 있는 스포츠를 내셔널리즘 측면에서 검토해보는 것은 필요하고도 의미 있는 일이다. 우리가 스포츠 내셔널리즘에 대하여 더 잘 알게 됨으로써 스포츠와 내셔널리즘 문제에 대해서도 현명한 생각을 갖게 되고, 스포츠 선수들도 더 훌륭한 가치관을 갖게 될 것이다.

이런 연유로 다른 영역에 앞서서 스포츠 내셔널리즘에 대한 연구서를 먼저 내게 되었다. 내셔널리즘을 번역하는 용어로서 저자의 다른 책에서는 주로 국인주의를 사용하여 왔지만, 본서에서는 자국주의를 많이 사용하였다. 스포츠 영역에서는 국인이라는 말을 함께 사용되는 경우가 많지 않고, 또 스포츠 내셔널리즘이 국가를 단위로 하는 경우가 많기 때문에 자국주의라는 용어가 쉽게 와닿는 측면이 있기 때문이다.

지식의 발전에 이바지하기 위해서는 문헌의 내용적인 부분은 말할 것도 없고 형식 또한 중요하다. 본서는 그 형식으로서 APA (American Psychological Association) 방식을 따랐다. APA 방식은 사회과학분야에서 가장 일반적으로 사용되는 방식이다. APA 방식은 본문에 인용되는 서지사항을 간략하게 표기하고 그 구체적 서지사항은 참고문헌에서 그대로 확인할 수 있도록 하고 있다. 그래서 이 방식은 간명하고 편리하다.

그런데 APA 방식은 본문 속에 인용정보를 괄호 속에 넣고 있어서 가독성이 떨어지는 단점이 있다. 논문의 경우는 쪽수가 많지 않기 때문에 문제가 되지 않을 수 있지만, 쪽수가 많은 책의 경우에는 읽는데 부담을 주게 된다. 그런데다 한국문헌에서 이 형식을 사용할 때는 문제가 더 커진다. 한글서적에는 외국 사람이나 지명이 나올 경우, 한글과 함께 괄호 속에 원어도 표기하기 때문에 너무 많은 괄호들로 인하여 가독성이 크게 떨어진다. 또 이 같은 괄호가 사용되는 경우 APA의 형식을 그대로 지키기도 어렵다. 이러한 문제를 해소하기 위하여 APA 방식을 약간 변형하여 본문

중 괄호 속 삽입 부분을 각주 형식으로 표기하였다. 간명한 APA의 장점을 살리면서도 가독성을 높일 수 있도록 한 것이다. 본서가 이 분야에 내용면뿐만 아니라 형식면에서도 새로움을 불어넣었으면 하는 바람이다.

    나라를 지탱하게 하는 것은 맹목적인 내셔널리즘이 아니라 국민의 지적능력이다. 지식은 대학에 있지 아니하고 책 속에 있다. 우리 사람들이 책을 더 많이 읽을 때 우리나라는 더 강해지게 되는 사실을 생각하면 책을 쓰는 저자의 마음 또한 가볍지 아니하다. 더 완전한 책을 내고 싶은 욕심에도 불구하고 저자의 부족한 능력으로 말미암아 미흡한 점이 많을 줄 안다. 현명한 독자 여러분의 기탄없는 질정을 기다린다.

    아무쪼록 본서가 이 분야에 학문적 발전과 함께 우리나라가 더 좋은 나라 강한 나라로 발전해 나가는데 작으나마 도움이 되었으면 하는 마음 간절하다.

2022년 5월 1일
한강가에서
조 영정 씀

스포츠 내셔널리즘

목 차

머리말   3

제1장 스포츠 내셔널리즘의 현실   11

  1. 1936 베를린하계올림픽   13

  2. 축구전쟁   20

  3. 1972 뮌헨하계올림픽 테러   24

  4. 세르비아-크로아티아 축구 폭동   29

  5. 콜롬비아 축구선수 피격사건   31

  6. 2002 솔트레이크동계올림픽 쇼트트랙 판정 시비   33

  7. 2002 한일월드컵 축구   41

  8. 2008 베이징하계올림픽   45

  9. 러시아의 도핑   55

제2장 내셔널리즘은 무엇인가?   67

  1. 용어 정립의 필요성   69

  2. 내셔널리즘의 정의   72

    1) 네이션의 정의   72

    2) 내셔널리즘의 정의   78

  3. 내셔널리즘과 민족주의의 비교   84

1) 네이션과 민족　　　　　　　　　　84

　　2) 내셔널리즘과 민족주의　　　　　　90

4. 인접 용어와의 관계　　　　　　　　　92

　　1) 국민, 시민, 인민　　　　　　　　92

　　2) 네이션과 국민　　　　　　　　　97

　　3) 국민주의　　　　　　　　　　　100

5. 해결 방안　　　　　　　　　　　　101

　　1) 국 인　　　　　　　　　　　　101

　　2) 국인주의　　　　　　　　　　　108

6. 올바른 용어 사용의 필요성　　　　113

7. 본서에서의 용어 사용　　　　　　127

제3장 스포츠란 무엇인가?　　　131

1. 스포츠의 정의　　　　　　　　　　133

2. 스포츠의 기원　　　　　　　　　　134

3. 고대 올림픽　　　　　　　　　　　136

4. 근대 스포츠　　　　　　　　　　　138

5. 국제 스포츠　　　　　　　　　　　141

6. 스포츠의 기능　　　　　　　　　　150

　　긍정적인 면　　　　　　　　　　　150

　　부정적인 면　　　　　　　　　　　151

7. 스포츠의 파생적 역할　　　　　　153

사회계급	153
평등성	155
자본주의	158
사회주의	160
정체성	161
인종	162
성	164
세계화	165

제4장 스포츠 내셔널리즘　　167

1. 스포츠와 국가　　169

2. 스포츠와 자국주의　　173

국가적 단합	173
응원	178
국가 자부심	182
라이벌전	190

3. 스포츠 자국주의의 근원　　193

제5장 스포츠 내셔널리즘의 부작용　　201

1. 스포츠의 정치적 이용　　203

스포츠 행사	207
승자만을 위한 축제	219
개최국 프리미엄	226

2. 국가를 위한 스포츠　　　　　　　**236**

3. 스포츠 정신의 파괴　　　　　　　**244**

4. 국가 간 갈등 증폭　　　　　　　　**247**

5. 부정 부패　　　　　　　　　　　　**253**

6. 도핑　　　　　　　　　　　　　　**259**

7. 자원의 낭비　　　　　　　　　　　**264**

8. 불평등　　　　　　　　　　　　　**270**

제6장 결론　　　　　　　　　　　275

참고문헌　　　　　　　　　　　　　295

색 인　　　　　　　　　　　　　　　329

제 1 장

스포츠 내셔널리즘의 현실

1. 1936 베를린하계올림픽
2. 축구전쟁
3. 1972 뮌헨하계올림픽 테러
4. 세르비아-크로아티아 축구 폭동
5. 콜롬비아 축구선수 피격사건
6. 2002 솔트레이크동계올림픽 쇼트트랙 판정 시비
7. 2002 한일월드컵 축구
8. 2008 베이징하계올림픽
9. 러시아의 도핑

1. 1936 베를린하계올림픽

　1936년 8월 1일, 베를린에서 제11회 하계올림픽이 열렸다. 히틀러는 이 올림픽을 통하여 독일이 우수한 민족에 의한 위대한 국가임을 독일인들에게 확인시키고 전 세계 사람들에게도 이를 확실하게 보여주고자 하였다. 그래서 올림픽 행사를 그 규모면에서나 내용면에서 이전의 올림픽과 확연히 다를 만큼 매우 웅대하고 화려하게 준비하였다. 베를린에 10만 석 규모의 대형 스타디움과 여섯개의 체육관, 그리고 여러 크고 작은 체육시설 등으로 거대한 스포츠 단지를 건설하였다. 또한 올림픽 사상 처음으로 그리스로부터 성화를 봉송하여 고대 그리스 문화의 계승자로서의 독일을 상징화하였다. 역시 올림픽 사상 처음으로 텔레비전으로 중계방송하였으며, 모든 경기와 행사는 영화필름으로 기록하였다. 나치문장의 깃발, 팸플릿, 상징물 등으로 거리를 장식하였고, 부랑자, 거지, 노숙자 등 조금이라도 독일의 이미지를 나쁘게 할 수 있는 사람들은 모두 체포하여 특별수용소에 가두었다.

개막식은 그야말로 장관이었다. 하늘에는 거대 비행선 힌덴부르크(Hindenburg)가 떠 있었고, 관중들로 꽉 메운 거대한 스타디움에 당대 최고의 작곡가 리하르트 슈트라우스(Richard Strauss)가 작곡해 지휘하는 "세계인이여, 우리 국인의 손님"이라는 올림픽개막곡이 울려 퍼지는 가운데 관중의 열광 속에 히틀러가 입장하였다. 그리고 각국의 선수들이 입장하였다. 모든 관중들은 손을 뻗어 나치식으로 경례하였고, 입장하는 각국 선수들은 자기 방식대로 인사하기도 하고 개중에는 나치식의 인사를 하기도 하였다. 그리고 히틀러는 경기개회를 선언하였다. 히틀러의 개회선언이 있자 관중들의 엄청난 함성과 함께 평화를 상징하는 25,000여 마리의 비둘기들이 하늘로 날아올랐고, 축포가 울려퍼졌다.

베를린올림픽은 경기규모뿐만 아니라 내용면에서도 이전의 올림픽과 확연히 달랐다. 직전에 열렸던 1932 로스앤젤레스올림픽이 37개 참가국에, 14개 종목 117개의 경기[1], 참가선수 1,332명이었던 반면에, 베를린올림픽은 참가국은 49개국으로 늘었고, 19개 종목에 129개의 경기, 참가선수 3,963명이었다. 참가국은 12개국 늘어났고, 참가선수는 무려 세배에 이르렀다. 그리고 많은 신기록이 나왔다.

---

[1] 경기는 세부종목에 해당한다.

아리안 혈통의 우수성을 강조하고 독일의 위대함을 알리는 일은 행사모습에만 한정될 리 없었다. 경기결과에서 독일 선수들의 우수성이 드러나야 하는 것은 당연하였고, 그래서 독일선수들은 다른 나라 선수들을 압도하면서 메달을 휩쓸었다. 129개 경기 중 금메달 38개, 메달합계 101개로 전체 금메달에서 약 29.5%, 전체 메달에서는 26.1%를 독일이 가져갔다. 국가별 메달집계순위를 보면 금 38, 은 31, 동 32, 메달합계 101개를 획득한 독일은, 금 24, 은 21, 동 12, 메달합계 57개를 획득하여 2위에 오른 미국에 비하여 거의 두배나 많은 메달을 획득하였다.[2] 바로 전의 1932 로스앤젤레스올림픽 메달성적은 미국이 금 44, 은 36, 동 30, 메달합계 110개였던 반면에, 독일은 금 5, 은 12, 동 7, 메달합계 24에 불과했던 것에 비하면, 이번 베를린올림픽에서 독일은 위대한 히틀러라는 말이 저절로 나올 정도로 많은 메달을 땄다.[3]

11회 하계올림픽의 개최지를 베를린으로 선정한 것은 1931년이었는데, 1933년 히틀러가 집권하면서 많은 국가들이 나치 하의 올림픽행사에 참석해야 하느냐에 대한 의문을 갖게 된다. 처음에 독일은 흑인과 유대인은 참가할 수 없다고 하였다. 그러다가 이에 반발하여 보이콧 움직임이 일자 이를 철회하였다. 독일에서 망명 온 사람들이나 유대인들은 올림픽 보이콧 운동에 나섰고, 이에 동조하는 여론도 높았으나 결국 역대 최다국 참여의 대회가 되었다.

게르만 민족의 우수성을 보여주어야 하였기에 독일팀은 유대인은 거의 출전할 수 없었고, 다른 나라의 경우는 독일측의 감정을 상하지 않도록 유대인은 참가했어도 가급적 눈에 띄지 않도록

---

[2] Berlin 1936, n.d.
[3] Medal Table, n.d.

하였다. 이렇게 세계는 인권침해와 인종차별적 행위를 묵인하였다. 올림픽으로 위대한 독일을 확인한 이후에 나치의 유대인에 대한 박해는 더욱 심해졌다. 히틀러가 이후에 이어지는 유대인대학살(holocaust)과 세계대전 도발과 같은 일탈의 길로 가는 데 있어서 이 올림픽도 한 걸음 디딤돌이 된 것이다.

이 올림픽과 관련하여 부수적으로 새겨 볼만한 이야기가 많지만 두 가지만 보기로 하자. 먼저 미국의 오웬(Jesse Owens) 선수 이야기이다. 오웬은 이 올림픽에서 금메달 4개로 최다 금메달 획득자로 최고의 영웅으로 기억되는 선수이다. 특히 미국은 오웬이 게르만 민족의 우수성을 과시하려던 히틀러의 기를 꺾은 것으로서 매우 자랑스럽게 생각한다. 미국에서는 흑인인 오웬이 4관왕이 되자 히틀러가 충격을 받았다고 하면서 인종차별적인 인물로서의 히틀러를 부각시킨다. 하지만 오웬의 말은 달랐다. 오웬은 히틀러가 그를 흑인이라고 해서 피하거나 차별하지 않았다고 하였다. 그가 본부석을 지나게 되었을 때 히틀러는 오웬에게 손을 흔들어주었고 그도 이에 답해서 손을 흔들어주었다고 하였다. 후일 오웬은 이렇게 말하였다. "어떤 사람들은 히틀러가 나를 무시하였다고들 말한다. 그러나 내가 단호히 말하건대, 그는 나를 무시하지 않았다. 정작 나를 무시한 사람은 미국 대통령이었다."라고 하였다. 당시 루즈벨트 대통령은 그가 흑인이라는 이유로 그를 초대하지도 않았고 축전 하나 보내주지 않았다는 것이다.[4]

그리고 400m 릴레이에서 오웬이 금메달을 따게 됨으로써 4관왕이 되었는데, 이는 원래 출전하기로 되어 있었던 그릭만(Marty Glickman)과 서톨러(Sam Stoller) 대신에 오웬(Jesse Owens)과

---

[4] 10 things you may not know about Jesse Owenss, n.d.

멧칼피(Ralph Metcalfe)가 뛰게 됨으로써 가능했다는 이야기가 있다. 그릭만과 서톨러가 유대인이었으므로 나치의 비위를 상하지 않도록 하기 위해서 오웬과 멧칼피를 대신 투입하였다는 것이다. 하지만 여기에도 반론이 있다. 나치가 유대인뿐만 아니라 흑인도 싫어했으므로 굳이 흑인인 오웬과 멧칼피를 투입할 이유가 없었다는 것이다. 이런 면을 볼 때, 나치정권이 올림픽을 통하여 독일을 선전하였듯이 이에 적대관계에 있는 미국 또한 나치 독일을 깎아내리기 위한 선전의 목적으로 이 행사에 있었던 사실들에 대한 가감과 덧칠이 있었을 가능성이 있다.

또 하나 베를린올림픽과 관련하여 잊을 수 없는 일이 손기정 선수의 마라톤 제패이다. 외국의 베를린올림픽에 대한 자료들을 보면 손기정 선수는 잘 보이지 않는다. 특별히 찾기 전에는 그냥 마주치기는 어렵다. 지금도 그들의 눈에는 그때나 마찬가지로 이 훌륭한 선수가 관심의 대상이 되지 않는 것은 어떻게 보면 당연한 일이다. 외국의 선수에까지 관심을 주는 사람은 많지 않기 때문이다.

베를린올림픽은 민족 올림픽이었다. 나치정권이 아리안민족의 우수성을 보여주기 위한 행사였고, 그래서 어느 민족이 더 우수한가에 대한 의식이 많았던 올림픽이었다. 당시만 하더라도 사회진화론(Social Darwinism)의 영향으로 민족적인 우열의식이 강한 때였다.

인간 극한의 능력과 강인함을 보여주는 경기가 마라톤이고, 그래서 마라톤은 올림픽의 꽃으로 불린다. 이 경기야 말로 최종결승전이나 다름없다. 마라톤 경기 당일, 1936년 8월 9일, 선수들이 출발한 지 두어시간 지나고 스타디움에는 입추의 여지없이 관중들이 빽빽이 들어찬 가운데 들어오는 선수들을 기다리고 있었다. 관중들은 누가 들어올까 궁금했다. 이 기대의 장에 누가 가장 먼저 발을 들여 놓을까? 드디어 스타디움 한켠에 있던 나팔수들이 일제히 일어서서 나팔을 불었다. 선수가 들어옴을 알리는 신호였다. 곧이어 한 선수가 스타디움 입구로부터 뛰어 들어왔다. 당당하였다. 피로의 기색도 없이 그 발걸음은 힘찼고 그의 자세는 한 치의 흐트러짐도 없었다. 그는 바로 손기정 선수였다. 2시간 29분 19초 2로 올림픽 신기록이었다. 2분여나 지나서야 영국의 하퍼(Ernie Harper) 선수가 들어왔고, 곧이어 또 한 선수가 들어왔다. 바로 남승룡 선수였다. 세계의 모든 선수들을 누르고 한국의 손기정 선수가 우승한 것이다. 손기정 선수, 남승룡 선수가 세계를 제패한 것이다. 손기정 선수뿐만 아니라 남승룡 선수도 동메달을 땄으니 이는 어느 개인의 우수성이 아니라 사람들 자체의 우수성을 그대로 입증해 주는 것이었다. 세계 모든 민족을 누르고 한민족이 우승한 것이다. 이 우수민족을 가리는 대결장에서 최고의 민족은 아리안족도 셈족도 함족도 아닌 한민족이라는 것이 밝혀진 것이다.

이 소식은 한국인들에게 벅찬 기쁨과 감격을 안겨주었다. 전 세계로부터 세계 최고의 인증을 받게 되었으니 한국인들에게는 충격이었다. 지금까지 일제하에 일본인들이 말하는 대로 열등민족인 줄만 알았던 자신들이 세계 최고의 민족이라는 사실의 믿지 못할 반전이 일어난 것이다. 이로써 한국인들에게 자신들이 우수한 민족이며 일본인보다 훨씬 더 우수한 국인이라는 것을 새삼 발견하고, 자신들이 일본사람들의 지배를 당할 그런 사람들이 아니라는 것을 확신하고 자신감을 갖게 된다.

시상대에 서서 일본의 국가가 울려 나올 때 손기정 선수와 남승룡 선수는 고개를 숙이고 이를 거부하였다. 손기정 선수가 일본 선수의 이름으로 우승했다고 해서 그 영광이 손상되는 것이 아니었다. 오히려 그랬기 때문에 더 대단한 우승이었다. 더 절실한 시기에 더 큰 어려움을 뚫고 한국인에게 정말 필요한 일을 해준 것이다. 손기정 선수의 선수복에 일장기가 그려져 있었다고 해서 그 의미가 퇴색되지 않았다. 오히려 그래서 한국인들의 가슴에 울분의 감정은 치솟았고 내셔널리즘은 더 강하게 발동되었던 것이다. 이 기쁨과 안타까운 현실 모두가 바로 내셔널리즘의 원천이다. 아픈 기억을 보듬고 나라에 대한 애틋한 마음을 가지면서 나라사람으로서의 의식은 커지게 되는 것이다. 우리가 일본인들에 지배나 당할 그럴 사람들이 아니다. 지금 이러고 있는 것은 정상이 아니며, 이렇게 있어서는 안 된다. 이 질곡에서 벗어나야 한다. 이런 일에 이런 의식이 일어나는 것은 지극히 자연스러웠다. 그래서 동아일보 일장기말살사건도 이어졌던 것이다. 그동안 희미해졌던 정체성의 각성과 함께 한국인으로서 가야 할 길을 되찾게 된 것이다.

이는 어느 한 개인이 이러한 일을 하였다는 것은 기적과 같은 일이었다. 한국 수천년 역사에서 어느 군주가 이만한 일을 하였던가? 어느 지도자가 이만한 일을 하였던가? 손기정, 남승룡 선수는 베를린올림픽에서 한국사람들에게 정말 필요한 시기에 절실한 일을 해주었다. 이렇게 역사에 길이 남을 뜻깊은 일을 해낸 이를 우리는 영웅이라 부른다. 여기에 바로 스포츠의 위대한 면이 있는 것이다.

2. 축구전쟁

1969년 중남미에서는 1970 멕시코월드컵 지역 예선전이 열리고 있었다. 1969년 6월 8일, 온두라스의 수도 테구시갈파에서 온두라스와 엘살바도르 간에 1차전이 열렸다. 이 경기에서 온두라스가 1-0으로 이겼다. 2차전은 6월 15일, 엘살바도르 수도 산살바도르에서 열렸는데 엘살바도르가 3-0으로 이겼다. 그리고 3차전은 6월 26일, 제삼국인 멕시코의 멕시코시티에서 열렸는데 여기서 엘살바도르가 3-2로 이겼다.[5]

멕시코시티 3차전에서 엘살바도르 응원석에서는 연신 "살인자!" "살인자!"를 외치고 있었다. 온두라스에서 이 나라 사람들의 폭행으로 인해 많은 엘살바도르 사람들이 죽고 다치는 일이 있었기 때문이다. 양국 사람들의 승리에 대한 욕구는 강했다. 3차전에서 전후반 90분이 모두 지났을 때까지도 스코어는 2-2였다. 연장전에 돌입하였고 연장시간 11분 만에 엘살바도르 로드리게츠가 페널티지역으로 달려들면서 골문 안으로 공을 차넣었다. 축구로 하는 전쟁은 끝났다. 하지만 이제 진짜 전쟁이 시작되었다.

3차전이 끝난 날 엘살바도르는 온두라스에 외교단절을 선언

---

[5] Luckhurst, 2019

하였다. 온두라스에서 많은 사람들이 엘살바도르 사람들을 살인, 폭행, 강간, 약탈 등 갖은 악행을 저지르는 데도 온두라스 정부는 아무런 조치도 취하지 않음으로써 인권을 심각하게 침해했다는 것이다. 그리고 7월 14일, 엘살바도르 군대가 온두라스 영토로 진격해 들어갔다. 그렇다면 어떻게 해서 평화와 화합의 정신을 내세우는 국제 스포츠경기가 이렇게 전쟁으로까지 이끌게 되었을까? 여기에는 국가 간의 문제와 스포츠의 역할이라는 면에서 다소 복합적인 일들이 있었다.

원래 엘살바도르와 온두라스는 중앙아메리카에 이웃하고 있는 국가이다. 엘살바도르는 태평양에 접해 있고, 온두라스는 대서양 쪽 카리브해에 접해 있다. 국토의 크기 면에서는 온두라스가 엘살바도르에 비해 약 5배가량 크다. 하지만 인구는 엘살바도르는 당시 약 300만, 온두라스는 약 230만 정도로 엘살바도르가 더 많았다. 엘살바도르나 온두라스 모두 토지의 대부분을 소수 엘리트들이 소유하고 있었기 때문에 대다수 주민들은 경작할 수 있는 토지가 많지 않았고 일자리도 많지 않아 다들 힘들게 살아가고 있었다. 이런 어려운 사정은 인구 많고 국토 좁은 엘살바도르에서 더 심하였고, 그래도 온두라스는 엘살바도르에 비하면 좀 나은 편이었다. 그래서 엘살바도르들은 온두라스에 밀입국하여 그곳 땅에서 경작을 하거나 가게를 운영하거나 노동일을 하면서 사는 사람들이 많았는데 그 규모는 약 30만 명 정도 되었다.

온두라스 사람들의 입장에서는 이런 엘살바도르 사람들이 못마땅하였다. 자신들의 일자리도 없는데 엘살바도르 사람들까지 와서 일자리를 뺏어간다고 생각하고 있었다. 게다가 엘살바도르 사람들은 온두라스에 와서 좋은 자리를 차지하고 있는 사람들도 많았다. 엘살바도르 사람들은 근면한 데다 열심히 일하는 성향이 있었기 때문이었다.

그래서 온두라스는 토지개혁법을[6] 만들어 1967년에 시행에 들어가게 되는 데, 정부는 이 법에 따라 엘살바도르 사람들이 불법으로 소유한 땅을 모두 몰수하여 자국민에 나누어 주고, 국내에 있던 많은 엘살바도르 사람들을 추방하였다. 이렇게 되자 양국 간의 관계는 극도로 악화되고 있었고, 이러한 상태에서 월드컵축구 지역예선을 치르게 된 것이다.

온두라스의 테구시갈파에서 1차전이 있었다. 엘살바도르 선수들이 온두라스로 왔는데 시합 전날 온두라스 사람들이 엘살바도르의 선수들이 묵고 있는 호텔에 몰려와 밤새도록 난동을 피워 선수들은 잠도 자지 못하고 출전하였다. 이 시합에서 전후반 90분이 되도록 0-0의 무승부로 있다가 초과시간에 온두라스가 한 골을 넣어 승리가 결정되었다. 엘살바도르에서는 시합 후 많은 사람들이 거리로 나와 거리는 난장판이 되었다. 여기서 텔레비전으로 경기를 시청했던 18세의 소녀 아멜리아 볼라뇨가 권총으로 자살을 하게 된다. 이 소식을 들은 사람들은 비탄과 분노에 빠지게 되었으며, 엘살바도르 대통령은 그녀를 순교자라 부르고 그녀의 장례식은 전국에 방영되었다.

엘살바도르 사람들은 홈경기를 치르는 2차전을 벼르고 있었다. 시합 전날 엘살바도르 사람들은 온두라스 선수단이 묵고 있는 숙소에 몰려가 밤새도록 드럼을 치고 나팔을 불며 호텔 유리창에 돌을 던졌다. 또 온두라스의 응원단 버스가 지나갈 때 총을 쏘기도 하고, 온두라스에서 온 자동차에 불을 지르기도 하였다. 경기

---

[6] 이 법이 만들어진 것은 1962년이다.

장에서는 엘살바도르 사람들이 폭동을 일으켜 경기를 마친 온두라스 선수들은 도망치듯 겨우 돌아갔다.

이 소식을 들은 온두라스 사람들은 자국 내에 있는 엘살바도르 사람들을 공격하기 시작하였다. 엘살바도르 사람들을 직장에서 내쫓고, 운영하는 가게를 약탈하고, 집에서 끌어내 구타와 폭행을 하였다. 이러한 사태가 계속되자 엘살바도르 사람들은 피신하거나 본국으로 도망치지 않으면 안 되었다. 그중에는 부상당한 상태에서 수백 킬로를 걸어서 필사적으로 도망친 사람들도 있었다.

1969년 7월 14일, 엘살바도르 군대의 온두라스 진격으로 전쟁이 시작되는데 전력은 엘살바도르가 우세하였다. 온두라스군은 대부분 사냥용 엽총과 같은 구식무기와 중남미 특유의 벌채용 칼 마췌테(machete)가 전부였다. 반면에 엘살바도르군은 벨기에산 신식 자동소총으로 무장하고 장갑차도 갖고 있었다. 그래서 전쟁개시와 함께 엘살바도르 군은 일방적으로 밀고 나갈 수 있었다. 그런데 문제는 엘살바도르 병사들이 훈련이 제대로 되어있지 않았다. 병사들은 온두라스 국경을 넘어 들어가자마자 소총을 자동으로 놓고 보이는 대로 방아쇠를 당겨서 전쟁 시작 15분만에 실탄을 다 써버렸다. 그래서 신식총은 무용지물이 되고, 칼로 싸우게 되었다. 칼대 칼로 싸우다 보니 진격은 느렸다. 그런데 온두라스 국내로 20-30km 정도 침공해 들어갔을 때 엘살바도르군 장갑차와 차량의 연료가 다 떨어져 버렸다.[7] 그래서 전쟁발발 100시간 만에 미주기구(OAS)의 중재로 휴전이 성립되었고, 같은 해 8월 2일, 엘살바도르 군은 철수하였다. 이 전쟁으로 약 2,000명 이상의 사상자가 발생하였고, 약 300,000명의 난민이 발생하였다.

---

[7] The 1969 'Soccer War' Between Honduras and El Salvador, n.d.

축구전쟁의 내용을 살펴보면 축구를 하다가 바로 운동장에서 싸움이 붙어서 전쟁까지 하게 된 것은 아니다. 축구 이전에 이미 전쟁을 할 수 있는 상황으로의 많은 사태 진전이 있었고, 이러한 상태에서 축구의 열기가 전쟁의 불을 붙인 것이다. 스포츠는 갑자기 국가 간에 대립하게 되는 새로운 상황을 만들어 내기보다는 원래 있던 대립적인 관계 위에서 이 사태를 악화시키거나 예기치 않는 사태로의 발전에 방아쇠를 당기는 역할을 하게 되는 것이다. 많은 군중이 운집되고 사람들의 관심이 한 곳에 몰입된 상황에서는 이들의 행동은 예측하기도 어렵고 통제하기도 어렵다. 이것이 바로 스포츠가 만들어 내는 상황이다.

3. 1972 뮌헨하계올림픽 테러

1972년 8월 26일, 독일 뮌헨에서 올림픽이 개최되었다. 9월 5일, 새벽 4시 30분에 8명의 복면을 한 무장괴한들이 올림픽 선수촌 담장을 뛰어넘어 이스라엘팀 숙소에 침입하였다. 이들은 팔레스타인해방기구의 무장단체 "검은 구월단"이었다. 이들은 이스라엘 선수, 심판, 코칭스탭 등 2명을 죽이고, 9명을 인질로 잡아 이스라엘에서 수감되어 있는 팔레스타인 포로 234명의 석방을 요구하였다.

이 소식을 듣고 이스라엘이 진압작전에 자국 대테러부대가 참가하기를 요청했지만 독일은 거부했다. 당시 이스라엘은 대테러부대가 있었던 것과 달리 독일은 이런 부대가 없었다. 전후 독일은 무장해제된 이후 군대를 구비할 수 있는 입장이 아니었기 때문이다. 독일경찰이 이 테러 진압작전에 나섰지만 진압에 실패했다. 진압과정에서 무장괴한들과의 총격전으로 되어 인질들은 전원 사살되고, 무장괴한은 5명이 죽고 3명이 체포되었으며, 독일 경찰 1명도 사망하였다.

이 사고가 나자 경기진행에 대한 문제가 논의되었다. 뮌헨 조직위원장은 나머지 경기를 취소할 것을 주장하였지만, 국제올림픽위원회(IOC) 위원장 브룬디지(Avery Brundage)는 경기를 속개할 것을 강하게 주장하였다. 그래서 경기는 그 다음날 바로 속행되었다.

다음날인 9월 6일, 올림픽 본경기장에서 8만여 관중과 3,000여 선수들이 참가한 가운데 추모기념행사가 열렸다. 여기에 모인 8만여 관중은 대부분 추모식 다음에 예정되어 있는 서독과 헝가리 간 축구시합을 보러 온 사람들이었다. 그래서 경기장은 깃발을 흔들거나 소리를 지르는 등 소란스러웠다. 추모식 도중에 올림픽기는 반기로 게양되었고 각국의 국기도 반기로 내리기로 하였지만, 아랍 10개국은 반기게양을 거부하였다. 추모행사에 나선 브룬디지 위원장은 희생자들에 대한 애도에 많은 부분을 할애하지 않고 올림픽정신의 강건함에 찬사를 보내고 당시 현안의 문제였던 로디지아의 참가문제를 발표하는 등 사람들의 기대에 반하는 연설을 늘어놓아 그의 마음속에는 추모하는 마음이 별로 없는 것이 아니냐는 비난도 나왔다.

올림픽이 끝난지 한달여 지난 10월 29일, 검은구월단은 다시 독일 루프트한자(Lufthansa) 항공 615기를 납치한다. 이들은 뮌헨올림픽 테러에서 체포된 범인들을 석방하지 않으면 항공기를 폭파하겠다고 위협하였고, 이에 독일은 곧바로 테러범들을 석방하였다. 테러범들이 돌아온 리비아의 공항에서는 대대적인 환영행사가 있었다.

이후 이스라엘의 마이어(Golda Meir) 수상은 정보기관 모사드(Mossad)에 비밀리에 작전을 명하였다. 이 작전에 따라 이 테러를 계획하고 가담한 자들은 대거 죽었다. 석방되었던 테러범 3명도 2명은 죽고 1명은 살아남은 것으로 전해지고 있다.

이후 올림픽행사에 있어서 이스라엘을 중심으로 이를 추모할 수 있는 시간과 공간을 마련해 줄 것을 요청하였지만 올림픽위원회는 이 요청을 거절하였다. 2012 런던하계올림픽에서 뮌헨올림픽 참사 40주년을 맞아 경기개막식에 이 사건에 대한 묵념시간을 갖는 것을 제안하였지만 조직위원회는 이를 받아들이지 않았다. 그러다가 2021년에 열린 2020 도쿄하계올림픽에서 처음으로 개막식 행사에서 이 참사를 추모하는 묵념의 시간을 갖게 되었다.

내셔널리즘 측면에서 이 사건은 몇 가지의 의미를 남긴다. 먼저 이는 많은 사람들의 관심이 집중되는 스포츠 행사를 정치적 목적으로 직접 이용한 사건이다. 팔레스타인 무장세력은 올림픽을 동료구출과 자신들의 문제와 존재를 알리는 목적으로 이용하였다. 무장한 전사들이 전쟁과 아무 관계없고 아무 무장없는 선수들을 테러대상으로 삼은 것이다. 그리고 이러한 사건이 일어나자 올림픽이라는 국제 친선과 평화라는 외관상의 모습 이면에 가려져 있던 국가적 이해관계, 인종적 이해관계대립의 현실이 그대로 드러났다. 팔레스타인과 이스라엘, 독일과 이스라엘, 아랍권과 서구권을 나누는 국가적인 이해가 작용하고 여기에 인종적인 편견과 대립까지 웅크리고 있었던 것이다.

또한 국가와 올림픽조직위원회라는 거대 국제기구의 비인간적인 면모를 낱낱이 보여주는 사건이었다. 사람의 생명에 대한 배려보다는 올림픽 진행에 우선순위를 두고 조급히 졸속으로 진압 작전을 수행함으로써 많은 선수들이 속절없이 희생되었다. 테러사건이 발생하였고 사람이 죽었다는 사실을 알면서도 사건 직후에 경기를 진행하기도 하였고, 사건이 종결되자마자 바로 아무 일 없었다는 듯이 경기를 속개하였다. 국제올림픽이라는 거대 기구에서 자체의 이해만 앞세우는 가운데 개개인은 이들 행사를 위한 대상물에 불과하였다는 것이다.

2020년 6월, 샌프란시스코 아시아예술박물관(Asian Art Museum)은 지금까지 관내에 두고 있던 브룬디지 흉상을 치웠다. 브룬디지는 1952년에서 1972년 사이 국제올림픽위원장으로서 오랫동안 올림픽을 이끈 인물이다. 이곳에 그의 흉상이 있었던 이유는 이 박물관의 17,000여 소장품 중 무려 7,700여 품이 브룬디지가 기증한 것이기 때문이었다.[8] 이런 그의 흉상을 치우게 된 것은 그가 인종차별주의자였다는 것이 재평가되었기 때문이다. 그는 반유대주의자, 반흑인주의자였다. 1936 베를린올림픽 당시, 미국에서는 나치독일의 올림픽행사에 불참해야 한다는 여론이 높았지만 그는 독일로부터 배울 것이 많다고 하면서 참가를 적극 주장하였다.

1968 멕시코시티하계올림픽에서 육상 200m 경기에서 금메달을 딴 스미스(Tommie Smith)와 동메달을 딴 카를로스(John Carlos)

---

[8] Shefferd, 2020

가 흑인 인종차별 항거표시로 시상대에서 국가가 울리는 동안 검은 장갑을 낀 손을 치켜드는 일이 일어났다. 브룬디지는 미국 대표단에 이들을 출전정지시키고 올림픽선수촌에서 내쫓을 것을 요구하였다. 이에 미국 올림픽위원회가 거부하자 브룬디지는 미국육상팀 전체를 출전금지시키겠다고 으름장을 놓았고, 결국 두 선수는 쫓겨났다.

1965년 영국으로부터 독립한 로디지아(Rhodesia)는 소수 백인이 통치하는 체제에 있었기 때문에 1968년 유엔 안전보장이사회로부터 정부로 인정할 수 없다는 결정을 받고 국제 스포츠 무대에 나갈 수 없게 되어 있었다. 그런데 브룬디지는 로디지아가 1968 멕시코시티하계올림픽에 참가할 수 있도록 하기 위하여 노력하였다. 하지만 국제올림픽위원회 내에서 그의 주장이 좌절되었고, 1972년 뮌헨올림픽에서도 로디지아 편을 들었으나 그의 주장은 좌절되었다. 그에게는 이런 것이 그렇게 중요했던지 뮌헨 테러 참사 추모식에서 이 로디지아건의 의결결과를 발표하였던 것이다.

그리고 이 올림픽에서 기억에 남을 만한 또 하나의 작은 사건이 있었다. 올림픽에 임하는 선수의 너무도 현실적이고 솔직한 소감표현이다. 사격 소총 소구경 복사에서 북한의 리호준은 세계신기록을 세웠다. 600점 만점에 599점의 놀랄만한 기록이었다. 경기 후 기자들이 어떻게 그렇게 총을 잘 쏘았느냐고 묻자 "김일성 수령님께서 우리의 적을 쏘는 것처럼 쏘라고 하셨고, 그대로 하였을 뿐"이라고 하였다. 마침 공교롭게도 마지막까지 금메달을 놓고 겨룬 선수가 미국선수였다. 이 인터뷰는 적잖은 반향을 불러 일으켰다. 메달을 박탈해야 한다는 주장도 있었으나 북한선수단의 사과로 메달은 무사히 받았다.

4. 세르비아-크로아티아 축구 폭동

1990년 5월 13일, 당시 유고슬라비아의 한 지역이었던 크로아티아 주도 자그레브의 막시미르 경기장에서 축구경기가 있었다. 세르비아(Serbia)의 레드스타 벨그라드(Red Star Belgrade)팀과 크로아티아(Croatia)의 디나모 자그레브(Dinamo Zagreb)팀 간의 경기로서, 이 두 팀은 유고슬라비아에서 항상 우승을 다투는 최강의 팀들이었다. 최강팀들이니만큼 팬들도 많았다. 크로아티아의 디나모 자그레브팀의 팬클럽 이름은 뱃블루보이(Bad Blue Boys)였고, 세르비아의 레드스타 벨그라드팀의 팬클럽 이름은 델리제(Delije)였다.

이 시기 세계적으로 사회주의가 와해되면서 유고슬라비아에도 사회주의 세력이 약화되어 지역마다 분리독립의 기운이 일게 되었다. 이러한 상황에서 세르비아사람들은 밀로세비치(Slobodan Milošević) 주도하에 사회주의 유고슬라비아를 유지하기 위하여 노력하고 있었다. 5월 6일에 크로아티아 지역에 선거가 있었다. 이 선거에서 크로아티아 독립을 내세운 크로아티아민주연합(Croatian Democratic Union)이 승리를 거두었다.

이런 상황에서 크로아티아 자그레브에서 경기가 열리게 된 것이다. 이 경기에 15,000~20,000여 명의 관중이 참석하였으며, 이 중 약 3,000여명은 세르비아 지역에서 원정 온 델리제였다. 관중석에서 델리제와 뱃블루보이는 칸막이로 분리되어 있었다. 그런데 경기가 시작되기 전 뱃블루보이 측에서 델리제 쪽으로 돌멩이를 던졌다. 이에 델리제 측에서 광고판과 의자를 뜯어서 뱃블루보이 쪽으로 집어 던지면서 싸움이 붙기 시작하였다. 그리고 "자그레브는 세르비아 것" "터지만(Franjo Tudjman)을[9] 죽이겠다."와 같은 세르비아 내셔널리스트 슬로건을 소리치기 시작하였다. 이에 뱃블루보이들은 델리제 쪽으로 가기 위해서 운동장으로 나오려 하였다. 이에 경찰들이 이들을 가로막고 진압하기 위하여 연막탄을 쏘고 몽둥이를 휘둘렀다.

이 상황에서 선수들은 라커룸으로 들어갔는데 세르비아 선수들은 먼저 들어가고 나중에 들어가던 크로아티아 선수 중에 주장 보반(Zvonimir Boban)이 경찰이 뱃블루보이들을 무참히 몽둥이질을 하는 것을 보고 뛰어가서 그 경찰을 발로 차서 공격하였다. 이에 경찰들이 보반을 공격하게 되자 뱃블루보이들이 그를 감싸고 보호하였다. 이 광경을 본 관중들은 경기장으로 뛰쳐나와 폭동이 일어났다. 크로아티아 사람들이 순식간에 공동체의식이 발동되어 모두가 하나의 행동으로 나서게 된 것이다. 이후 이 사건은 공권력에 저항하는 크로아티아 사람들의 상징처럼 되었다. 이 폭동으로 60명 이상의 사람들이 다쳤다. 보반은 유고슬라비아 축구협회로부터 6개월 정지처분을 받았고 형사처벌을 받았다. 하지만 다음 해 시즌에는 크로아티아의 독립선언으로 독자적인 축구 리그를 준비하게 되었고, 보반은 크로아티아의 국민적 영웅이 되었다.

이 축구 폭동이 크로아티아 독립에 도화선이 된 것으로 평가

---

[9] Franjo Tudjman은 당시 크로아티아 독립을 이끈 지도자로서 크로아티아 초대 대통령을 역임하였다.

하고 있다. 그러나 학자들 중에는 이 축구사건이 크로아티아의 독립에 결정적인 영향을 준 것은 아니라고 말하기도 한다. 크로아티아와 세르비아의 관계는 이미 많이 악화되어 있있기 때문에 이 사건이 없었더라도 독립의 길로 가는 것은 변하지 않았을 것이라는 것이다. 그렇다고 하더라도 이 사건이 크로아티아 독립 과정에 적지 않은 영향을 준 것은 부정하지 못할 사실이다.[10]

5. 콜롬비아 축구선수 피격사건

1994년 7월 2일, 콜롬비아 메데인시에서는 끔찍하고 어이없는 살인사건이 일어났다. 죽임을 당한 이유는 축구공에 발 한번 잘못 댄 것밖에 없었다.

1994 미국월드컵이 열렸다. 이 경기에서 우승후보로 꼽히는 나라가 콜롬비아였다. 콜롬비아는 남미 지역예선에서 마라도나가 활약한 강호 아르헨티나에 맞서 홈에서 2-1, 원정에서 5-0의 대승을 거두었다. 당시 대표팀을 이끌던 프란시스코 마투라나 감독의 용병술은 세계 최고수준으로 평가받고 있었다. 콜롬비아는 그 이전의 1990 이탈리아월드컵에서도 28년 만에 본선에 올라 16강 진

---

[10] Dinamo–Red Star riot, n.d.

출이라는 역대 최고성적을 거두어 상승세에 있었다. 축구황제 펠레도 콜롬비아를 우승후보로 찍었다. 따라서 이 미국월드컵에서 콜롬비아 국민들의 기대는 엄청나게 컸다.

하지만 운명의 저주였든지 펠레의 저주였든지 결과는 엉뚱하게 흘러갔다. 1차전에서 콜롬비아는 루마니아에 1-3으로 패하였고, 약체라고 생각했던 미국과의 2차전에서도 1-2로 지면서 탈락하고 말았다. 그런데 미국과의 경기에서 미국선수가 찬 공을 수비수 에스코바르(Andrés Escobar)가 걷어내기 위해서 슬라이딩을 하였으나 공이 발에 맞고 그대로 골문 안으로 들어가고 말았다. 그렇게 선취골을 내준 콜롬비아는 지고 말았던 것이다. 탈락이 확정되자 콜롬비아 사람들은 흥분하였다. 이렇게 국민들의 기대를 산산이 부숴버린 축구팀의 행위는 용서하기 힘든 배신이었다. 특히 자살골을 넣은 에스코바르에 대하여 비난과 원망이 집중되었다. 마약조직 메데인카르텔은 "선수들이 귀국하는 대로 살해하겠다"고 선언했다. 시합이 끝나고 선수들은 귀국하지 않으면 안 되었다. 감독 마투라나는 에콰도르로 피신했다. 선수들도 귀국을 주저했고 특히 에스코바르는 위험하다는 경고를 받기도 하였지만 그래도 당당하게 귀국하였다.

귀국 후 며칠이 지난 94년 7월 2일 새벽 3시, 여자친구와 함께 자신의 고향인 메데인시의 한 나이트클럽에 들렀던 에스코바르는 괴한과 마주치게 된다. 괴한은 에스코바르에게 자살골에 감사한다면서 시비를 걸었다. 그리고 총을 꺼내 쏘았다. 에스코바르의 여자친구는 괴한이 총탄 12발을 발사하면서 한 발씩 쏠 때마다 '골'이라고 소리를 질렀다고 증언했다.[11]

---

[11] 1994년 월드컵 자살골 콜롬비아 선수 피살, 2011

이 소식을 들은 세계의 많은 사람들은 일부 콜롬비아인들의 광기 어린 애국심에 전율하고 에스코바르의 죽음을 애도하였다. 이후 축구에서는 '자살골' 대신에 '자책골'이라는 용어를 사용하게 되었다.

6. 2002 솔트레이크동계올림픽 쇼트트랙 판정 시비

2002 솔트레이크 동계올림픽 쇼트트랙 1500m 결승 마지막 바퀴에서 맨앞에 질주하던 김동성을 추월하려던 미국 선수 오노(Anton Ohno)는 김동성에 막히자 두 손을 높이 들어 액션을 취하게 된다. 이후 김동성은 1위로 그대로 골인하였고, 2위는 오노, 3위는 중국의 이지아준, 4위로 이탈리아의 카르타(Fabio Carta)가 들어왔다. 김동성이 1위를 하자 수많은 미국 관중들이 야유를 보냈고, 이 야유는 곧 환호로 바뀌었다. 김동성은 실격처리되고 오노가 금메달로 된 것이다. 심판진은 김동성이 오노의 진로를 방해하는 반칙을 했다는데, 전혀 이해할 수 없는 판정이었다. 오노가 김동성이 반칙을 한 것처럼 고의로 하는 제스처, 소위 할리우드 액션을 취한 것이었고, 이를 심판들이 그대로 받아준 것이었다. 미국에서 쇼트트랙이 인기있는 종목이 아니었기 때

문에 대다수 관중들은 규칙 같은 것은 알지도 못했다. 김동성이 1위로 들어왔을 때 야유를 보낸 관중은 미국이 일등하지 못해서 야유를 보낸 사람, 오노가 손을 올린 것을 보고 그가 무언가 불이익을 당한 것으로 생각하고 야유를 보낸 사람, 코리아가 일등하게 되니 북한선수가 일등한 줄 알고 야유를 보낸 사람 등등이었다.

판정시비가 있었던 이 경기는 미국관중들에게는 즐거움을 선사했지만 세계에는 상당한 소란을 불러일으켰다. 김동성은 자신이 일등한 줄 알고 일찌감치 태극기를 들고 경기장을 돌며 승리의 세레모니를 하고 있다가 실격되었다는 방송에 태극기를 얼음바닥에 집어던지고[12] 황당함을 표시하였다.

기자가 이 판정에 대해서 함께 경기를 치른 다른 선수들에게 물어보았다. 김동성의 실격으로 동메달에서 은메달이 된 중국의 이자준은 "나는 심판의 판정을 존중한다. 그 문제에 대하여 더 이상 말하고 싶지 않다"고 말하였다. 메달권 밖이었다가 동메달을 따게 된 이탈리아의 카르타(Fabio Carta)는 "한국선수를 실격시킨 것은 터무니없는 판결이다"라고 하고, "오노 같은 자는 총으로 쏴버려야 한다."라고 말했다.[13]

이 올림픽에서 오노는 500m 준결승에서 일본선수를 밀쳐서 실격되었고, 1000m 결승에서는 한국의 안현수와 함께 출전하였는

---

[12] 이런 일에 대해서는 한국 체육계가 반성해야 하고, 국기에 대한 인식이 낮은 한국 국민들도 되새겨 보아야 한다. 2018년 2월 평창올림픽 스노보드 하프파이프 경기에서 미국의 숀 화이트는 금메달을 땄다. 그는 무결점 연기로 세계인의 찬사를 받았지만 기쁨도 잠시 그는 자신의 잘못을 크게 사과하지 않으면 안 되었다. 국기에 대한 잘못을 한 것이다. 우승이 발표되는 순간 너무 기쁜 나머지 자신도 모르게 들고 있던 성조기를 땅에 끌어 국기 끝부분을 조금 밟고 말았다. 이를 본 미국 사람들은 대경실색하며 그를 비난하였고, 이에 곧바로 사과했던 것이다.

[13] Ohno, Apolo Anton, n.d.

데 오노주변에 있던 선두의 4명이 결승선 앞에서 모두 넘어지고 오노는 넘어진 채 미끄러져 들어가 은메달을 따게 된다. 언론들에서는 안현수의 잘못으로 보도되었지만, 나중에 비디오를 판독해 본 결과 오노가 안현수의 다리를 잡은 것이 드러났다. 5000m 계주에서 한국의 민룡 선수는 미국의 러스티 스미스가 팔을 치는 바람에 넘어져 실격되었다. 미국선수들의 메달을 향한 욕심에 쇼트트랙 경기는 거의 난장판이 되었다. 미국을 위시한 각국선수들의 파울에 쇼트트랙 강국인 한국은 제대로 실력을 발휘하지 못하고, 이 동계올림픽에서 금메달 2개, 은메달 2개로 최악의 성적을 거두고 돌아왔다. 전체적으로 이변도 많이 일어났다. 앞에서 언급한 1,000m 경기에서 오노로 인해 선수 4명이 모두 넘어지고 한참 뒤에서 따라오던 호주의 스티븐 브래들리가 금메달을 차지하였는데, 이는 남반구 국가에서 동계올림픽 사상 처음으로 따는 금메달이었다. 이는 오노 같이 경기를 어지럽히는 선수 때문에 선수들의 실력을 제대로 평가하지 못한 올림픽이 되었음을 방증하는 것이다.

2002 솔트레이크동계올림픽이 개최된 때는 미국 사람들의 내셔널리즘이 매우 강했던 시기였다. 불과 몇 개월 전 911테러로 엄청난 타격을 받고 미국인들은 거의 이성을 잃고 있었다. 이러한 상태에서 미국사람들은 자국의 이익에 민감해져 있었고 이 올림픽에서 미국의 힘을 보여주고 싶었다. 사실 2002 솔트레이크올림픽은 유치자체에서부터 부정 부패와 같은 잡음이 많았다. 미국은 동계올림픽 유치를 몇 번을 신청해도 계속 탈락하였다. 이렇게 되자 이제는 더 이상 참을 수 없다는 심정으로 물불을 가리지 않고 유치에 나서 성공하였던 것이다.

오노는 이 올림픽에서 금메달 1개, 은메달 1개, 동메달 2개를 따면서 일약 미국의 스타로 부상하게 된다. 미국의 매스컴에서는 그를 끊임없이 등장시켜 그가 반칙 같은 것과는 거리가 먼 신사적인 모습의 사람으로 꾸며나갔다. 그만큼 금메달획득에 대한 말을 많이 하게 되었고, 그만큼 그들의 대화에서는 한국사람들은 이상한 사람들이 될 수밖에 없었다.

한편 한국에서는 오노는 술수와 비겁함의 아이콘이 되었다. 한국사람들은 그가 미국 매스컴에서 실력 있는 선수인 데다 인품까지 갖춘 사람으로서 영웅대우를 받고 있다는 소식을 접하게 된다. 이에 한국인들은 더 분이 났다. 그는 한국의 메달을 훔쳐갔다. 한국 선수들을 모함까지 하고 있다. 그는 일본계 미국인이다. 그는 아래턱 가운데만 기른 턱수염을 하고 있다. 이 모든 것들에서 오노는 한국사람들이 싫어할 요소를 완벽하게 갖추고 있었다.

당시 미국 동계올림픽위원회에 약 16,000통의 항의 메일이 폭주하여 서버가 다운되었다. 더러는 오노를 죽여버리겠다는 협박성 편지도 있었던 것으로 알려졌다.[14] 그리고 그해 6월, 2002 한일 월드컵 한국과 미국의 경기에서 안정환이 골을 넣자 경기장 코너로 달려갔고, 다른 선수들도 함께 달려갔다. 그곳에서 한국 선수들은 독특한 골세레모니를 보였다. 안정환이 스케이팅하는 모션을 취하였는데 이 뒤에 이천수가 할리우드 액션을 취하는 오노 모습을 재연하였다. 많은 외신 기자들은 처음에 이게 뭔가 하고 있다가 내용을 알고 나서는 한국 선수들의 이 세레모니에 대하여 혹평을 하고 심지어 한국을 비하하는 표현도 서슴지 않았다. 한국인들 중에도 일부 비판적인 평을 하는 사람도 있었지만 대다수 한

---

[14] Koreans lose speed skating appeal, 2002

국인들에게 골을 넣은 통쾌함에 더해서 쌓인 울분까지 풀어주는 감정 정화제 역할을 하였다. 무엇보다 한국인들 간에는 든든하고 뿌듯한 느낌을 나누는 시간이었던 것이다. 자신의 일이 아니더라도 같은 한국인으로서 함께하며, 시간이 지나더라도 잊지 않으며, 이렇게 우리 모두는 하나된 사람들이라는 느낌을 가졌던 것이다.

오노사건은 한국사람들에 있어서 감정적인 측면과 이성적인 측면 모두에서 미국에 대한 인식을 바꾸어 놓았다. 지금까지 많은 한국인들은 미국은 공정하고 합리적인 신사의 나라로 인식하고 있었다. 그런데 이 사건으로 좋은 나라가 아니라 비도덕적이고 불법적으로 자국이익만 추구하는 국가로서 이미지가 바뀌게 되었다. 자국의 이익을 위해서 미국은 언제든지 한국의 이익을 침해할 수 있다고 생각하게 되었다. 그리고 감정적으로는 우리가 지금까지 그렇게 좋게 생각해온 미국이 우리의 신뢰를 배반한 것에 대한 상심과 분노를 느끼게 되었다. 심지어 오노의 상징적인 의미가 더하여 미국은 일본과는 친구가 될 수 있어도 한국과는 친구가 될 수는 없다는 생각조차 하게 하였다. 이 사건을 계기로 대한민국에서 미국을 노골적으로 비난하는 ⋯⋯ing USA 라는 노래가 인터넷에 떠돌기도 하였다.

쇼트트랙 경기를 보았나? 야비한 나라 ⋯⋯ing USA.
그렇게 금메달 따니까 좋으냐? 더러운 나라 ⋯⋯ing USA.
이래도 미국이 정의로운 나라인가?
도대체 왜 우리는 할 말도 못하는가?
우리가 식민지 나라의 노예인가? 이제는 외치리라 미국 반대.
올림픽 금메달 훔쳐간 비열한 도둑놈 ⋯⋯ing USA.

힘으로 모든 걸 뺏으려 날뛰는 추악한 강도 ·····ing USA.¹⁵

<이하 생략>

이 노래는 북한에서나 나올 법한 반미, 친북, 민족주의, 반제국주의 내용으로 되어있다. 당연히 이 노래가 사람들 속에 널리 불리거나 많이 알려진 것은 아니다. 하지만 오노의 사건이 없었더라면 대한민국에서 평소에 돌아다닐 만한 가사의 노래가 아니다. 이런 노래가 대한민국에 떠돌 정도로 오노의 사건이 한국 사람들의 마음을 흔들어 놓은 것이다. 이는 한국 내에 반미주의자들의 입지를 넓혀주었고 북한에게는 뜻하지 않은 호재를 안겨주었다.

사실 한미관계에 있어서 오노사건은 엄청난 재앙의 씨앗이었다. 하필이면 그해 6월 13일, 효선 미선 사고가 발생하게 된다. 효선 미선 양이 경기도 양주시 지방도로에서 미군 장갑차에 치여 사망하게 되었고, 한국사람들이 이 장갑차탑승 미군에 대한 한국 법정에서의 재판을 요구하면서 반미여론이 일어나게 되었다. 그리고 12월에 대규모 반미 촛불시위가 시작되었고, 12월 19일 치러진 한국 대통령 선거에서 반미성향의 노무현이 대통령으로 당선되었다. 그리고 시위가 계속 이어지면서 미국대사관을 에워싸거나 미국성조기를 찢거나 불태우면서 격렬해지게 되었다. 그리고 이러한 사태를 맞으면서 찰스 캠벨 미8군 사령관은 이런데도 우리가 한국에 주둔해야 하느냐며 울먹이기도 하였고,¹⁶ 부시 미국대통령이 유감표명을 하기도 하였다.

노무현 정부가 들어선 이후 미국과의 갈등이 끊이지 않았다.

---

15 지금 생각하면 정말 소름 끼치는 노래, 2022
16 미 언론의 증폭되는 반한보도 어떻게 대처할까, 2003

한국 국내적으로 2004년에 노근리 사건[17]특별법이 제정되는 등 일련의 일들이 미국에 불리한 방향으로 진행되었다. 이후에 친미성향의 이명박 정부가 들어선 이후에도 2008년 미국산 쇠고기수입 반대시위를 비롯하여, 한미자유무역협정 반대시위와 같은 일련의 사건들을 거치며 한국과 미국은 전례 없이 불안한 관계를 이어가게 되었다. 한국에서의 반미시위가 효선 미선 사건을 계기로 하여 크게 일어나게 되었지만, 그 이전에 오노사건이 없었더라면 이런 식으로 발전하지 않았을 가능성이 매우 높았다.

오노사건은 한미관계뿐만 아니라 한국사람들에게 있어서도 한국의 역사를 바꾸어 놓았다고 할 만큼 결과적으로 엄청난 작용을 하였다. 오노사건, 효선 미선 사건으로 이어진 반미 분위기는 그해 12월에 있은 대통령선거에서 노무현 후보에 힘을 보태는 식으로 작용하였다. 노무현 후보가 이회창 후보를 불과 57만 표 차이로 이기게 되는데, 전국적으로 번진 반미 분위기가 아니었다면 노무현이 이기지 못하였을 것이다. 노무현과 이회창은 정책이나 국정철학에서 매우 달랐기 때문에 이로 인하여 역사가 달라진 정도가 작지 않았을 것임을 충분히 짐작할 수 있다. 그리고 노무현이 대통령이 되지 않았으면 이후에 그의 비서실장이었던 문재인이 대통령이 되는 일도 없었을 것이다.

또한 한국에 촛불시위가 본격적으로 시작된 것이 바로 효선 미선 사건때였다. 이때 정치적 도구로서 자리 잡은 촛불시위는 이후에도 꾸준히 계속되었고, 2017년에는 이 촛불시위로 박근혜 대

---

[17] 1950년 7월 25일에서 29일 사이에 충청북도 영동군 황간면 노근리에서 미국 1기병 사단 7기병 연대 예하 부대가 민간인들을 학살한 전쟁범죄이다. 당시 사망자 135명, 부상자 47명 등 182명의 희생자가 확인되었으며, 실제 400여 명이 희생되었을 것으로 추정되고 있다.

통령이 실권하는 사태도 일어나게 된다. 하지만 이렇게 역사들을 연결하여 오노가 문재인을 대통령으로 만들었다고 할 수는 없으며, 내셔널리즘이 그렇게 했다고도 할 수 없다. 오노사건은 내셔널리즘을 촉발시켰으며 내셔널리즘으로 가열된 사회는 이전과는 전혀 다른 하나의 새로운 환경을 형성하였다. 계절풍이 철새의 이동을 가능케 하듯이 내셔널리즘은 정치세력에게 활용할 힘을 제공하는 하나의 기류로서 작용을 한 것이다.

마치 나비효과를 연상케 하듯 경기 중 일어난 이 단순한 사건은 엄청난 결과와 연결되어 있다. 미국사람들은 한국인의 내셔널리즘을 잘 모르고 있었다. 미국과 문화도 다르고 내셔널리즘의 성격도 달라 미국 사람들의 정서로서는 예견할 수 있는 범위 밖의 것도 많고, 한국 고유의 반강대국의식이나 북한의 존재 등 여러 복잡한 요인이 작용하고 있는 한국의 내셔널리즘을 제대로 알기란 쉽지 않았다. 그래서 미국인들은 이 사태에 대한 대응이 처음부터 여의치 않았고 이후에 자신들에게 다가올 일을 예견하지 못하고 있다가 사건이 진행되면서 작지 않은 충격을 떠안지 않으면 안 되었다. 당시 주한 미국대사였던 허버드(Thomas Hubbard)는 그때의 상황을 다음과 같이 회고하였다.

> 2002년 2월, 동계올림픽 때 안톤 오노 사건부터 대규모 반미시위까지 나에게는 퍼펙트 스톰이었다. 모든 상황이 겹쳐져서 나중에 손을 댈 수가 없을 정도였다.[18]

이 일로 인한 미국의 국익손실은 적지 않았다. 한국 내에서뿐만 아니라 한미관계가 나빠짐으로 해서 미국의 중국에 대한 견

---

[18] 오노 사건 겹쳐 비극 증폭... 퍼펙트 스톰 같았다, 2012

제가 그만큼 더 어려워졌고, 그만큼 미국의 세계전략 수행에서의 부담도 더 커지게 되었다. 오노가 손상시킨 미국의 국익은 실로 어마마한 것이었다.

한국 또한 손실이 없는 것이 아니었다. 한국이 내셔널리즘이 강한 나라로 세계에 인식되기 시작한 것이 이 시기쯤이었다. 물론 이 사건보다 같은 해에 있었던 2002 한일월드컵의 영향이 더 컸다. 세계의 사람들은 한국의 도로와 광장을 가득 메운 응원인파를 보고 깜짝 놀랐던 것이다. 그렇다고 하더라도 솔트레이크동계올림픽에서 미국 올림픽위원회 서버를 다운시킬 정도로 수많은 사람들의 격렬한 항의나 격렬한 반미시위 또한 작은 사건이 아니었다. 마침 인터넷이 확산되던 때여서 한국인의 내셔널리즘 소문이 세계에 급속히 퍼져 나갔다. 그래서 영문판 인터넷에서는 한국사람들은 왜 그리 내셔널리즘이 강할까요? 라는 물음의 글이 심심찮게 올라왔다. 이러한 물음에 대한 답글로서 한국이 일본의 식민지였기 때문에 그렇다거나 오랜 역사를 중국에 눌려 살아서 그렇다거나, 강대국 속에서 눌려 살다 보니 그렇게 된 것이라며, 약소국 내셔널리즘의 구부러진 나뭇가지(bent twig) 이론을 끌어다 설명하는 이론가들도 있었다. 문제는 이와 같이 한국인의 내셔널리즘을 두고 부정적인 방향으로 해석되는 것이 대부분이었고, 또한 한국인 내셔널리즘이 실제보다 과도하게 평가됨으로써 한국에 결코 좋은 것이 아니었다는 점이다.

7. 2002 한일월드컵 축구

2002년 5월, 한일 월드컵축구경기가 있었다. 이 월드컵경기는 한국 축구사에서 빼놓을 수 없는 사건이었다. 한국은 월드컵 본선 참가는 거의 매번 할 정도로 아시아의 축구강국이지만, 아시아 축구가 약한 편이어서 세계무대에서는 결코 강자라고 할 수 있는 수준이 아니었다. 그래서 그때까지 한 번도 본선 16강까지도 진출해 본 적이 없었다. 그런데 이때 한국은 유럽의 강호 이탈리아, 스페인 등을 꺾고 4강까지 올랐다. 이는 정말 믿기 어려운 획기적인 사건이었다. 이런 일이 발생하기까지 복합적인 요인이 작용하였겠지만 국민들의 응원도 한몫 한 것은 틀림없다.

한국인의 한국대표팀에 대한 성원은 대단하였다. 서울 시청 광장을 비롯하여 전국의 거리, 공원, 운동장에 수백만 명의 인파가 모여 응원을 하였다. 당시의 응원인구 통계를 보면 전체 국민의 35%나 되는 사람이 길거리 응원에 참여하였고, 응원복인 붉은 악마 티를 입었던 국민은 38%나 되었다. 중고생의 경우 거리응원 참가자가 전체학생의 69%나 되었고, 붉은 악마 응원티를 입었던 학생은 74%나 되었다.

5월 22일, 8강전, 한국 대 스페인 전이 있던 날 서울에서만 총 225만 명이 야외응원을 하였는데, 응원을 하던 시민 8명이 실신했고, 26명이 탈진하는 등 병원으로 이송되거나 응급처치를 받은 사람이 202명이나 되었다.[19] 그 이전의 경기에서부터 태극기를 흔들고 박수를 치며 열광적인 응원을 벌이다가 어깨가 빠진 사람이 있었고, 하도 박수를 많이 쳐서 손목통증을 앓게 되거나, 탈진, 찰과상, 고혈압 등의 증세로 병원에 실려가는 환자도 많았다.[20] 아스팔트의 열기 위에서 12시간 넘게 북을 두들기며, 용변보기가 곤란하여 물을 아껴 마시느라 탈수증세를 보이거나, 용변 문제 때문에 기저귀를 차고 응원한 사람도 있었다고 한다.[21]

거리응원 말고도 사람들의 응원열기와 관련하여 수많은 진풍경을 연출하였다. 한국 대 스페인 전이 있던 날 경기도 과천의 어느 아파트에서는 승부차기에서 한국이 이기자 아파트 어느 한 집에서 트럼펫으로 애국가를 불기 시작하였다. 이 소리가 들리자 같은 아파트 주민들이 모두 베란다로 나와서 애국가를 합창하기도 하였다.[22]

5월 14일, 한국 대 포르투갈 전을 앞두고 부산 해운대해수욕장 백사장에서는 불행한 일도 있었다. 40대 남성이 분신자살을 기도한 것이다. 그는 "이승에 계신 붉은 악마 여러분께"란 유서를 남겼다. 그의 유서에는 "거스 히딩크 감독님 이하 선수들의 땀, 눈물, 열광적인 함성, 첫승의 기쁨, 제 생애 가장 큰 생일선물이기도 했다. 그러나 이제부터 남미, 유럽의 높고도 높은 벽을 넘어야 하니, 또 언젠가는 기필코 넘어야 될 것이고 해서, 조급한 마음에 이 길을 택한다"며, "저는 영혼이 되어 열두 번째 선수가 되서 꼭

---

[19] 흥분한 여성들 탈진·실신많아, 2002
[20] 거리응원 부상속출 … 78명 응급후송, 2002
[21] '대~한민국'의 승리, 조선일보, 2002
[22] 서로 껴안고 환호하고…월드컵이 연 '마음의 문', 2002

필승 코리아가 되도록 힘껏 뛰겠다"고 적혀있었다.[23]

이렇게 응원열기가 높아지면서 한국 국민 스스로도 놀랄 정도로 온 나라에 분위기가 고조되었다. 열렬히 응원하는 모습에 서로가 반향을 일으키면서 분위기가 고조되어 갔던 것이다. 이렇게 응원열기가 높았던 것은 몇 가지 이유가 있었다. 먼저 1997년 IMF사태라는 외세에 의한 고통을 겪으면서 내셔널리즘이 고조된 상태였는데, 이 월드컵을 계기로 억눌린 기분을 발산하게 되었던 것이다. 그래서 그때 응원구호로 외쳤던 "대애에에한민국"의 외침은 축제의 경쾌함이 아니라 다소 어둡고 무거운 절규와 같은 느낌을 담고 있었다. 그리고 이 월드컵이 한일공동으로 개최하게 되어 세계가 한국과 일본 두 나라를 함께 주시하는 상황에서 일본을 압도하는 한국을 보여주고 싶었던 것이다. 여기에다 한국 특유의 국가주도형 사회성향에 따라 국가에서 이러한 분위기를 유도한 것도 크게 작용하였다. 정부는 길거리 응원장을 마련하고 국민들의 응원참여를 독려하는 것을 포함하여 국가적인 분위기 고조를 위해 다각적인 노력을 하였던 것이다.

이 월드컵행사는 한국인들의 정체성을 강화하고 자부심을 향상시키는 데 크게 기여하였다. 한국갤럽의 조사에 따르면 "다시 태어나도 한국인이고 싶다"라고 한 국민은 월드컵이 있기 한 해 전 2001년 11월에는 60%였으나, 월드컵이 진행 중이던 2002년 5월 19일 조사에서는 86%로서 무려 26%나 상승한 사실이 확인되었다. 또 "한국인으로서 자부심을 느낀다"라고 답한 국민은 2001년 11월 조사에서는 73%였지만, 월드컵 직후인 2002년 6월 19일

---

[23] "한국팀 16강 기원" 40대 분신자살 기도, 2002

조사에서는 94%로 21%나 상승하였다.[24]

이 월드컵 경기는 한국인들에게 우리 모두는 하나라는 공동체 의식을 불어넣어 주었다. 나 혼자만이 아닌 나와 같은 사람이 이렇게 많이 함께 살아간다는 것을 더 강하게 인식하게 된 것이다. 그리고 한국인으로서의 자부심이 커지면서 개인의 삶에 대한 만족도가 높아지고 국가 또한 더 강건해지는 긍정적인 효과를 가져올 수 있었던 것이다.

8. 2008 베이징하계올림픽

2008년 8월 8일, 저녁 8시 8분, 중국 북경에서 제29회 하계올림픽이 개막되었다. 중국인들이 좋아하는 행운의 숫자인 8자의 숫자가 최대한 많이 들어가게 해서 8월 8일 8시 8분에 개막한 것이다.

중국이 올림픽개최국으로 선정되었을 때 중국 국내는 물론이고 세계 각지의 해외 중국인들이 열광하였다. 중국인들에게 있어서 이 올림픽개최는 더없이 뜻깊고 감격적인 일이었다. 이는 굴욕된 지난 역사를 청산하고 발전된 국가로서의 면모를 보여주는 동시에 중국의 의지와 힘을 과시할 수 있는 절호의 기회이자 중국인의 기상을 펼치는 출발점이었다. 중국은 일찍부터 올림픽개최를 희망해 왔다. 1991년에도 중국은 2000년 올림픽에 신청을 했었다. 하지만 안타깝게도 중국 베이징은 호주의 시드니에 2표 차로 지

---

[24] 우리 국민 '나라 사랑', 2002

고 말았다. 중국이 패배한 이유는 서방세계 국가들이 시드니를 지지하였기 때문이었다. 이런 실망의 과정을 거쳐서 1999년 중국은 다시 2008년 하계올림픽개최를 신청하여 개최에 성공하게 된 것이다.

이 올림픽을 두고 중국인들의 국위선양을 위한 열의는 대단했다. 중국이 내세운 슬로건은 "세계는 우리에게 16일을 주었지만, 우리는 세계에 5,000년을 주겠다"였다. 중국은 올림픽을 위해서 전례없이 막대한 규모의 자금을 투입하였다. 지금까지 2000년 시드니올림픽에서 46억 달러, 2004년 아테네올림픽에서 150억 달러를 투입하였으며, 그리고 베이징올림픽 이후 치러진 2012년 런던올림픽에서는 146억 달러가 투입되고,[25] 2012년 런던올림픽에서는 146억 달러,[26] 2016 리우하계올림픽은 131억 달러, 그리고 2020 도쿄하계올림픽은 약 154억 달러가 소요되었었다.[27] 그런데 베이징올림픽에 투입된 비용은 자그마치 약 430억 달러였다. 그 이전의 올림픽 5개에서 투입된 비용 모두를 합쳐도 베이징올림픽 투입비용의 2/3에도 미치지 못할 정도였다.[28]

중국은 올림픽을 위하여 최신식 경기장, 공항, 지하철, 도로 등을 건설하고 사회기반시설들을 현대식으로 바꾸었다. 외국인들에게 베이징의 깔끔한 면모를 보여주기 위하여 빈민촌의 낙후된 가옥이나 여관들은 폐쇄되었다. 올림픽기간 중 빈민들은 시 바깥지역으로 쫓겨나거나 억류되었는데, 여기에는 올림픽경기장 건설에 동원된 노동자들도 포함되었다. 악명높은 베이징의 공기질을

---

[25] Wills, 2021
[26] Wills, 2019
[27] Tokyo Olympics cost $15.4 billion. What else could that money buy? 2021
[28] Chan, 2008

좋게 하기 위하여 시와 시 주변의 모든 공장의 가동이 중지되고 수백만 대의 자동차가 운행을 멈췄다. 주요 지역에 경찰병력이 증강되고, 10만여 명의 반테러정예군과 특수부대요원들이 배치되었다. 신장, 티벳 분리주의자들과 같은 적대세력의 공격에 대비하여 전투기와 헬리콥터, 군함들도 대비태세를 갖추었다.

올림픽시설이나 도시 외관에 대한 투자뿐만 아니라 중국은 스포츠강국으로서의 면모를 보여주기 위하여 선수양성과 선수들의 전력향상, 그리고 행사를 위하여 엄청난 투자를 하게 된다. 세계 각지에서 유능한 코치를 초빙하고, 선수들의 기량향상을 위한 시설과 훈련에 돈을 아끼지 않았다. 그리고 개폐막식을 중국의 연출가 장예모의 총괄기획하에 수많은 사람들을 동원하여 화려하고 웅장하게 연출하였다. 세계에는 중국이 평화를 사랑하는 우수한 문화를 가진 나라라는 것을 알리고, 중국인들에게는 중국 내 모든 민족이 모두 하나된 중국인으로서 애국심을 불러일으키도록 하였다. 경기에서도 훌륭한 성과를 거두었다. 역대 올림픽 중 참가국도 가장 많았고, 경기에서도 40여 개의 세계신기록과 130여 개의 올림픽신기록이 나왔다. 이렇게 베이징올림픽은 성공리에 치러졌다. 세계는 베이징올림픽에 찬사를 보냈다. 중국 관영 신화통신은 민족부흥의 새로운 출발점이라고 하였고, 미국 시카고트리뷴지는 차분한 내셔널리즘 속의 성공적인 올림픽이라고 평가하였다.[29]

이러한 베이징올림픽의 성공 이면에는 중국 내셔널리즘이 있었다. 이 올림픽의 성공 결과뿐만 아니라 처음부터 끝까지의 전과정에서 중국인의 내셔널리즘이 그대로 묻어나고 있다. 이렇게 올림픽을 잘 치를 수 있었던 것은 중국정부의 국가적인 행사로서의

---

[29] 베이징올림픽은 대성공, 2008

올림픽을 성공시키고자 하는 강한 의지가 있었기 때문이었지만, 이러한 의지는 국민들의 입장에서도 크게 다르지 않았다. 베이징 올림픽에서 약 10만여 명의 봉사자가 필요하였지만, 자원봉사를 하겠다고 나선 사람이 100만을 넘었고, 올림픽기간 동안 베이징시 관리를 위한 자원봉사자도 100만 명이 넘었다.[30] 이 기회에 중국의 힘과 훌륭한 국가로서의 면모를 보여주겠다는 중국인들의 생각이 간절했던 것이다.

이 같은 중국인들의 나라사랑이 올림픽개최 성공이라는 좋은 면으로만 나타난 것은 아니었다. 이 올림픽행사와 관련하여 중국인의 과도한 내셔널리즘을 보게 하는 일들이 적지 않았다. 올림픽을 목전에 두고 있던 2008년 3월, 티베트 라싸에서 티베트의 독립을 요구하는 대규모 시위가 발생하였고, 중국당국이 강압진압을 하면서 시위자들이 목숨을 잃는 유혈사태가 일어났다. 이에 전 세계의 티베트인들과 이들에 동조하는 사람들, 인권 및 민주주의 단

체와 운동가들을 중심으로 중국당국을 규탄하고 베이징올림픽을 반대하는 운동이 일어나게 된다. 베이징올림픽에 반대하는 사람들은 각국에서 진행되는 올림픽 성화봉송

---

[30] Kelly & Brownel, 2011

행사에서 시위를 하였다.

2008년 4월 7일, 파리의 올림픽 성화봉송 반대시위에서 티베트 독립운동가가 봉송되는 성화를 빼앗으려 하면서 성화가 세 번이나 꺼지는 사태가 발생하였고,[31] 결국 성화는 버스를 타고 봉송되지 않으면 안 되었다. 파리뿐만 아니라 런던, 아테네, 이스탄불, 부에노스아이레스, 방콕, 캔버라, 나가노, 서울 등 세계 각지에서 시위가 있었다. 그런데 이 올림픽 성화봉송을 두고 일어난 시위는 올림픽을 반대하는 사람들의 시위만이 아니었다. 사실 세계 사람들이 더 놀란 것은 이들의 시위가 아니라 시위에 대항하는 화교들의 친중국 시위였다. 올림픽 반대시위가 일어나자 각국에 있던 중국인들이 즉시 대응하는 시위에 나섰고, 이들의 시위가 반대시위를 압도하였다. 중국인들은 오성기를 흔들고 중국국가를 부르며 성화봉송을 호위하고, 서방언론을 규탄하는 시위를 하였다.[32] 특히 한국에서는 수많은 중국인들이 거리로 몰려나와 올림픽반대 시위대에 폭력을 행사하기도 하였다.

중국 내의 중국인들은 파리에서의 성화봉송 뉴스를 접하고 격앙하였다. 곧 중국 주요 도시에는 반프랑스 시위가 일어났다. 이는 중국이 무시당했다는 것이며, 중국을 무시하는 프랑스에 본때를 보여주어야지 그냥 넘어가서는 안 된다는 것이었다. 네티즌들은 "중국인과 중국의 힘을 보여주자" "단결하면 중국인은 언제든 승리한다"는 구호를 퍼뜨렸다. 중국인들은 프랑스에 대한 규탄과 함께 프랑스상품에 대한 불매운동 시위를 하였다. 먼저 중국에 진출해 있던 프랑스기업 까르푸가 중국인들의 공격대상이 되었다.

---

[31] Samuel etal., 2008
[32] Xu, 2012, p.112

까르푸의 최대주주인 LVMH그룹이 티베트의 독립운동가 달라이 라마를 지원했다는 설이 돌면서 중국에서 인터넷을 중심으로 까르푸 불매운동이 일어나기 시작하였다. 그리고 곧 프랑스의 로레알, 미국의 KFC 등도 공격대상에 들어가게 되었다. 이렇게 사태가 심각해지자 사르코지 프랑스 대통령이 이러면 올림픽에 불참하겠다고 어깃장을 놓자 시위는 약화되었다. 이후 중국 까르푸는 고전을 면치 못하다가 2019년 중국업체 쑤닝닷컴에 넘기고 중국에서 철수하게 된다.

한편 2008년 4월 9일, CNN방송에서 이 사건과 관련한 토론을 하면서 CNN의 잭 캐프티(Jack Cafferty)는 "그들은 기본적으로 지난 50년간 같은 무리의 깡패들이다"라는 말을 하였다. 이 말을 들은 중국인들은 격앙했다. 중국계 미국인들은 이에 대한 사과를 하라고 들고 일어났다. 이에 대하여 캐프티는 이것은 중국정부에 대해 말한 것이고, 중국인이나 중국계 미국인을 두고 말한 것이 아니라고 해명하였다. 국가와 개인을 일치시키고 있는 중국인들에게는 이 해명이 도움되지 못했다. 많은 화교들은 미국 조지아주 애틀란타에 있는 CNN본사와 샌프란시스코, 할리우드의 CNN사무실 등지에 몰려가서 캐프티의 파면을 요구하는 시위를 하였다.[33] 중국인들은 서방언론이 티베트사태에 대하여 중국에 대하여 악의적으로 보도한다고 비난하였다. 중국에 수많은 반CNN사이트들이 만들어지고, 해커들은 CNN웹사이트를 공격하였다. CNN웹사이트는 해킹당하여 그 화면에는 "티베트는 중국의 일부였고 앞으로도 항상 그럴 것이다"라는 글귀가 화면을 덮었다. CNN직원들은 사무실

---

[33] Xu, 2012, p.125~126

을 떠나 인근 호텔로 피신하지 않으면 안 되었다.[34]

서구와 중국과의 관계에서 이와 같은 일은 드물지 않다. 서양인과 중국인의 국가에 대한 관념이 다르기 때문이다. 서양사람들은 국민과 정부를 따로 생각한다. 그래서 서방의 지도자들은 중국을 비난하는 경우가 많은데, 이런 경우 자신들이 중국의 당과 정부를 비난한 것이며, 일반 국민들에 대해서는 어떠한 비난도 하지 않았다고 생각한다. 하지만 중국인들은 이들이 자신들을 비난한 것이라고 생각하여 분개한다. 서양국가들은 정부 외에도 공민단체나 이익집단 등 사회구조가 다원화되어 있지만, 중국인들에게 있어서 자신들의 이익을 대변하는 것은 오로지 지금의 정부와 당만 있을 뿐이다. 그래서 정부와 당을 자신과 일치시키는 것이다. 즉, 서양의 경우는 국민과 정부를 따로 생각하거나 같이 연결되어 있다고 해도 느슨한 관계이지만 중국의 경우는 국민과 정부와 국가가 단단하게 일체를 이루고 있는 것이다.

중국의 내셔널리즘으로 어려움을 당한 것은 비중국인들만이 아니었다. 당시 미국에 유학 온 중국학생 그레이스 왕(Grace Wang)은 미국 듀크대학 1학년이었다. 그녀 역시 이 시위와 관련된 사건으로 그녀는 물론이고 그녀의 가족까지 큰 곤욕을 치러야 했다. 듀크대학에서 티베트학생들이 티베트의 독립을 외치는 시위를 하자 중국학생들이 맞불시위를 하였다. 그레이스 왕은 티베트인 시위대 12명과 중국인 시위대 400~500명이 서로 대치하여 시위를 하는 것을 보고 중간에 들어가 중재하려 하였다. 그녀가 중재하겠다고 나서자 중국학생들은 격분하여 그녀를 공격하였다. 중국인으로서 어떻게 그런 행동을 할 수 있느냐는 것이었다. 중국학생들은

---

[34] Xu, 2012, p.113

너는 당연히 우리편에 들어와서 시위해야지, 중간에 중재하겠다는 것이 말이 되느냐는 것이었다. 다음날 바로 그녀는 중국 유명 인터넷 포털 전역을 도배하게 되는데, 그녀의 이마에는 배신자라고 쓴 글자와 함께 그녀의 사진과 신상, 가족에 대한 사항까지도 다 공개되고 있었다. 그녀는 무참히 매도되고 수억 중국인의 성토 대상이 되었다. 그녀가 졸업한 고등학교는 나라를 배신한 자라고 하여 졸업을 취소하였다. 이후 그녀는 배신자를 처참히 죽이겠다는 내용의 갖가지 형언하기 어려운 표현으로 협박을 받았다. 부모가 사는 중국 고향 아파트 벽에는 몰살시키겠다고 붉은 스프레이로 뿌려놓는 등 위협을 당하여 가족들은 사람들 몰래 피신하지 않으면 안 되었다.[35]

그리고, 파리에서의 성화봉송주자 진징(Jin Jing)은 성화탈취시도 사건 후 일약 영웅이 되었다. 파리에서 그녀가 휠체어를 타고 성화를 봉송하던 중 티베트 독립주의자들이 성화를 탈취하려던 순간에 그녀는 몸을 던져 필사적으로 성화를 움켜쥐고 빼앗기지 않았다. 이 장면을 본 중국인들은 분노하고 감동하였다. 그녀가 중국에 돌아왔을 때 중국인들은 열광하였다. 그녀를 "휠체어의 천사" "가장 아름다운 성화봉송자"라고 칭송하였다. 하지만 그것도 잠시, 그녀는 곧바로 배신자로 전락하고 말았다. 이후 그녀가 까르푸 불매운동에 대하여 이는 까르푸의 중국인 고용자들을 해하는 일이며, 중국사람들은 프랑스사람들을 따뜻이 맞아주어야 한다고 말했기 때문이다. 이것이 알려지면서 중국사람들은 그녀를 공격하기 시작하였다. 인터넷에서 네티즌들은 "그녀는 다리를 잃었을 뿐만 아니라 두뇌도 잃은 X"이라고 비난하는 등 그녀에게

---

[35] Duke Student Targeted for Mediating Tibet Protest, 2008

무지막지한 험담을 퍼부었다. 이런 식으로 올림픽과 관련하여 수많은 적과 배신자가 만들어지면서 내셔널리스트들의 공격대상이 되었다.

중국은 올림픽 성적에서도 그 목표를 달성하였다. 중국은 메달순위에서 금메달 51개로, 금메달 36개로 2위에 머문 미국을 압도적인 차이로 누르고 올림픽 역사상 처음으로 올림픽 금메달 획득 순위에서 1위에 올라섰다.[36] 메달을 많이 따야 하는 중국이 개최국 텃세와 자국선수에게 유리한 판정을 하는 통에 판정시비가 많았다.[37] 중국이 내건 "하나의 세계, 하나의 꿈"이라는 슬로건과 달리 "중화주의를 선전하는 중국을 위한 축제"라는 말이 나왔다.[38] 서방의 지식인들 중에는 중국의 올림픽 개최를 1936년 나치 하의 독일 베를린올림픽에 비유하는 사람들도 있었다.[39] 올림픽으로 국가와 정부가 국민들로부터 더 많은 찬사와 지지를 받으며 공산독재가 더 강화되는 계기가 되지 않을까 우려하기도 하였으며, 이후의 상황진전을 보면 이러한 우려가 현실로 된 것도 사실이다.

한국에 대해서도 중국인들은 상당히 인상적인 모습을 보였다. 개막식에서 다른 팀과 달리 한국팀이 입장할 때 박수소리를 들을 수 없었고,[40] 올림픽기간 내내 중국인들은 철저하게 노골적으로

---

[36] 종합메달획득에서는 중국은 메달 100개로 110개를 획득한 미국에 뒤이어 2위였다.
[37] 베이징올림픽 성적표는 … 대회운영 '성공', 판정시비 '눈살', 2008
[38] 중의, 중에 의한, 중을 위한 축제, 2008
[39] Xu, 2012, p.124~125
[40] 혐한, 혐중, 반일, 2008

한국의 반대팀을 응원하였다.⁴¹ 한국과 미국의 시합에서 중국인들이 미국을 일방적으로 응원할 때까지만 하더라도 그러려니 하였지만, 한국과 일본의 시합에서도 관중들이 일방적으로 일본을 응원하는 것을 보고 한국인들은 당황하였다. 성화봉송에서 한국이 중국편을 들어주지 않아서인지, 한국이 선전하여 중국의 메달획득에 걸림돌이 된다고 생각해서인지, 확실하게 서러움을 주어 각성시켜줄 그 무엇이 있었든지 그 이유는 분명하지 않았고, 굳이 알 필요도 없었다. 다만 확실한 것은 우의와 페어플레이와 같은 근대문화로서의 스포츠 정신 같은 것은 없었고, 중국인들이 한국에 대해서 일방적이고도 만만하게 여기는 태도를 보여주었다는 사실이다. 이는 한국에 대해서 다른 나라와 같지 않은 특별한 의식과 감정을 갖고 있다는 것이고, 여기에서는 한중 간 과거의 역사, 북한과의 관계, 미국과의 관계, 발전한 한국에 대한 부러움 등 많은 것들이 복합적으로 작용하여 나온 결과였을 것이다.⁴²

    결국 중국은 베이징올림픽을 통하여 스포츠강국에다가 문화국가이자 세계의 강국으로서의 자국의 이미지를 심는데 소기의 목적을 이루었다. 이렇게 하나의 행사를 두고 중국인들은 내셔널리즘과 관련하여 많은 면들을 보여주었다. 중국인의 우월의식, 열등의식, 중화주의, 민족문제, 인구대국, 국가주의, 반서구주의, 주변국가에 대한 태도 등등 16일의 짧지 않은 기간 내내 5000년 묵은 중국 내셔널리즘의 퀴퀴하고 쿰쿰한 맛을 보여주었다.

---

[41] 달라진 위상, 우리의 시선은? 2008
[42] 조영정, 2019, p. 97~105

9. 러시아의 도핑

2014년 12월, 독일의 텔레비전 방송 ARD는 "러시아가 승리하는 법"이라는 다큐멘터리 방송을 통하여 러시아가 선수들의 약물복용을 조직적으로 은폐해온 사실을 폭로하였다. 여기에는 러시아 반덤핑기구 관리 스테파노프(Vitaly Stepanov)와 그의 아내이자 800m 육상선수인 율리아(Yulia)의 증언을 담고 있었다. 러시아 당국이 선수들의 검사자료를 바꿔치기하는 수법으로 선수의 약물복용을 도와왔다는 것이다. 이에 세계반도핑기구(World Anti-Doping Agency: WADA)가 조사를 나서 2015년에 조사결과를 발표하였였는데 러시아 정부가 조직적으로 선수들의 약물복용을 은폐한 사실을 확인하였다.

한편 2015년 11월, 서구의 한 역사학자는 러시아에서 온 한 통의 이메일을 받았다. "당신이 스포츠분야와 도핑문제에 저명한 분이어서 메일을 보냅니다. 저는 1987년 이후 러시아 스포츠도핑과 약리학에 대한 이야기를 책으로 출간하고 싶어서 공저자를 찾고 있습니다."라는 문구로 시작하는 편지였다. 이 편지를 쓴 사람은 러시아 반도핑기구집행이사 카메프(Nikita Kamaev)였다. 그런데 그로부터 3개월 후 카메프는 심장마비로 사망했다. 그의 나이는 52세였다. 카메프가 죽기 11일 전에 러시아의 초대 반도핑기구위원장이었던 시네프(Vyacheslav Sinev)도 58세의 나이로 죽었다.[43] 이후 2016년 러시아 반도핑연구소장이었던 로드첸코프(Grigory Rodchenkov)가 미국으로 망명하였다. 그는 도핑은폐 사건이 터지자 그가 이 행위의 당사자로서 지목을 받게 되었고, 또 시네프와 카메프가 죽는 것을 보고 신변의 위협을 느껴 미국으로 도피하게 된 것이다. 뉴욕타임즈는 러시아 선수들의 검사자료를 자신이 직접 바꿔치기 하는 일을 해왔다고 실토한 로드첸코프의 진술을 바탕으로 소치올림픽에서 약물을 사용한 선수들을 공개하였는데, 여기에서 15명의 메달 획득자를 포함하여 수많은 선수들이 포함되어 있었다. 그리고 2016년 세계반도핑기구 위임에 의한 러시아 도핑실태 조사보고서로서 맥라렌보고서(McLaren Report)가 발표되었는데, 여기에서 러시아 선수들이 광범위하게 도핑을 한 사실을 보고하였다. 이후 국제올림픽위원회는 베이징올림픽, 런던올림픽, 소치올림픽 등에서 도핑을 행한 선수들을 징계하고, 도핑한 메달수여자들의 메달을 박탈하는 조치를 하였다. 해당 선수의 메달이 박탈되면 그 메달을 차순위의 선수가 메달을 받게 되는데 워낙 대규모의 메달박탈이 이루어지다 보니 누가 메달을 받고, 누가 무슨 메달을 받게 되었는지가 복잡하게 바뀌어서 가늠할 수 없을 정도로 엉망이 되어버렸다.

이렇게 러시아의 스포츠 도핑에 대한 비밀이 알려지면서 세계 스포츠계에 큰 파문이 일게 되었지만 사실 이는 최근에 시작된 일이 아니었고 오래전부터 내려오던 것이 최근에 밝혀진 것에 불과하였다. 소련은 제2차 세계대전 이전에는 거의 국제대회에 참여하지 않았다. 러시아는 사회주의 혁명 후 서구에서의 기록갱신

---

[43] Russian doping official planned book before sudden death, 2016

을 위한 경기는 부르주아 놀음이라고 생각하였기 때문에 국제대회에 참여하는 것을 꺼렸다. 그러다가 제2차 세계대전 이후에 소련이 세계의 강국이자 사회주의 세계 주도국으로서의 위치에 서게 되자 세계 스포츠에도 적극 나서게 된다. 러시아 사회주의자들은 스포츠를 통하여 소련의 강한 면모와 사회주의 체제의 우수성을 보여주어야 했다. 하지만 스포츠 과학이나 선수 기량관리에 있어서 서구에 비해서 뒤떨어져 있었기 때문에 우수한 성적을 내기는 쉽지 않았다. 그래서 국가에서 은밀히 약물 프로그램을 만들어서 선수들의 기량강화에 나서게 된다. 1960년대에 들어서면서 세계적으로 약물사용에 대한 경각심이 높아지고 반도핑에 대한 조치들이 시행되었는데, 이러한 세계적인 분위기에 역행하여 약물을 활용한 러시아는 그만큼 더 좋은 효과를 볼 수 있었다.

그러다가 1990년대 초, 사회주의가 와해되면서 소련은 해체되고 러시아가 되어 혼란의 시기를 맞게 된다. 이러한 혼란기를 거쳐서 내셔널리스트 푸틴이 실권을 장악하게 된다. 푸틴은 강한 러시아를 건설하고 옛소련의 영광을 되찾으려 하고 있다. 강한 국가로서의 모습을 보이게 하는데 스포츠 영역이 빠질 수 없었다. 러시아가 강국이라는 것을 스포츠를 통해 보여주기 위한 노력들의 일환으로 선수들에 대한 약물관리에도 적극 나서게 된 것이다. 선수들의 약물관리를 비밀리에 효과적으로 하기 위해 정보기관을 포함하여 많은 국가기관들이 조직적이고 체계적으로 작업을 하였다.[44]

약물사용은 보통 선수 개개인의 일탈로서 일어나게 된다. 개인이 아닌 국가가 나서서 약물을 사용하게 하고, 이를 발각되지

---

[44] Green, 2016

않는 방법까지 고안하여 시행하는 경우는 드문 일이다. 국가가 그렇게 하고 싶더라도 다른 나라를 의식하지 않을 수 없기 때문에 어지간히 배짱이 두둑한 국가가 아니면 하기 어렵다. 이는 국가주의 체제의 국가로서 국가권력이 집중되어 있고 세계에서 일방적으로 행동하는 독특한 국가인 러시아이기 때문에 가능한 일이기도 하다. 보통의 경우는 선수 개개인이 자신의 승부욕을 통제하지 못하여 약물을 복용하는 경우에 국가가 이를 규제하는 것이 당연하며 국가 또한 메달에 대한 욕심을 갖는다고 해도 선수들을 엄격하게 규제하지 않는 정도에 그치는 것이 보통이다. 그런데 국가가 직접 나서서 체계적이고 조직적으로 선수들의 약물복용을 도운 것은 국가의 메달 집착이 그만큼 강하기 때문이라고밖에 할 수 없다.

러시아 선수들의 약물사용이 문제 되자 국제올림픽위원회는 러시아를 2016 리우하계올림픽에 출전금지시켰다. 하지만 그 금지는 국가이름으로 출전하지 못한다는 것이었고 개인자격으로는 선수들이 출전할 수 있었다. 도핑선수를 제외하고는 러시아선수들의 참가가 허용된 것이다. 2018 평창동계올림픽에서도 같은 식이었다. 러시아 선수들은 "러시아올림픽선수(Olympic Athletes from Russia, OAR)"라는 이름을 사용하였다. 그리고 2018년 러시아가 세계반도핑기구의 반도핑절차에 일치시키는 것을 조건으로 징계에서 벗어났으나, 또다시 규정을 위반하였다. 세계반도핑기구에 제출한 선수들의 자료가 일부 조작된 것이 드러나게 된 것이다. 이에 2019년 12월, 세계반도핑기구는 러시아에 대하여 4년간 국제 스포츠 대회에서 출전금지를 내렸다. 하지만 러시아가 반발하여 스포츠중재재판소(CAS)에 가게 되었고, 2020년 12월, 여기서 출전금지 기간을 2년으로 단축하는 것으로 결정되어 징계수위가 낮추어졌다.

러시아의 출전금지 기간 중에 치러진 도쿄하계올림픽에서도 마찬가지였다. 러시아 선수들에 대해서는 국기 대신에 러시아올림픽위원회(Russian Olympic Committee) 기가 사용되었고, 국가 대신에 차이콥스키 피아노 협주곡이 사용되었다. 러시아의 출전이 금지된다고 하였지만 러시아 선수들은 그대로 출전하고 러시아 대신에 러시아올림픽위원회라는 이름만 바뀌었을 뿐이다. 메달도 수여되고 메달통계도 다 러시아올림픽위원회로 올라간다. 국기를 대신하는 깃발이나 국가를 대신하는 음악이 러시아를 잘 대표하는 상태에서 다른 나라와 별 차이 없이 그대로 올림픽을 잘 치렀다. 이를 보고 다른 나라 선수들은 러시아가 도핑으로 제재를 받았다고 하는데 도대체 다른게 뭐가 있냐고 불만을 표하였다.

이것이 국제올림픽의 방식이다. 국제올림픽조직을 이끌어 가는 사람들은 국가 지도자들의 비위 맞추기에 급급하고, 특히 강대국의 지도자들에게는 더더욱 그렇다.[45] 러시아의 도핑에도 불구하고 2016 리우하계올림픽에 러시아 선수들의 참가를 허가하자 독일의 신문 빌트(Bild)지는 국제올림픽위원회위원장 바흐(Thomas Bach)를 "푸틴의 개(Putin's Poodle)"라고 하였다.

이 러시아 선수들의 도핑문제는 2022 베이징동계올림픽에서 다시 한번 관심을 끌게 된다. 2월 17일 중국 베이징 캐피털 실내경기장에서 여자 싱글 프리스케이팅에서 러시아 선수 발리예바(Kamila Valieva)의 연기가 있었다. 전날 쇼트 프로그램에서 높은 점수로 1위에 올랐기 때문에 무난히 금메달을 따게 될 것으로 예상되었다. 관중들은 그녀의 화려한 연기를 기대하면서 보고 있었

---

[45] Macur, 2016

다.

그런데 이외의 일이 일어났다. 트리플 악셀 중 균형을 잃고 흔들리더니 쿼드러플 토루프-트리플 토루프 콤비네이션에서도 균형을 잃었고, 다음 점프에서는 넘어졌다. 이후에도 얼음바닥에 엉덩방아를 찧으면서 불안한 연기를 이어갔다. 관중들은 이전에는 그녀의 환상적인 연기에 감탄해서 박수를 보냈는데 이제는 어린 그녀가 안쓰러워서 격려의 박수를 보내고 있었다. 연기마치고 그녀는 눈물을 쏟아내었다.

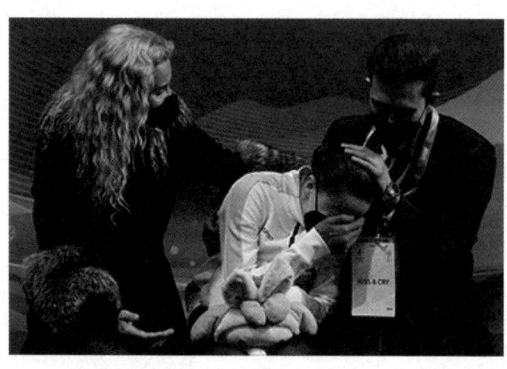

발리예바는 16세로 이번 올림픽에 참가한 최연소 선수다. 그녀는 주니어 선수 시절에 2020년 세계 주니어 선수권 대회와 2020~21년 주니어 그랑프리 파이널에서 우승했으며, 시니어에서는 2022년 유럽 선수권 대회에서 금메달을 획득했다. 2021년 시니어 무대에 오른 뒤에는 대회마다 세계기록을 경신하면서 "신기록 제조기"라는 별명을 얻었던 그녀는 현재 여자 싱글 쇼트, 프리, 총점 세계기록 보유자이다. 그런 그녀였기 때문에 이번 올림픽에서도 그녀는 여자 싱글에서 금메달은 따놓은 당상으로 생각되었다. 그리고 그녀의 활약에 힘입어 피겨스케이팅 단체전에서는 이미 러시아가 금메달을 확보해 놓고 있었다.

그런데 알고 보니 그녀가 도핑문제가 있었던 것이다. 베이징올림픽 이전에 제출한 도핑샘플에서 금지약물 양성판정이 나왔다는 것이다. 그런데 어떻게 된 것인지 지난해 12월 25일 자국에서 열린 러시아선수권대회에서 도핑검사를 받았지만 해당 도핑샘플을 검사한 연구소는 그로부터 45일이 지나서 올림픽 도중인 2월 7일에서야 검사결과를 발표하게 되었다는 것이다. 해당 검사기관은 코로나바이러스로 근무 연구원 수가 줄어 검사결과가 늦어졌다고 스포츠중재재판소(CAS) 청문회에 입장을 밝혔다.[46] 그래서 올림픽이 진행 중이던 2월 8일 임시 출전정지 징계를 내렸다가 다시 2월 9일에 징계를 철회했다는 것이다. 국제올림픽위원회(IOC)는 독립 도핑검사기구인 국제검사기구(ITA)와 협의해 국제빙상연맹(ISU)과 함께 스포츠중재재판소에 11일 제소하였고, 스포츠중재재판소는 여자 싱글 경기를 하루 앞두고 2월 14일에 발리예바의 출전이 가능하다는 판결을 내렸다. 스포츠중재재판소는 발리예바가 16세 이하로 반도핑법으로 보호되고, 올림픽 기간에 진행한 도핑 결과가 아니라는 점, 국제반도핑기구(WADA)가 발리예바에게 도핑결과를 46일 만에 통보했고 발리예바가 미성년자인 만큼 출전이 금지되면 정신적으로 돌이킬 수 없는 피해를 입게 될까 봐 걱정이 된다는 것 등을 이유로 들었다.[47]

이런 과정을 보면 국가와 국제기구 간에 사안이 오가면서 무언가 명쾌하지 않은 부분이 많고 결과적으로 국제적 반도핑시스템이 제대로 작동하지 않는 현실을 보여주는 것이다. 어쨌든 도핑을 한 것을 알면서도 출전을 시켰다는 것은 혼란스러운 결과를 가져왔다. 이와 같이 국제기구들이 복잡하게 나누어져서 국가들과의 이해관계에 따라 원칙 없이 움직이는 가운데 비정상적인 일이

---

[46] 자국서 환영받는 발리예바…러, 잇단 도핑 파문에도 '타격감 0', 2022
[47] 16세 발리예바의 도핑, 변하지 않은 러시아의 악행, 2022

일어나고 있는 국제 스포츠의 한 단면이었다. 이런 와중에 도핑사실이 알려지면서 언론에서 대서특필하게 되고 논란이 되자, 발리예바는 심적인 부담을 느꼈는지 아니면 약발이 떨어져서 그랬는지 모르지만, 경기장에서 전혀 기량을 발휘하지 못했던 것이다.

눈물을 흘리며 대기석으로 돌아온 발리예바에게 코치 투트베리체(Eteri Tutberidze)는 위로는커녕 "왜 포기했어? 나에게 설명해 봐!"라며 화를 내었다. 이 광경이 방송을 통해 전 세계로 송출되면서 이를 본 많은 사람들이 경악을 금치 못했다. 바흐 국제올림픽위원회위원장도 이를 의식했는지 "그 냉혹함에 소름이 끼친다"라고 코치를 비난하였다.

이에 세상의 이목은 코치 투트베리체에게도 집중되었다. 그녀는 발리예바뿐만 아니라, 이 베이징동계올림픽 피겨 여자싱글 금메달의 셰르바코바(Anna Shcherbakova)와 은메달의 트루소바(Alexandra Trusova)를 비롯하여 많은 세계적인 선수들을 키운 세계 최고의 코치로 알려져 있다. 그런데 그녀는 매우 비인간적이고 냉혹한 코치로서도 알려진 인물이다. 어린 아이들을 상대로 소리지르는 것은 기본이고 가혹하게 벌을 주면서 아이들의 코치라기보다는 맹수 조련사 같았다. 과거 투트베리체 밑에서 지도를 받은 적이 있는 폴리나 슈보데르바는 "투트베리체 코치는 폭언을 하였으며, 잘못하면 쓰레기통에 가두어 놓고 훈련이 끝날 때까지 뚜껑을 열어주지 않았다. 부상을 입거나 피로가 쌓여도 훈련을 쉴 수 없었다. 발가락 2개가 골절됐지만 그래도 훈련을 계속해야 했다. 100번이고 200번이고 수없이 반복했다. 부상 부위는 시퍼렇게 부어올랐고, 운동화를 신을 수도 없을 정도였다"고 하였다.[48]

---

[48] "쓰레기는 쓰레기통에"…점차 드러나는 투트베리체의 민낯, 2022

그럼에도 그녀가 지도하는 선수들은 두각을 내고 있었고, 그 이유는 다른 선수들이 생각조차 못하는 묘기와 같은 기술을 하였기 때문이다. 그녀에게 지도를 받은 선수들은 여자선수들은 말할 것도 없고 남자선수들도 하기 어려운 4회전 점프기술과 같은 것을 해냄으로써 신기록을 세워온 것이다.

피겨는 사춘기 이전 어릴 때에 몸무게도 적게 나가고 몸이 유연하여 기술을 익히기 좋고 부상사고도 적다. 그래서 그녀는 아이들의 2차 성징을 지연시키기 위해 가루음식만 먹게 하고, 약을 복용시켜 사춘기를 지연시켰다. 그녀의 제자들은 약물복용의 결과인지 어린 아이들이 성인보다 근육이 더 발달하였다. 고회전 고난도 점프와 같은 힘든 동작을 하루 12시간씩 반복연습을 하는 등 가혹한 훈련을 하였다. 그러나 보니 투트베리체의 제자들은 각종 부상과 신체 이상을 겪는 아이들이 많았고, 두각을 나타내던 선수들도 대부분 20살을 넘기지 못하고 빙판을 떠났다.[49]

도핑에 대한 문제가 생기자 발리예바는 심장 치료제를 먹는 할아버지의 컵을 사용한 탓이라고 항변했지만, 발리예바의 샘플에서 검출된 금지약물 트리메타지딘의 농도는 도핑으로 판명받은 다른 운동선수의 샘플과 비교해도 약 200배가량 많은 양인 것으로 드러났으며, 세 가지의 약물이 검출되었다.[50] 어린 그녀가 혼자서 이렇게 약물을 찾아서 복용할 가능성은 없는 것이고 보면, 발리예바 주변의 사람에 의하여 이런 일이 주도되었다고 볼 수밖에 없다. 그래서 자연스럽게 투트베리체가 도핑의 배후로 지목되었다. 그도 그럴 것이 그녀는 선수들의 피로회복 목적으로 이전에는 협

---

[49] "소름끼친다" 러시아 코치 제자들 신체 이상…학대·도핑 의혹, 2022
[50] Panja, 2022

심증 치료제 멜도니움이라는 약물을 사용해 왔는데, 몇 년 전 이 것이 금지약물로 되자, 그녀는 이제 비슷한 효과의 다른 약물을 찾겠다고 말하기도 했다는 것이다.[51]

피겨스케이팅에서 선수가 되기 위해서는 어린 나이부터 시작 해야 한다는 점을 감안하면 이 어린 선수들의 문제는 모두 어른 들의 책임이다. 어른들이 어린 아이들을 이렇게 훈련하는 것은 지금은 거의 사라진 서커스단의 아동단원 훈련과 마찬가지로 인권 유린이다. 세계 최고의 선수를 만든다는 것은 세계무대에서 국가를 대표하는 선수로 내보내기 위해서이고, 이는 결국 국가를 위해서 어린 아이들을 학대하는 행위를 하고 있는 것이다.

세계 사람들의 따가운 시선과 바흐 위원장의 발언이 마음에 걸렸든지 러시아는 이에 대한 대응을 하였다. 드미트리 페스코프 크렘린궁 대변인은 "바흐 국제올림픽위원회위원장의 의견을 존중하지만, 그에 동의할 필요는 없다. 그는 우리 코치들의 엄격함을 좋아하지 않지만 높은 수준의 스포츠에서 코치의 엄격함은 선수들이 승리를 달성하는 열쇠라는 걸 알고 있다"고 하였다.[52] 국가를 위해 싸우고 있는 투트베리체 코치를 옹호하고 나선 것이다. 그리고 발리예바가 돌아오자 러시아 사람들은 열렬히 환영하였으며, 러시아 정부는 곧바로 '우호훈장'을 수여하였다. 이 훈장은 베이징올림픽 메달리스트에게 수여한 훈장 중 가장 높은 등급의 훈장이었다.[53] 러시아의 이러한 조치는 러시아가 선수들의 도핑을 어떻게 생각하고 있는지, 선수들을 어떤 존재로 생각하고 있는지,

---

[51] "소름끼친다" 러시아 코치 제자들 신체 이상… 학대·도핑 의혹, 2022
[52] '사과 없고' 크렘린궁 이어 발리예바도 '경의', 2022
[53] '도핑' 발리예바 앞세워 팀 1위…러시아는 '최고훈장' 수여했다, 2022

그리고 국제 스포츠를 어떻게 생각하고 있는지를 잘 보여준다. 징계를 받은 이후에도 여전히 도핑은 할 수만 있으면 해야 하는 것이고, 도핑금지는 나라 바깥과의 문제일 뿐이며 나라안에서는 메달을 따기 위하여 도핑을 하는 선수들을 애국자로 생각하고 있는 것이다. 그리고 국제경기에서 러시아가 더 많은 메달을 딸 수 있다면 도핑뿐만 아니라 더한 일도 할 준비가 되어있음을 보여주고 있다.

위의 사례는 오늘날 국제 스포츠경기에서의 내셔널리즘의 한 단면을 보여주고 있다. 국가를 위하는 마음이 워낙 강하게 되면 도핑과 같은 불법행위도 국가를 위한 살신성인의 애국심으로 치부될 수도 있는 것이다.

제2장

내셔널리즘은 무엇인가?

1. 용어 정립의 필요성
2. 내셔널리즘의 정의
3. 내셔널리즘과 민족주의의 비교
4. 인접 용어와의 관계
5. 해결 방안
6. 올바른 용어 사용의 필요성
7. 본서에서의 용어 사용

1. 용어 정립의 필요성

내셔널리즘(nationalism)을 보다 명확하게 정의하기 위해서 먼저 이 말이 일상생활에서 어떻게 사용되는지 살펴보기로 하자. 우리가 내셔널리즘이라는 말을 사용하는 경우는 크게 두 가지인데, 예를 들면 다음과 같다. 첫째, 최근에 스코틀랜드사람들이 영국(United Kingdom)으로부터 독립하기를 원하는데, 이를 두고 우리는 스코틀랜드의 내셔널리즘이라고 한다. 둘째, 미국사람들이 자국 산업의 이익을 우선적으로 고려하여 지구환경보호를 위한 국제협약에 가입하기를 거부할 때 우리는 이를 미국의 내셔널리즘이라고 한다.

첫 번째의 예는 스코틀랜드라는 민족집단이 주체가 되는 경우이고, 두 번째의 예는 미국사람이라는 국가사람들이 주체가 되는 경우이다. 현재 우리나라에서는 내셔널리즘을 민족주의라고 번역한다. 그런데 앞의 첫 번째 예에서는 민족주의라고 말할 수 있지만, 두 번째 예에서는 민족주의라고 말할 수 없다. 수많은 민족으로 이루어져 민족 용광로라 불리는 미국에 무슨 민족주의라는 말인가?

이것으로써 우선 알 수 있는 것은 우리가 말하는 민족주의와 내셔널리즘이 그 의미에서 일치하지 않는다는 사실이다. 또한 첫 번째 예의 스코틀랜드와 같은 경우, 영어로는 네이션(nation)이라고 하고 우리말로는 민족이라고 하는데, 사실 여기에서도 네이션의 의미가 우리가 말하는 민족이라는 말의 의미와 일치하는 것이 아니다. 영어의 네이션과 민족, 내셔널리즘과 민족주의는 그 개념에서 완전히 합치되지 않는 것이다. 언어는 하나의 약속이므로 동일한 의미로 하기로 한다면 되지 않을까라고 생각할 수도 있지만 여기서는 그렇게 될 수도 없다. 이 불일치의 문제는 그렇게 하자고 한다고 해도 해결될 수 없는 측면이 있기 때문이다.

당장 우리가 내셔널리즘에 대한 외국 책의 번역서를 읽어보면 아무리 정성들여 읽어도 내용파악이 잘 안 된다는 것을 느끼게 된다. 그 이유는 바로 네이션, 내셔널리즘을 민족, 민족주의로 번역하고 있기 때문이다. 네이션과 민족이 일치하지 않는다는 사실에 대해서 이 분야의 연구자는 물론이고 일반인들도 이미 많이 알고 있다. 그래서 사람에 따라서는 네이션, 내셔널리즘에 대해서 민족, 민족주의라는 말이 타당하지 않을 때에는 국민, 국민주의라는 말을 사용하기도 한다. 또 학자들은 "민족"이라고 할 때의 민족의 의미와 "민족주의"라고 할 때의 민족의 의미가 같지 않다는 것을 강조하기도 한다. 그리고 이 문제에 부딪치게 되었을 때 연구자에 따라 임시방편이 동원되기도 한다. 예를 들어 장문석 교수는 내셔널리즘을 소개하는 그의 책 『민족주의』에서 민족, 민족주의라는 말로서 제대로 설명할 수 없었던지 "민족"과 "민족"으로 구분하고,[54] "민족주의"와 "민족주의"로 서체를 구분하여[55] 설명하

---

[54] 장문석, 2011, p.24
[55] 장문석, 2011, p.61

고 있다. 이와 같은 설명과 방법이 동원되는 것은 민족, 민족주의라는 말이 네이션, 내셔널리즘이라는 말을 표현해주지 못하는 문제에 직면하여 어쩔 수 없이 그렇게 하는 것이며, 이런 방식을 통하여 이 문제를 근본적으로 해소할 수 없음은 너무나 당연하다.

또한 내셔널리즘을 민족주의로 번역하게 될 때에 내셔널리즘의 본질을 이해하기 어렵게 하는 데 그치지 아니하고 다른 의미로 생각하게 하거나, 심지어 반대의 의미로 이끌어가기도 한다. 예를 들면, 서양에서 "한국의 민족주의"를 "Korean nationalism"이라고 하지 않고 대부분 "Korean ethnic nationalism"이라고 한다. 내셔널리즘을 민족주의라고 번역하는 것이 맞다면 역으로 우리의 민족주의를 영어로 번역할 때 내셔널리즘(nationalism)으로 번역되어야 할 것이지만, 민족이라는 말이 갖고 있는 혈연적 성격 때문에 ethnic이라는 단어가 들어가게 되는 것이다. 그런데 서양사람들은 ethnic nationalism(민족 내셔널리즘)을 나쁜 내셔널리즘(bad nationalism)이라 부를 정도로 이 말에 대하여 강한 부정적인 인식을 갖고 있다. 한국사람이나 서양사람이나 내셔널리즘(nationalism)은 마찬가지인데 이러한 표현이 서양사람들로 하여금 한국사람들에 대하여 나쁜 내셔널리즘에 젖어 있다는 편견을 갖게 할 수도 있는 것이다.

또, 유럽에서 19세기 이후 내셔널리즘이 성행하던 시기를 내셔널리즘 시대라고 하고, 우리는 이를 민족주의 시대라고 번역한다. 그런데 내셔널리즘 시대라고 말하는 이 시기는 국가중심으로 사회체제가 재편되면서 민족들이 융해되어 나라사람으로 헤쳐모이게 되는 시기였다. 즉, 이 시대는 민족집단이 그 의미를 잃고 소멸되는 시기였는데 이를 민족주의 시대라고 부른다면 언어가 사실을 제대로 표현하지 못하고 있는 것이다.

이처럼 내셔널리즘을 민족주의라고 하는 상황에서는 내셔널리즘에 대한 연구 또한 어려울 수밖에 없다. 민족주의라는 말만으로는 내셔널리즘을 제대로 논의하는 것이 불가능하다. 이렇게 잘못된 용어관계를 바로잡지 않는 한, 개념의 왜곡 속에 이 분야의 학문적인 발전은 말할 것도 없고 일상에서의 의사소통조차 혼동으로부터 벗어날 수 없다. 예를 들어, 룩셈부르크 민족(Luxembourgers)은 네이션이 되었는데 왜 버건디 민족(Burgundians)은 네이션이 되지 못했는가와 같은 것을 논의하는 것이 네이션, 내셔널리즘 연구이다. 그런데 여기서 네이션을 민족이라고 번역해서는 논의가 불가능하게 되는 것이다.

그래서 내셔널리즘 연구에서 가장 먼저 해야 할 일은 내셔널리즘에 대한 용어를 정돈하는 일이다. 민족, 민족주의는 19세기 말 일본이 서구문명 도입기에 만든 용어이다. 지금은 일본에서도 이 용어를 사용하지 않는다. 일본에서는 이러한 문제가 있음을 알고 오래전부터 민족주의라고 부르지 않고 그냥 내셔널리즘이라고 부르고 있다. 그렇다면 우리도 그냥 내셔널리즘으로 불러야 할까? 민족, 민족주의라는 용어를 쓰다가 이제 또다시 일본 따라 네이션, 내셔널리즘이라고 하여야 할까? 여기에 우리의 슬기와 예지를 모아야 할 필요가 있다.

2. 내셔널리즘의 정의

1) 네이션의 정의

내셔널리즘(nationalism)은 네이션(nation)에서 나온 말로서 네이션에 대한 이념이다. 그렇다면 네이션은 무엇인가? 네이션(nation)이란 "일정한 지역에서 공통의 문화와 관습을 형성하며 살아왔고, 자신들을 다른 집단과 구분되는 하나의 집단으로 의식하고 있으면서, 하나의 국가로 구성되거나 구성될 수도 있는 사람들의 집단"이라고 정의할 수 있다.

우선 네이션의 개념에 대한 기본적인 이해를 돕기 위하여 스탈린(Joseph Stalin)의 정의를 보기로 하자. 스탈린은 그의 『맑시즘과 네이션 문제』라는 책에서 네이션을 다음과 같이 기술하고 있다.

네이션(nation)이란 무엇인가?

네이션은 하나의 한정된 사람들의 공동체이다. 이 공동체는 인종적인 것도 아니고 민족적인 것도 아니다. 근대 이탈리아 네이션은 로마인(Romans), 튜톤인(Teutons), 에투르스칸인(Etruscans), 그리스인(Greeks), 아랍인(Arabs) 등으로 이루어져 있다. 프랑스 네이션은 골인(Gauls), 로마인(Romans), 브리톤인(Britons), 튜톤인(Teutons) 등으로 이루어져 있다. 영국 네이션이나 독일 네이션을 비롯한 다른 많은 네이션에서도 다양한 인종과 민족으로 네이션을 이루고 있는 것은 마찬가지이다. 따라서 네이션은 인종도 아니고 민족도 아니며, 역사적으로 형성된 사람들의 공동체이다.

반면에 비록 여러 인종이나 민족들로 구성되고 역사적으로 형성되었다고 해도 알렉산더(Alexander) 제국이나 싸이러스(Cyrus) 제국을[56] 네이션이라고 하지 않는다. 그들은 네이션이

---

[56] 싸이러스 대제(Cyrus the Great)는 싸이러스 2세(Cyrus II)로도 불리며, 기원전 6세기 페르시아의 정복자이다.

아니라 정복자의 승리와 패배에 따라 함께하기도 하고 나눠지기도 하는 우발적이고 느슨하게 연결된 사람 무리들의 집합체이다. 따라서 네이션은 우연이나 일시적으로 형성되는 사람들의 집합체가 아니라 사람들의 견고한 공동체이다.[57]

스탈린은 네이션을 사람들의 일시적인 운집이 아니라 세대에 세대를 이어 오랫동안 같이 살아오면서 역사적으로 형성된 견고한 집단이라고 하고 있다. 여기서 우리의 주의를 끄는 것은 네이션이 인종이나 민족을 의미하는 것이 아니라고 강조하고 있는 부분이다. 당시 유럽이나 러시아 사람들에게 있어서도 그렇게 생각될 소지가 있었기 때문에 이 부분을 제대로 이해시키고자 여러 나라의 예를 들어가면서 설명했던 것이다.

네이션은 영어에서도 그 의미가 혼란스러운 용어로 유명하다.[58] 그래서 영어 사전을 통하여 이 말이 가진 의미를 자세히 점검해 보기로 하자. 사전을 보면 오늘날 네이션(nation)은 크게 세 가지 의미가 있다.

첫째, "구성원들이 한 집단으로 의식하면서 그들 자체의 정부를 갖고 있거나 갖기를 원하는 사람들의 집단"

둘째, "자체적인 정부를 가진 사람들이 살고 있는 영역"

셋째, "동일 종족 사람들의 집단"이다.[59]

이 세 가지를 우리는 일반적으로 국민, 국가, 민족이라고 표현한다.

---

[57] Stalin, 1913 / 2015, p.7
[58] 네이션(nation)이라는 말이 시간과 장소에 따라 의미가 다르게 사용되어 왔기 때문이다.
[59] Nation, n.d.1

먼저 첫째의 의미에서 보면 네이션은 자신이 전체 구성원 중의 일원임을 의식하고 있는 사람들의 집단이다. 그리고 이 사람들은 다른 집단의 일부로 속하게 되거나 다른 집단 사람들과 섞여서 살아가는 것을 원치 않기 때문에 자기 집단이 정치적으로 이미 독립되어 있거나 독립되기를 원한다는 것이다. 여기서 이미 독립되어 있다면 이를 국가라고 하고, 이를 구성하는 사람들의 집단을 국민으로 표현할 수 있을 것이다.[60] 만약 정치적으로 독립을 원하지만 독립을 하지 못하고 있는 상태라면 국민이라고 말할 수 없으므로 "갖기를 원하는 사람들의 집단"이라고 표현하고 있는 것이다. 따라서 국민뿐만 아니라 자기 나라의 국민이 되기를 원하는 사람까지 포함하는 것으로서 국민보다 더 넓은 개념이다. 이 첫째가 네이션의 중심적인 의미라고 할 수 있다.

한국을 예로 들어보자. 한반도에는 사람들이 살고 있다. 여기 사람들은 자신이 한국사람이라는 것을 의식하고 있고, 대부분은 한국사람들에 의한 자치적이고도 독립된 나라로 살아야 한다고 생각한다. 이때 이 한국사람들 총체로서의 집단, 즉 한국인인 동시에 한국, 이것이 곧 네이션인 것이다. 이와 같이 미국, 중국, 영국, 스코틀랜드 모두 마찬가지이다. 네이션은 우리의 관념으로 "~사람들" 또는 "~인" 정도가 가장 근접하다. "한국사람들" "미국사람들" "스코틀랜드사람들" 또는 "한국인" "미국인" "스코틀랜드인" 등과 같다.

여기서 중요한 것은 "국가단위의 사람집단이거나 국가가 될 수도 있는 집단"의 사람들이어야 한다는 점이다. 한국사람들은 네이션이지만 충청도사람들은 네이션이 될 수 없다. 왜냐하면, 충청

---

[60] 물론 국민과 완전히 같은 것은 아니다. 이는 뒤에서 논의한다.

도사람이나, 경상도사람이나, 전라도사람이나 혈통, 역사, 문화 등으로 볼 때 별 차이가 없는 같은 사람들이므로 충청도만 별도의 네이션이 되기 어렵다. 또 구분되는 사람들이라 해서 반드시 네이션이 되는 것도 아니다. 미국 알래스카의 이누이트(Inuit)사람들은 민족, 언어, 풍속, 기질 등의 모든 면에서 미국의 백인들과 다르지만, 자신들만의 독립적인 정치체로 살고자 하는 의지가 없다. 독립적인 네이션의 의지 없이 미국사람의 일원으로 살아가겠다고 한다면 이누이트 네이션이 아니라 미국인으로서의 네이션이 되는 것이다.

지금 세계에 국가는 200여 국에 불과하지만, 민족(ethnic group)은 약 650여 개나 된다. 이 민족들이 모두 네이션(nation)이 될 수 있는가? 될 수 없다. 이들 민족 모두가 독립된 국가가 될 수 있는 여건을 갖기 어렵고, 또 모든 민족이 자기들만의 국가에 대한 열망과 의지를 갖는 것이 아니어서 모두가 독자적 정치 단위로 될 수 없기 때문이다. 이와 같이 네이션은 정치적인 측면이 고려된 사람들의 집단이다. 단순히 거주지, 혈연, 언어, 공동생활 등으로 하나의 집단으로 구분될 수 있는 집단이 있다면, 이는 앞의 이누이트 원주민과 마찬가지로 민족에 불과하다. 따라서 네이션의 범주에 들어가느냐 들어가지 않느냐는 그 사람들의 영토, 언어, 역사, 혈연, 생활양식 등에서의 독자성을 갖고 있느냐의 측면뿐만 아니라 자기 국가에 대한 열망과 의지가 있는가에 의해서 결정되는 것이다.

다음으로 둘째의 의미에서 보면, "자체적인 정부를 가진 사람들이 살고 있는 영역"이란 국가를 의미하며, 이 의미에서는 영어의 state와 가깝다. 영어의 country, state, nation 모두 국가를 의미하지만, country는 물리적, 지리적 측면의 의미가 강하고, state는 법적, 정치적, 지리적인 측면에 강한 의미를 내포하고 있는 반면에, nation은 사람의 측면에 더 주된 의미를 두고 있다. 다시 말하면, 국가(state)는 그 국민에게 복종과 충성을 요구할 수 있는 힘을 가진 법적, 정치적인 기관인 반면에, 네이션(nation)은 이러한 국가(state)와 관련된 사람들, 즉, 공통의 환경과 연대의식에 의해서 형성된 사람들의 집단이다.[61] 그런데 사람을 기준으로 하는 네이션의 측면에서 국가를 정의하기가 더 어렵다. 어떤 사람들 집단의 집단소속의식, 집단 내 유대감, 다른 집단과의 차별성, 인종적 동질성, 문화적 공통성, 역사와 기억의 공유 등과 같은 객관화하기 어려운 심리적인 요소나 추상적인 요소에 근거하여 국가를 구분하게 되기 때문이다.

미국 독립과 프랑스 혁명 이후 일반 사람들의 주권의식이 확립되면서 일반 사람집단으로서의 인민(people)과 국가(state)가 같은 것으로 등식화되는데, 자기 집단끼리 살겠다는 주체적, 정치적 의사를 가진 인민의 집단으로서의 네이션이 중간에 가교 역할을 하게 된 것이다. 즉, 네이션(nation)의 개념으로, 인민(people)=네이션(nation)=국가(state)라는 등식이 성립하게 된 것이다. 이러한 결과로 법적 정치적 단위로서의 국가인 state만큼이나 사람들 단위로서의 국가인 nation이 국가라는 표현에 자주 등장하게 된 것이다. 그래서 국제연합은 "United Countries"가 아니라 "United Nations"로 되고, 아담 스미스(Adam Smith)가 국부론에서 "The Wealth of Nations"라고 한 것도 단순한 국가의 부를 의미하는 것이 아니라 국가 구성원 사람들의 부를 합한 총체로서의 부를 표현한 것으로

---

[61] Seton - Watson, 1977, p.1

이해할 수 있다. 사람들이 정치적 힘의 원천으로 인식됨으로써 사람들이 곧 국가가 된 것이다.[62]

셋째, 동일 종족 사람들의 집단이다. 이는 주로 옛날에 이런 의미로 사용되었고, 오늘날에는 잘 사용되지 않지만,[63] 이 부분이 우리말의 민족과 거의 일치한다고 할 수 있다. 여기서 한국인이 곧 한국 민족이라고 해서 네이션을 민족이라고 생각해서는 안 된다. 한국은 단일 민족국가이어서 민족이 곧 네이션으로 되지만, 세계 대다수 국가는 다민족국가이어서 민족이 곧 네이션으로 되지 않기 때문이다.

2) 내셔널리즘의 정의

내셔널리즘이란 "사람들이 갖고 있는 자기 네이션(nation)의 이익을 우선시하는 사상"이라고 할 수 있는데, 여기에 앞에서 규명한 네이션(nation)의 개념을 적용하면 다음과 같다. 내셔널리즘이란 "일정한 지역에서 공통의 문화와 관습을 형성하며 살아왔고, 자신들을 다른 집단과 구분되는 하나의 집단으로 의식하면서, 하나의 국가로 구성되거나 구성될 수도 있는 사람들의 집단이 자기 집단의 이익을 우선시하는 사상"이라고 할 수 있다.

내셔널리즘은 우리가 이 장의 시작에서 본 대로 기존 국가에서의 국가 내셔널리즘과 현재 자신들의 국가가 없는 사람들이 자신들만의 국가를 수립하고자 하는 독립 내셔널리즘 모두를 포함한다. 그래서 내셔널리즘(nationalism)은 "자국이 타국보다 더 중요

---

[62] Connor, 1994b, p. 38
[63] 오늘날에서의 이런 말은 1640년대부터 사용된 것으로 알려진 북미 원주민을 일컫는 Nation 정도이다.

하고 낫다는 믿음으로 자국의 이익을 우선시하고 자국을 자랑스러워하거나, 자신들의 독립적, 자주적 국가를 가지려는 사람들의 열망"이라고 정의할 수 있다.[64]

이 분야 주요 연구자들의 내셔널리즘에 대한 정의를 보면 한스 콘(Hans Kohn)은 내셔널리즘을 "개개인의 최고의 충성은 으레 네이션으로 이루어진 국가에 주어져야 한다고 느끼는 심리상태"라고 정의한다.[65] 또, 케두리(Elie Kedourie)는 "인류는 자연적으로 네이션들(nations)로 나누어져 있고, 이 네이션들은 확인되는 특성들로 구분되며, 정당화될 수 있는 유일한 정부 형태는 각 네이션에 의한 자치정부라고 생각하는 신조"라고 정의한다.[66] 이 외에도 많은 연구자들이 다양한 내용으로 정의하고 있다. 우선 연구자에 따라 그 범위를 좁게 정의하기도 하고 넓게 정의하기도 한다. 좁게 정의하면 독립 내셔널리즘 또는 내셔널리즘 운동에 한정시키는 것이고, 넓게 정의하면 독립 내셔널리즘과 통합 내셔널리즘, 그리고 국가 단위의 일상적인 내셔널리즘까지도 포함하게 된다.

좁은 정의의 예로서 겔너(Ernest Gellner)의 정의를 들 수 있다. 겔너는 내셔널리즘을 "정치적 단위(political unit)와 네이션 단위(national unit)가 일치해야 한다는 정치적 원리"라고 정의하고 있다. 겔너의 이 정의는 독립 내셔널리즘을 말하고 있다. 그리고 그는 네이션(nation)을 다음과 같이 두 가지로 정의하고 있다.[67] 첫째, 만일 어느 두 사람이 같은 문화를 공유할 때 그들은 같은 네이션이다. 여기서 문화는 생각, 기호, 연상, 행위방식, 소통방식의 체계

---

[64] Nationalism, n.d.
[65] Kohn, 1965, p.9
[66] Kedourie, 1961, p.9
[67] Gellner, 2006, pp.6~7

를 뜻한다. 둘째, 만일 어느 두 사람이 서로가 같은 네이션에 속한다고 인식한다면 그들은 같은 네이션이다. 즉, 공통된 소속원으로서의 상대방에 대한 쌍무적인 권리와 의무를 확고하게 인식하는 범주의 사람들은 같은 네이션이다. 여기서도 나타나고 있는 것은 네이션의 범위는 우리말에서의 민족이 아니라는 점이다. 첫째의 경우는 민족에 가깝지만, 둘째의 경우는 같은 민족이 아니라도 네이션이 될 수 있다는 것이고, 네이션이 민족보다 넓은 개념으로 정의되고 있는 것이다.

스미스(Anthony D. Smith)는 내셔널리즘(nationalism)을 "실재적 혹은 잠재적 네이션(nation)을 구성하는 일부 구성원들에 의해서 집단 전체를 위하여 행해지는 자치, 단결, 정체성을 확보하고 유지하기 위한 이념운동"으로 정의한다.[68] 스미스는 내셔널리즘의 목표를 자기 집단의 독립과 자치, 집단의 단결, 집단의 정체성 확립, 이 세 가지에 두고 있다. 여기서 자기 집단의 독립과 자치는 독립 내셔널리즘에 해당하고, 집단의 단결과 집단의 정체성 확립은 통합 내셔널리즘에 해당한다. 통합 내셔널리즘은 주로 기존 국가에서 국가를 중심으로 국민들을 응집시키기 위한 내셔널리즘이다. 이렇게 스미스의 정의에서는 독립 내셔널리즘뿐만 아니라 통합 내셔널리즘까지 포함하고 있다. 스미스는 겔너보다는 더 넓게 정의하고 있지만, 내셔널리즘을 이념운동으로 한정하고 있다는 점에서 여전히 범위가 좁다.

현재 네이션, 내셔널리즘의 개념에 대하여 학자마다 그 인식에서 차이가 많고, 그런 만큼 내셔널리즘에 대한 정의가 명확하지 못한 상태에 있다. 이 점이 내셔널리즘 연구를 더욱 어렵게 하는

---

[68] Smith, 1991, p.73

요인 중의 하나가 되고 있다. 지금까지 내셔널리즘 연구는 주로 서구에서 이루어지고 있고, 주류는 근대주의 이론이다. 그래서 내셔널리즘 연구의 대부분은 근대화 이후의 유럽이나 유럽과 관련된 지역의 독립 및 통합 이념운동에 집중되어 있고, 이러한 가운데 내셔널리즘이 독립과 통합의 이념운동만을 의미하는 것처럼 보이기도 한다.

하지만 오늘날 우리가 살아가는 현실세계는 사람들이 국가를 단위로 나뉘어져 살아가고 있으며, 국가들 간에 경쟁과 협력을 하는 가운데 세계가 돌아가는 점을 감안하면 국가가 주체로 되는 경우의 내셔널리즘을 도외시할 수 없다. 아니 국가 내셔널리즘이야말로[69] 가장 실질적이고 중요한 부분이다. 내셔널리즘의 영역에 국가 내셔널리즘이 포함되지 않는다면 내셔널리즘 연구는 그 영역이 대폭 줄어들 뿐만 아니라 그 유용성도 크게 줄게 된다. 특히 유럽 외의 사람들에게는 더욱 그렇다. 영국에 네이션 의식이 언제 생겼는가는 영국의 역사학자들에게는 중요할지 모르지만 세계 다른 지역의 사람들한테는 별 의미가 없다. 지금 한국의 입장에서는 200년 전 유럽 이야기보다는 오늘날의 미국, 중국의 내셔널리즘이나 세계화 속의 내셔널리즘과 세계주의(cosmopolitanism)의 충돌 등과 같은 것이 더 중요한 문제이다.

국가 내셔널리즘이 될 때는 네이션(nation)의 의미가 국가(state)와 거의 같아지게 된다. 이 문제에 대하여 코너(Walker Connor)는 국가의 경우에는 내셔널리즘(nationalism) 용어를 사용해서는 안 된다고 주장한다. 그는 많은 연구자들이 내셔널리즘을 국가에 대한

---

[69] 여기서 국가 내셔널리즘이라 함은 국가 단위로서의 사람들이 갖는 의식으로서의 내셔널리즘을 말한다.

헌신의 의미로 잘못 사용함으로써 내셔널리즘(nationalism)과 애국심(patriotism)이 혼동되는 것은 문제라고 주장한다.[70] 이런 주장은 그가 원초주의자로서[71] 내셔널리즘을 민족 측면에서만 보기 때문이다. 공민 내셔널리즘의[72] 측면을 함께 생각하면 이 같은 주장을 받아들이기 어렵고, 또 코너가 한탄할 만큼 많은 학자들이 국가 단위에서도 내셔널리즘이라는 용어를 사용하고 있다. 스미스는 nation과 state는 구분되는 개념이지만 현실적으로 같은 뜻으로 사용되는 경우가 많으며, 애국심(patriotism)과 내셔널리즘(nationalism) 간에 분명한 선을 긋기 어렵다고 주장한다.[73]

또 코너는 국가 단위가 될 때는 statism이나 etatism을 사용해야 한다고 주장하지만[74] statism(국가주의)은 내셔널리즘과 별도로 다른 의미로 이미 사용되고 있는 말이다.[75] 일반적인 의미에서 국가주의는 최상의 조직체로서의 권능과 권한을 국가에 부여하고 국가가 경제나 사회의 모든 면을 관리하고 조정하여야 한다는 사상을 말한다. 국가주의는 정치적인 측면에서 국가의 행위에 대한 것인 반면, 내셔널리즘은 사회적인 측면에서 자기 집단과 다른 집단과 관련하여 사람들이 갖고 있는 의식에 대한 것이다. 내셔널리즘의 정의에 대한 코너의 주장은 현실에서의 용어 사용에서 볼 때에도 설득력이 없다. 중국에서 미국을 규탄하는 시위를 벌일 때

---

[70] Connor, 2005, pp.40~41

[71] 원초주의(primordialism)는 네이션 의식을 갖는 것은 태곳적부터 내려온 사람의 원초적인 성향이라고 보는 것으로서 민족이 중심적인 위치를 점하게 된다.

[72] 공민 내셔널리즘(civic nationalism)은 인종이나 출생지에 상관없이 개인의 자유의사에 따라 나라사람이 되도록 하는 것을 말한다.

[73] Smith, 2004, p.200

[74] Connor, 2005, pp.40~41

[75] etatism과 statism은 같은 의미이다.

영어 매체에서 Chinese nationalism(중국 사람들의 내셔널리즘)이라고 보도하지 Chinese patriotism(중국 사람들의 애국심)이라고 보도하지 않는다. 본장 시작의 예에서도 미국사람들의 내셔널리즘이라고 하지 않고 미국사람들의 애국심이라고 해서는 말뜻이 전달되지 않는 것이다.

그래서 과거 유럽에서 있었던 이념운동으로서의 내셔널리즘을 중심으로 하는 지금까지의 연구의 틀에서 탈피하려는 노력이 필요하다. 이를 위해서 앞으로의 내셔널리즘 연구 영역은 첫째, 세계 모든 국가들을 대상 영역으로 하는 보편성을 갖는 것으로 되어야 하고, 둘째, 국가를 경계로 일어나는 경제, 문화, 스포츠 등의 다양한 영역에서의 내셔널리즘을 포괄할 수 있어야 하며, 셋째, 오늘날 세계적으로 일반화되어 있는 일상적인 삶에서의 내셔널리즘도 포함되어야 할 것이다.

이를 위해서는 먼저 무엇을 내셔널리즘이라고 할 것인가에 대한 것을 생각하여야 하고, 이는 결국 내셔널리즘의 정의의 문제로 되돌아오게 된다. 그래서 다음과 같은 내용과 조건을 갖추고 있을 때 우리는 내셔널리즘이라고 할 수 있는 것이다.

　i) 내셔널리즘은 사람들의 자기 집단을 위하거나 애착을 갖는 의식, 신조, 행동이다.

　ii) 여기에서의 집단은 일정한 영토에 함께 살아가며, 같은 문화 및 관습 그리고 역사를 공유하는 사람들의 집단이다.

　iii) 여기에서의 집단은 자신들의 집단은 다른 집단과 구분되고 자신들만의 국가가 있어야 한다고 생각한다.

　iv) 이러한 의식, 신조, 행동은 주로 다른 집단과의 관계에서 발생하여, 다른 집단보다 자기 집단을 우선시하거나 다른 집단을 배척하기도 한다.

v) 이러한 의식, 신조, 행동은 지식인이나 상류층과 같은 일부의 사람들에 국한된 것이 아니라 집단 내 대다수의 사람이 함께 공유하는 것이어야 한다.

3. 내셔널리즘과 민족주의의 비교

1) 네이션과 민족

국어사전에서 "민족"의 뜻을 찾아보면, 민족이란 "일정한 지역에서 오랜 세월 동안 공동생활을 하면서 언어와 문화의 공통성에 기초하여 역사적으로 형성된 사회 집단"으로 정의하고 있다.[76] 이 정의를 기초로 영어의 네이션(nation)과 우리말에서의 민족은 어떻게 다른지 검토해 보기로 한다.

우선, 민족은 네이션보다 범위가 좁다. 앞에서 본 대로 네이션은 국민, 국가, 종족의 세 가지 개념을 담고 있는 데 반하여, 민족은 종족에 근접한 개념만 담고 있다. 다음으로 말의 중심적 의미가 다르다. 내셔널리즘(nationalism)에서의 네이션(nation)의 의미는 "특정한 땅에 사는 자신들의 국가나 정부를 의식하는 대규모의 사람집단"이다.[77] 즉, 네이션이라고 할 수 있기 위해서는 첫째, 대규모의 사람집단이며, 둘째, 이 집단의 사람들이 살 수 있는 땅이 있어야 하고, 셋째, 자신들끼리만의 정치체(polity)에 대한 의식

---

[76] 민족, 미상.
[77] Nation [Def. 1], n.d.2

이 있어야 한다. 여기서 민족의 경우는 둘째, 셋째가 반드시 있어야 하는 것이 아니다.

우리말의 민족은 영어의 네이션(nation)보다는 "race" "ethnicity" "tribe"에 더 가깝다.[78] 영어에서는 원래 "race"라는 말이 많이 사용되었으나 20세기에 들어와 나치즘, 유대인 대학살(Holocaust) 등을 거치면서 최근에는 "ethnicity"라는 말이 많이 사용되고 있다. "Ethnicity"라는 말은 그리스어의 "ethnos"에서 나온 민족이라는 의미의 "ethnic"의 파생어이다.[79] 민족이란 원래 인종아래, 친족 위에 위치하는 사람 분류의 하나로서, 혈통의 의미를 지니고 있고 객관적인 성격을 갖는다. 여기서 객관적이라고 하는 이유는 같은 민족은 부분적으로 겉모습에서 드러나기도 하거니와, 유전자 분석을 통한 과학적 판단도 가능하기 때문이다. 반면에 네이션은 혈연, 영토, 언어 등과 같은 객관적인 요소뿐만 아니라 정체성과 같이 자신에 의해서 정해지는 주관적인 성격도 함께 갖고 있는데, 현실적으로 이 주관적인 측면이 더 크게 작용한다.

월러스타인(Immanuel Wallerstein)은 race는 유전적 범주를 말하는 용어이고, nation은 사회정치적 범주를 말하는 용어이며, ethnic group은 문화적인 범주를 말하는 용어라고 하고 있다.[80] 그는 북아프리카 모로코 내의 사하라위(Sahrawi)사람들을 예를 들어 사하라위 사람들은 독립된 국가를 원하여 자신들이 네이션이라고 주장하지만 모로코정부는 민족일 뿐이라고 주장한다. 이 사람들이 네이션이 되느냐 혹은 민족으로 남느냐는 사하라위 사람들과 모

---

[78] Ethnicity라는 말은 비교적 최근에 만들어진 말로서 Oxford English Dictionary에서는 1953년에 등재되었다.
[79] Spencer & Wollman, 2002, p.65
[80] Wallerstein, 1987, p.380

로코 사람들 간의 대결에 의하여 결정되는 것이다. 그리고 이러한 대결은 단번에 끝나는 것이 아니고 긴 시간으로 두고 진행되는 것이어서 지금은 국인이 아니더라도 2000년이나 2020년에는 국인이 될 수도 있는 것이라고 하였다.[81]

스미스(Anthony D. Smith)는 민족공동체(ethnic community)와 네이션(nation)의 속성을 다음과 같이 구분한다. 먼저, 민족공동체가

표 1-1　　　　　**민족과 네이션의 속성**

민족(Ethnic community)		네이션(Nation)
사람들 집단의 이름이 있다	①	사람들 집단의 이름이 있다
특정한 고향 땅과 연계되어 있다	②	고유의 역사적 영토나 고향 땅이 있다
공통 조상에 대한 신화가 있다	③	공통 조상에 대한 신화가 있다
역사적 기억을 공유한다	④	공통의 역사적 기억이 있다
다른 문화와 차별화되는 공통의 문화가 있다	⑤	공통의 집단 공공 문화를 형성하고 있다
집단 내 상당 비중의 사람들은 연대의식이 있다	⑥	구성원 모두가 공통의 법적 권리와 의무를 진다
	⑦	구성원의 지역적 이동이 가능한 공동경제를 갖는다

출처: *National Identity*, by A. D. Smith, 1991, London: Penguin, p.14~21. 참고하여 작성.

81　Wallerstein, 1987, p.384

갖는 속성으로 ① 집단 고유의 이름이 있고, ② 특정한 고향 땅과 연계되어 있으며, ③ 공통 조상에 대한 신화를 갖고 있고, ④ 역사적 기억을 공유하며, ⑤ 공통의 문화를 갖고 있고, ⑥ 집단 내에 상당한 비중의 사람들이 연대의식이 있다는 점을 들고 있다.[82]

스미스는 ③ 공통 조상에 대한 신화를 갖는다는 항목에서 민족의 혈연적 측면을 적시하고 있다. 그리고 민족은 하나의 구분되는 집단으로서 특정한 땅, 역사, 문화 등에서 연계되어 있고, 서로에 대한 연대의식은 있지만 반드시 이들 집단이 특정한 영역의 땅을 점유하고 있는 것은 아니라고 하고 있다.

반면에 네이션(nation)이 갖는 속성으로서 ① 집단 고유의 이름이 있으며, ② 역사적으로 내려온 고유의 영토가 있고, ③ 공통의 신화를 갖고 있으며, ④ 공통의 역사적 기억이 있고, ⑤ 공통의 공공 문화를 갖고 있고, ⑥ 구성원이 공통의 법적 권리와 의무를 지며, ⑦ 공동의 경제단위를 갖는다는 점을 들고 있다.[83]

네이션(nation)이 민족공동체(ethnic community)와 구분되는 점은 모든 속성에 있어서 민족공동체(ethnic community)보다 그 존재가 뚜렷하다는 점도 있지만, 정치적인 단위로서의 성격이다. 즉, 네이션은 민족공동체와 달리 자신들만의 독자적인 정치 단위로 살아 가고자 하는 의지가 포함된다는 점이다.

네이션(nation)이 민족공동체(ethnic community)와 구분되는 점은 모든 속성에 있어서 민족공동체(ethnic community)보다 그 존재가 뚜렷하다는 점도 있지만, 정치적인 단위로서의 성격이다. 즉, 네이션은 민족공동체와 달리 자신들만의 독자적인 정치 단위로

---

82 Smith, 1991, p.21
83 Smith, 1991, p.14

살아가고자 하는 의지가 포함된다는 점이다. 이러한 네이션(nation)의 속성은 항목 ⑥에서 구성원이 공통의 권리와 의무를 진다고 한 항목에서 적시되고 있다. 정치적으로 하나의 집단이 될 때 법과 행정 조직을 갖게 되고, 이에 따라 서로 간에 법적 권리와 의무를 지게 되는 것이기 때문이다. 또 항목 ⑦에서 공동의 경제단위에 산다는 점을 들고 있다.

싱가포르를 예로 들어보자. 싱가포르 안에서는 같은 통화를 사용하고 사람들은 어디든지 이동하면서 살아갈 수 있지만, 싱가포르 바깥으로는 그렇지 않다. 싱가포르 내의 사람들은 하나의 경제단위를 이루고 있는 것이다. 여기서 중국 내 한족과 싱가포르 내 한족은 민족으로는 같은 한족이지만 같은 경제단위가 아니고, 따라서 하나의 네이션이 아니다. 반면에 이 싱가포르 내에 같은 경제단위 구성원으로 살아가는 중국계 사람과 인도계 사람은 같은 네이션인 것이다.

네이션의 예를 보자. 한국을 보면, ①한국인 또는 한민족이라는 이름이 있고, ②한반도와 만주 땅이 있으며, ③단군신화가 있고, ④선대의 사람들이 살아온 역사를 갖고 있으며, ⑤모두가 함께 하는 집단 공공 문화로서의 한국 문화가 있고, ⑥국민 모두가 서로에 대하여 권리와 의무를 갖고 살아가며, ⑦국경의 범위 내에서 하나의 경제단위로 살아왔다.

다음으로 민족의 예를 보자. 세계에는 국가의 유무와 상관없이 수많은 민족이 있다. 민족이 네이션과 구분되는 데에는 독자적 정치체에 대한 의식이 중요한데, 이에 대한 하나의 예가 19세기 이전의 유대민족이다. 유대인들은 19세기 이전에는 민족이었고 네이션이 아니었다. 오늘날의 이스라엘이 있게 된 것은 19세기 말

시오니즘(Zionism)이 일어나 고토에 자신들만의 나라를 세우겠다는 생각이 확산되었고, 그 결과 제2차 세계대전 후 자신들의 고토에 나라를 세웠기 때문이었다. 그 이전의 수천 년 동안 유대인들은 세계 각지에 흩어져 살면서 자신들만의 나라를 갖겠다는 의식이 없었다.

또 다른 예로 고대 그리스를 들 수 있다. 고대 그리스는 하나의 민족이었지만 네이션은 아니었다. 그때 그리스 반도에 살던 사람들은 오랫동안 혈연적, 문화적으로 공통의 토대 위에 살아왔지만 정치적으로 도시국가로 나누어져 살았고, 온 민족이 하나의 국가로 살고자 하는 의식이 없었기 때문에 네이션이라고 할 수 없는 것이다. 오늘날의 경우를 보면 과거에 유구국이었던 오키나와나 중국 각지에 흩어져 살고 있는 만주족 등이 여기에 해당한다. 이름도 있고, 고향 땅도 있으며, 공통 조상에 대한 신화도 있고, 역사도 알고 있으며, 자신들만의 문화도 있고, 상당수의 사람들은 자기민족 사람 간에 느끼는 연대의식도 있다. 그러나 이들에게 자신들만의 독자적인 나라가 있어야 한다는 의식이 없다. 그래서 그들은 네이션이 아니고 민족인 것이다. 그리고 민족주의는 있어도 내셔널리즘(nationalism)은 없는 것이다.

민족과 네이션의 개념에 대한 보다 명확한 이해를 위하여 하나 더 예를 들어보기로 하자. 영국이라고 불리는 연합왕국(United Kingdom: U.K.)은 원래 잉글랜드(England), 스코틀랜드(Scotland), 웨일스(Wales), 그리고 북아일랜드(Northern Ireland)의 네 나라가 합쳐져서 만들어진 나라이다. 여기서 민족과 네이션을 구분해 보면 다음과 같다.

① 스코틀랜드는 민족인가?: 그렇다

② 영국은 민족인가?: 아니다

③ 스코틀랜드는 네이션인가?: 그렇다

④ 영국(UK)은 네이션인가?: 그렇다

　단, 영국(UK)이 하나의 네이션이 되는 데는 전제 조건이 있다. 영국사람들이 영국인이라는 하나의 정체성을 가질 때이다. 대다수 스코틀랜드 지역의 사람들이 자신은 영국 내 다른 지역 사람들과는 다른 사람들로서 자신은 영국과 큰 관련이 없다고 생각하고, 잉글랜드, 웨일스, 북아일랜드 지역의 사람들도 같은 식으로 생각한다면 영국은 네이션이 아닌 것이다.

2) 내셔널리즘과 민족주의

　민족주의의 의미를 국어사전에서 찾아보면 "독립이나 통일을 위하여 민족의 독자성이나 우월성을 주장하는 사상"이라고 정의하고 있다.[84] 여기에서 민족주의이므로 사전적 풀이에서도 핵심어는 민족이 되는데, 민족과 네이션(nation)이 다르므로 이들의 토대 위에 선 민족주의와 내셔널리즘(nationalism)도 자연히 다르게 된다. 내셔널리즘(nationalism)의 기반이 되는 네이션의 사전적인 정의는 나라사람 또는 나라사람이 되기를 원하는 집단, 국가, 종족을 아우르고 있지만, 민족은 이 중에서 종족의 의미만 담고 있음은 앞에서 이미 논의되었다.

　내셔널리즘은 자신의 나라에 대한 것이지만, 민족주의는 자신의 민족에 대한 것이다. 어떤 민족이 독립이나 통일을 원하는 경우에도 내셔널리즘이라고 할 수 있으므로 이때는 민족주의라고

---

84 민족주의, 미상

할 수도 있다. 하지만 이는 내셔널리즘의 매우 좁은 부분에 해당된다.

독립 내셔널리즘은 하나의 나라를 만들자는 것이지 민족 단위로 살자는 것이 아니다. 같은 민족만의 집단이 아닌 경우에도 하나의 국가를 만들 수 있는 여건이 되면 이에 따라 개별국가를 만들려고 하는 것이 독립 내셔널리즘이고, 또 같은 민족이라도 일부분이 자신들만 분리되어 국가를 만들겠다고 하는 것도 독립 내셔널리즘이다.

예를 들어 보자. 영국섬 내의 여러 민족이 합쳐져서 영국연합왕국(United Kingdom)을 만드는 것도 내셔널리즘이고, 수많은 민족으로 이루어진 미국도 가질 수 있는 것이 내셔널리즘이다. 또 독일의 내셔널리즘이라고 해서 게르만 민족을 다 합쳐 하나의 국가를 만들자는 것이 아니다. 앤더선(Benedict Anderson)이 유럽보다 먼저 내셔널리즘이 일어났다고 주장한 라틴지역의 크레올 내셔널리즘을[85] 볼 때도 크레올인들(Creole peoples)은 유럽 백인 정착민들과 아메리카 원주민들이 한데 섞여 복합적 민족으로 이루어진 사회의 사람들이다.

내셔널리즘은 나라에 대한 것이어서 민족이라는 말이 들어갈 여지가 없고, 그래서 내셔널리즘을 민족주의라고 하는 것은 논리상으로 맞지 않다.

다음으로 민족과 민족주의의 관계를 보자. 민족, 민족주의가 잘못된 용어이기 때문에 민족과 민족주의라는 말 상호 간에서도 그 문제가 드러난다. 사전에서 민족은 "일정한 지역에서 오랜 세월 동안 공동생활을 하면서 언어와 문화의 공통성에 기초하여 역

---

[85] Anderson, 2006, pp.49~66

사적으로 형성된 사회 집단"이라고 정의하고 있다. 그리고 민족주의는 "독립이나 통일을 위하여 민족의 독자성이나 우월성을 주장하는 사상"이라고 정의하고 있다. 민족주의라고 하면 민족에 대한 사상이 되어야 할 것 같은데, 그렇지 않고 난데없이 독립과 통일이 등장하고 이에 대한 사상이라고 정의하고 있다. 이것은 민족주의가 민족의 의미를 잇는 말이 아니고 내셔널리즘에서 그 의미를 가져왔기 때문이다. 내셔널리즘에서 그 의미를 가져왔지만 민족이라는 용어를 사용하고 있기 때문에 내셔널리즘과도 제대로 연결되지 못하고 있고, 또 민족과도 제대로 연결되지 못하고 있는 형태로 되어 있다. 부연하면 "민족"의 "주의"로서 민족주의라면 "민족을 추구하는 사상"이어야 할 텐데 그렇지 않고, 민족주의의 의미를 내셔널리즘에서 가져왔기 때문에 국가를 실질적으로 추구하는 사상이라고 하고 있는 것이다. 그래서 "민족"과 민족주의에서의 "민족"은 내용적으로 같은 민족이 아닌 것으로 되어 있는 것이다.

4. 인접 용어와의 관계

1) 국민, 시민, 인민

　네이션과 내셔널리즘의 번역어로서 민족, 민족주의라는 말이 적합하지 않음을 느끼고, 일부에서는 민족, 민족주의라는 말 대신에 국민, 국민주의라는 용어를 사용하기도 한다. 예를 들면 "국민주의 음악"과 같이 음악에서는 내셔널리즘을 주로 국민주의라고 부른다. 그래서 여기서 네이션, 내셔널리즘에 대한 번역어로서의 국민, 국민주의라는 용어를 검토해 볼 필요가 있다.

먼저 국민의 의미를 생각해 보자. 우리말에서 국민이란 "한 나라의 통치권 아래에 있는 사람, 또는 그 나라의 국적을 가진 일정한 권리와 의무를 지닌 사람"을 뜻한다.[86] 국민이라는 것은 국가가 있고 그 국가의 법에서 자격을 부여받은 사람들이다. 이 국민에 해당하는 영어말은 citizen이다. 원래 citizenship을 갖는다는 것은 투표권과 공직자로서의 피선거권을 갖는다는 것을 의미하였고, 현대에 와서 citizenship을 갖는다는 것은 국민으로서 제반 권리와 의무를 갖는다는 것을 의미하게 되었다. Citizen은 개인과 국가 간의 관계에서 법적 계약적인 의미를 지닌 용어이다. 개인이 국가에 대하여 의무를 이행하면 국가는 그를 국가 안에서 누릴 권리를 제공하면서 보호해 준다는 것이다.[87]

Citizen은 국민이다. 그런데 우리나라에서는 citizen을 시민으로 번역하는 경우가 많다. 문제는 영어의 citizen은 "city"라는 "시(市)"의 단어가 들어 있지만 시(市)하고는 아무런 상관이 없다는 사실이다. 영어에서 국민을 citizen이라고 하는 이유는 도시국가에서 이 용어가 시작되었기 때문이다. Citizen을 시민이라고 하는 것은 마치 greenhouse를 온실이라고 하지 않고 초록집으로 번역하는 것과 같다. 단어가 green이 붙어 있다고 하더라도 초록이라는 말을 넣지 말고 그 본질과 내용에 따라서 온실로 번역하지 않으면 안 된다.

마찬가지로 city가 붙어 있더라도 그 본질과 내용에 따라 시민이라고 해서는 안 되고 국민이라고 해야 옳다. 우리는 "민주 시

---

[86] 국민, 미상
[87] Citizenship, n.d.

민" "성숙한 시민"등과 같이 시민이라는 말을 자주 하지만 이 시민이라는 말은 법적으로나 이론적으로나 아무런 근거나 내용이 없는 용어이다. 현재 한국에서 시민이라는 용어 사용은 매우 혼란스럽다. 한국에서는 민간이라는 의미의 civil도 시민이라 번역하고, 공민이라는 의미의 civic도 시민이라 번역하고, 국민이라는 의미의 citizen도 시민이라고 번역하며, 그리고 시의 주민도 시민이라 한다.

영어권 국가에서 Citizen이 된다는 것은 법적으로 매우 중요한 의미를 갖는 것이지만, 한국에서 시민이 된다는 것은 법적 권리 의무에서 특별한 의미가 없다. 부산시민이 서울시민으로 된다고 해서 신분상으로 무엇이 달라지는가? Citizen이 된다는 것은 뉴욕시민에서 시카고시민으로 바뀔 때와 같은 것을 의미하는 것이 아니라 한국국적에서 미국국적으로 바뀔 때와 같은 것을 의미한다. Citizen은 시민이 아니라 국민인 것이다.

이어서 국민과 people(인민, 민중, 백성)의 관계를 검토해 보기로 하자. 링컨이 인용한 것으로 널리 알려진 "by the people, of the people, for the people"을 한국에서는 "국민의, 국민에 의한, 국민을 위한"이라고 알고 있음에서 보듯이 people을 국민으로 번역하고 있다.

그런데 원래 people은 인민, 민중의 개념이다. 그렇다면 people(인민)과 citizen(국민)은 다른가? 다르다. 우선 인민과 국민은 같은 위치에 있지 않다. 미국의 예를 들어 보자. 미합중국 헌법 서문에는 "미국의 인민(people)은 … 헌법(constitution)을 제정한다"라고 명시되어 있다.[88] 그리고 미국 수정헌법 14조(Amendment

---

[88] The Preamble to the United States Constitution: We the people of the United States, in order to form a more perfect union, establish justice, insure domestic tranquility, provide for the common defense, promote the general welfare, and secure the blessings of liberty to ourselves

표 1-2   **인민(People)과 국민(Citizen)의 관계**

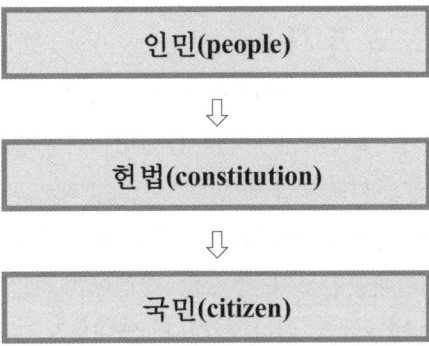

XIV)는 미국 국민(citizen)에 대하여 규정하고 있는데, 여기서 누가 미국의 국민인가를 정의하고 있다.[89] 여기서 알 수 있는 것은 미국 인민(people)이 미국 헌법을 만들고, 헌법에서 국민(citizen)을 규정하고 있다는 점이다. 즉, 인민은 헌법으로 제정하는 주체로서 헌법 위에 있고, 국민은 헌법에 의하여 정해지는 존재로서 헌법 아래에 있는 것이다.

사실 우리가 말하는 국민주권이라는 것은 이러한 체계이다. 그런데 문제는 올바로 말하자면 국민주권이 아니고 인민주권이라는 점이다. 인민은 국가 이전에 있었지만, 국민은 국가가 만들어

---

and our posterity, do ordain and establish this Constitution for the United States of America.

[89] Amendment XIV to the United States Constitution, Section 1: All persons born or naturalized in the United States, and subject to the jurisdiction thereof, are citizens of the United States and of the State wherein they reside. No State shall make or enforce any law which shall abridge the privileges or immunities of citizens of the United States; nor shall any State deprive any person of life, liberty, or property, without due process of law; nor deny to any person within its jurisdiction the equal protection of the laws.

진 이후에 국가에 의하여 창설되는 것이다. 지금 우리처럼 국민주권이라는 말을 사용하면서 민주주의 이념의 논리적 체계를 세우기는 어렵다.

그렇다면 왜 더 타당한 용어인 인민이라는 말을 쓰지 않는가? 20세기 초반, 공산주의에서 people이라는 말을 많이 사용하였고, 이를 번역하여 일본의 좌익세력에서 인민이라는 용어를 사용하였다. 1948년 대한민국이 처음 헌법을 제정할 때 그 초안에서는 인민이라는 용어를 사용하여 주권자로서 명시하였다. 당시 헌법초안 제1장 제2조는 "대한민국의 주권은 인민에게 있고 모든 권력은 인민으로부터 나온다"로 되어 있었다. 하지만 당시 대한민국정부에서는 공산주의에 대한 부정적인 의식이 극도로 강한 상황이었기 때문에 제헌의회에서 "인민"을 공산주의자들의 용어라 하여 이 말을 쓰지 말 것을 요구하였고, 그래서 국민으로 바뀌게 되었다. 조선인민민주주의공화국이라는 명칭에서 보듯이 북한은 인민이라는 용어를 쓰고 있다. 당시에는 민주주의 이론에 대한 체계적인 지식이 없었고, 있었다 하더라도 다급한 현실 문제에 억눌려 지식이 적용될 수 있는 여지가 없었다.[90]

물론 결국 인민이 국민으로 된다는 점에서 같다고 할 수 있다. 하지만 민주주의의 논리적인 체계를 따른다면 국민은 인민이 아니다. 국가의 법으로부터 창설된 국가 아래에 있는 사람들이 어떻게 국가의 주인이 될 수 있는가? 국가 위에서 국가의 헌법을 바꿀 수 있는 국가 위에 있는 사람들이 국가의 주인이고 이것이 민주주의인 것이다. 민주주의에서의 민(民)은 국민(國民: citizen)을

---

[90] 인민은 옛날부터 사용해온 우리말이다. 인민이라는 용어는 내용적으로 공산주의나 사회주의 사상과 아무 관련이 없다. 단지 저쪽에서 이 용어를 사용한 것만으로 이쪽에서는 금기 시하고 있을 뿐이다.

뜻하는 것이 아니고 인민(人民: people)을 뜻하는 것이다. 결론적으로 국민주권이라는 말은 논리적으로 맞지 않고 국민이라는 표현은 잘못된 것이다. 한국에서처럼 people도 국민이고 citizen도 국민인 용어의 상태에서는 민주주의를 이해하기도 어려운 것이다.

2) 네이션과 국민

앞에서 본 국민의 개념에 대한 이해를 바탕으로 하여 네이션과 국민을 대조해 보기로 하자. 네이션(nation)은 people과 동등한 위치에 있는 개념으로 어느 나라 안에 한정되어 있는 사람들을 의미한다. 그래서 네이션과 국민은 대개 다음과 같은 점에서 다르다.

첫째, 네이션은 국가 및 영토와 연관된 사람들(people, 인민)이다.[91] 사람들이 자신들만의 정치체를 위한 하나의 집단이 될 때 네이션이 된다. 영국의 앤서니 쿠퍼(Anthony A. Cooper)[92]는 인민(people)에 대해서 정의하면서 네이션(nation)에 대해서도 언급하고 있다. 인민은 사회적 연대(league) 혹은 사회적 연합(confederacy)으로 공동체의 회원들을 결속시키는 상호동의, 그리고 공동선이나 공동이해에 기초하여 형성된 집단이라고 하였다. 그는 사람의 집단이 강압에 의해 형성되었을 때 하나의 수장하에 하나의 집단으로 있다고 하더라도 단합될 수 없으므로 그러한 집단은 인민이 될 수 없다고 하였다. 그래서 강압 아래서는 인민(people)이 없고, 헌법(constitution)이 있을 수 없고, 모국(mother country)이 없으며,

---

[91] Greenfeld, 1992, p.160
[92] 앤서니 쿠퍼는(1671~1713)는 영국의 정치가이자 철학자로 Third Earl of Shaftesbury라고도 불린다.

네이션(nation)도 있을 수 없다고 하였다.[93] 네이션은 주권을 가진 회원들의 공동체이다.[94] 네이션이란 존 로크(John Locke)가 『공민정부 2론』(Two Treatises on Civil Government)에서 말한 사회계약의 당사자들인 것이다.[95] 그렇다면 네이션과 국민 간의 차이는 명확하다. 네이션(nation)은 국가를 창설하는 존재인데 반해 국민(citizen)은 국가가 있고 난 다음에 있는 사람들로서 국가에 의해서 그 존재와 권리를 부여받는 사람이다.

둘째, 국민의 사전적인 뜻을 한국어 사전에서 찾아보면 "한 나라의 통치권 아래에 있는 사람"이라고 정의하고[96] 있다. 목민심서에도 정약용은 다음과 같은 말로 시작한다.

> 위를 섬기는 자를 민(民)이라 하고, 민을 다스리는 자를 사(士)라 한다.[97]

민(民)은 섬기는 사람이요, 다스림을 받는 사람이다. 민은 과거시대 왕에 매달려 사는 백성들에 해당되는 말이다. 과거 군주제 하에서 신민이라는 용어를 사용하였다. 신민은 군주를 모시는 사람으로서 신하와 백성이다. 국민은 신과 민에서 신이 빠졌을 뿐 신민과 별다름 없으며, 엄격히 보자면 신하라는 사회 상류계층이 빠졌으니 그 위치가 더 낮아졌다고도 할 수 있다.

원래 한자어의 인(人)과 민(民)은 대칭적인 의미를 갖고 있다.

---

[93] Greenfeld, 1992, p.399
[94] Greenfeld, 1992, p.426
[95] Greenfeld, 1992, p.400
[96] 국민, 미상
[97] 목민심서, 부임6조, 제1조 제배./ 정약용, 목민심서, 이정섭 역 민족문화추진회 (1981). p. 27

인(人)은 사람을 형상화한 글자로 인격체로서의 사람을 뜻한다. 인은 사회의 주체자로서 지배계급을 의미한다. 반면에 민(民)은 맹인을 형상화한 글자로 노예를 의미한다. 전쟁에서 포로로 잡힌 사람을 눈을 찔러 장님으로 만들어 노예로 삼았던 옛 습속에서 이렇게 노예로서의 국가 구성원이 민이었다. 즉, 인과 민은 모두 백성이지만 인은 국가 사회의 주체자로서의 백성이고, 민은 다스림을 받는 피지배계급으로서의 백성인 것이다.

국민은 근대화된 민주사회에서 나라의 주인으로서 네이션의 위치에 맞는 말이 아니다.

셋째, 국민은 그 범위가 한정적이고 내용이 명확하다. 즉 누가 국민이고, 누가 국민이 아니며, 국민이 되면 무엇을 할 수 있으며 할 수 없는지가 명확하고 구체적이다. 반면에 네이션은 그 범위는 넓고 내용은 추상적이다.

넷째, nationality를 갖는다는 것은 그 나라사람이라는 것을 의미한다. 그 나라사람이 된다는 것은 이러한 권리 의무와 무관한 것은 아니지만 이것과 직접 연관되는 의미는 아니다. 예를 들면 한국 국적을 포기하고 미국 국적을 취득한 사람의 경우 한국국민은 아니지만 한국인이 될 수도 있는 것이다.

다섯째, 국민의 개념으로 볼 때 이중 국적도 가능하다. 세계화의 진전으로 국민의 개념은 점점 거주자의 개념으로 되어 가면서 이중국적을 허용하는 국가도 많다. 하지만 네이션은 이중 네이션이 있을 수 없다. Nationality는 그 사람의 내면적인 성격을 규정하는 것이기 때문이다. 미국 국적과 한국 국적을 동시에 가질 수는 있지만, 한국인이면서도 미국인일 수는 없는 것이다

여섯째, national(나라사람)은 citizen(국민)과 법적으로 구분된다.

National은 citizen보다 넓은 개념이다. 즉 citizen은 national이지만, national이라고 해서 citizen인 것은 아니다. 예를 들면, 미국의 경우, 사모아인들은 미국의 national이지만 citizen이 아니다.[98] 사모아인들은 미국에서 사업도 하고 일자리를 가질 수 있지만, 선거권이나 피선거권이 없다. 또 nationality는 국적이라고 하여 사람뿐만 아니라 기업, 선박, 항공기와 같은 사물에 대해서도 적용된다.

이와 같이 원래 그 개념에서 다른 것이기 때문에 깊은 논의에 들어가지 않더라도 당장 일상생활에서도 네이션을 국민이라고 부를 때 문제가 드러난다. 먼저, 국민은 국가(state)에서 나오는 개념으로 국가가 성립된 이후에 존재하기 때문에 네이션을 국민으로 번역하면 말이 되지 않는 경우가 많다. 예를 들면, 현재 네이션으로서의 스코틀랜드를 스코틀랜드 국민이라고 한다면 말이 안 된다. 스코틀랜드 사람들이라고 해야 자연스럽다.

3) 국민주의

민족주의라는 말이 적절하지 않음을 알고 있는 학자들은 국민주의라는 말을 많이 사용하고 있다. 우리는 네이션을 국민으로 번역하고 있으니 내셔널리즘을 국민주의라고 하는 것이 단순하게 생각해서도 맞는 것 같기도 하고, 또 내셔널리즘의 근본과 의미를 생각하게 되면 민족주의라고 하는 것보다는 나은 면이 있다.

그런데 우리가 "국민주의"라고 하였을 때 국가 내에서 일어나는 국민의 권익이나 국민의 위상에 대한 개념으로 생각이 들게 되고, 국가와 관련하여 대외적으로 표출되는 정서로서의 내셔널리

---

[98] 8 U.S.C.§ 1408. Nationals but not citizens of the United States at birth

즘 개념과 연결되지 않는다.

앞의 예에서 본 것처럼 현재 영국 국민인 스코틀랜드 사람이 자신들의 나라를 주장하는 것에 대해서 국민주의라고 한다면 영국 국민으로서 조용히 살자 하는 것과 같이 되어 전혀 반대의 의미가 된다.

국민주의라는 용어가 적절치 못함은 다음의 예에서 확연히 드러난다.

1908년 전명운과 장인환은 미국 샌프란시스코에서 미국의 외교관 스티븐스(Durham Stevens)를 죽였다. 스티븐스는 대한제국의 외교고문으로 있으면서 일제의 한국 침략에 협력한 자였다. 전명운과 장인환은 이전에 미국으로 이민을 와서 미국의 국민이었다. 이들은 비록 미국 국민이었지만 한국인이었던 것이다. 세계에는 이와 같은 형태의 사건이 드물지 않게 일어나고 있고, 이런 경우 내셔널리스트의 내셔널리즘에 의한 사건이라고 한다. 내셔널리즘을 국민주의라고 번역하게 되면 어떻게 되는가? 미국 국민이 미국 국민을 저격한 이 사건을 국민주의자에 의한 국민주의에 의한 사건이라고 하는 말도 안 되는 말을 하게 것이다.

이러한 점들을 고려할 때 네이션, 내셔널리즘을 국민, 국민주의라고 하는 것도 타당하지 못함을 알 수 있다.

5. 해결 방안

1) 국 인

지금까지 네이션, 내셔널리즘의 의미가 국어에서 제대로 전달되지 못하는 문제를 살펴보았다. 이제 이에 대한 해결 방안을 논의해 보자.

이 문제를 해결하는 유일한 방법은 네이션, 내셔널리즘에 맞는 말을 찾아내는 것이다. 근본적으로, 이 영역에서 개념 단위는 nation, state, citizen, ethnic group의 4개인데, 이에 대한 한국말 어휘는 국가, 국민, 민족 3개이다. 한국말 어휘 수가 절대적으로 부족한 것이다. 그래서 네이션(nation)개념을 표현하기 위해서는 새로운 용어가 반드시 추가되어야 한다. 새로운 용어를 만들지 않고서는 해결될 수 없는 문제인 것이다. 그래서 우리말의 여러 어휘들을 검토해 보았다.

그 결과 네이션에 대한 가장 적절한 한국말은 "국인(國人)"이었다. 국인이라는 말이 적합한 이유는 다음과 같다.

첫째, 국인이라는 용어는 과거에 사용되던 우리말로서 네이션의 번역어로 가장 정확한 말이다. 과거에 국인이라는 표현이 사용된 예를 보자.

조선 성종 때 사헌부와 사간원 관리들이 죄인을 죽일 것을 요청하면서 다음과 같이 말하고 있다.

> 국인이 모두 죽일 만하다고 하는 것이므로 전하께서 개인적인 인정을 베풀 수는 없는 것입니다.[99]

여기서 국인은 나라사람들이다. 임금도 나라사람들의 뜻을 거역해서는 안 된다고 말하고 있다.

---

[99] 『조선왕조실록』 성종실록 6권, 성종 1년 7월 8일. (所謂國人皆曰可殺, 非殿下所得而私也)

또, 조선 초 한국사람들과 그를 대표하는 이성계가 중국 황제에게 국호 제정을 두고 다음과 같은 내용으로 자문을 구하고 있다.[100]

> 요사이 황제께서 신에게 권지국사(權知國事)를 허가하시고 이내 국호(國號)를 묻게 되시니, 신은 <u>국인</u>과 함께 감격하여 기쁨이 더욱 간절합니다.[101]

여기서 조선이라는 나라가 있기 이전의 사람들이요, 나라를 만드는 사람들로서의 국인을 확인할 수 있다.

위에서 표현된 국인을 보면 네이션의 개념과 매우 잘 들어맞는다는 것을 알 수 있다. 국인은 네이션과 마찬가지로 나라의 주체로서의 사람들이다.

일제하에 독립운동을 하던 선조들은 나라와 관련하여 대한국인, 한국인, 조선인이라는 말을 썼지 민족이라는 말을 잘 쓰지 않았다. 안중근의사는 자신을 <u>대한국인</u>이라고 하였고, 안창호 선생이 미국에서 결성한 독립운동 단체이름은 <u>대한인국민회</u>[102]였다.

기미 독립선언서는 다음과 같이 시작한다.

> 오등은 자에 아 조선의 독립국임과 <u>조선인</u>의 자주민임을 선언하노라.

---

[100] 이 예는 그 상황이 한국사람으로서 다소 언짢은 면을 담고 있기는 하지만 국인이라는 말의 의미를 잘 표현하고 있어서 여기서 예로 보았다.

[101] 『조선왕조실록』 태조실록 2권, 태조 1년 11월 29일. (欽蒙聖慈許臣權知國事, 仍問國號, 臣與國人感喜尤切)

[102] 대한인국민회는 미주지역에서 형성된 독립운동 단체이다. 안창호는 1910년 미국에서 독립운동 단체인 대한인국민회를 조직하였다. 대한인국민회는 1908년 장인환과 전명운이 친일 미국인 스티븐스를 저격했던 사건을 계기로 미국의 한인 단체를 통합하기 위해 조직되어, 자금을 모아 만주와 연해주의 독립운동을 지원하였다.

여기서 조선은 state이고 조선인은 nation이다. 위의 여러 예에서 대한국인, 대한인 대신에 한민족이라고 쓰고, 조선인 대신에 조선족, 혹은 조선민족이라고 했다고 상상해 보라!

네이션은 주권을 가진 집단으로서의 사람들(sovereign people)이다.[103] 주권은 사람에 대한 것뿐만 아니라 땅에 대한 것까지도 포함된다. 18세기 유럽에서 네이션이 주목받는 용어가 되고 내셔널리즘이라는 말이 생겨나게 된 것도 바로 이러한 점 때문이었다. 네이션은 자기운명에 대한 자기결정권을 가진 사람들이다. 여기서 이 같은 요소가 들어 있지 않은 민족과는 엄청난 차이가 있다. 민족은 아무나 될 수 있지만 네이션은 아무나 될 수 없다. 민족은 가만히 있어도 그 이름이 주어지지만 네이션은 엄청난 노력과 희생을 댓가로 가질 수 있는 것이다. 한국인들은 누구보다 이것을 잘 알고 있다. 한국인이 네이션이기 위하여 얼마나 많은 피를 흘렸는가? 이것이 민족은 정말 민족에 대한 의미를 표현할 때에만 사용되어야 하고 네이션일 때 민족이라고 해서는 안 되는 또 하나의 이유이기도 하다. 말은 가치를 반영한다. 한민족, 한국인 모두 쓸 수 있을 때 우리가 그 가치를 생각한다면 한국인이 맞는 말인 것이다.

둘째, 네이션(nation)은 정치적인 자치의식을 가진 사람들의 집단이므로 정치적으로 주체자로서의 성격을 갖는 국인이라는 말이 잘 부합된다. 그 나라사람으로서 또는 나라의 주인으로서 국인인 것이다. 앞에서 네이션의 개념과 관련하여 인민과 국민이라는 용어가 검토되었지만 여기에서 민(民)이라는 말이 지닌 의미를 감

---

[103] 여기에는 현재 주권을 가진 사람들뿐만 아니라 주장하는 사람들도 포함된다.

안해야 한다. 민은 다스림을 받는 피지배계급으로서의 백성이므로 국가의 주체자로서의 네이션의 의미를 담아내기에 적절하지 못하다. 앞에서 말한 대로, 국가 사회의 주체자로서의 사람들은 인(人)이다. 이렇게 볼 때 나라의 주인의 의미를 가진 네이션을 두고 국민이라 해서는 안 되고 국인이라 해야 하는 것은 너무도 당연한 것이다.

셋째, 네이션(nation)은 민족보다 혈통적인 개념이 옅지만 이것이 완전히 배제된 것은 아니다. 특히 비서구 사회에서는 네이션에 혈연적 성격이 강한데 국인은 이러한 측면을 잘 나타낸다. 국인은 이러한 혈통적인 개념을 가졌지만 국민에는 이러한 개념이 없다. 예를 들어 말이 담고 있는 의미에서 한국국민과 한국인은 차이가 있다. 한국국민이라고 하면 한국에 소속된 사람의 법적 신분을 나타내는 반면에, 한국인이라고 하면 그 혈통이나 뿌리까지 나타내는 것이다. 현실적으로 북한과 남한을 아우르는 한민족과 동일한 뜻을 전달하는 용어로서 한국민이라고는 할 수 없지만 한국인은 가능하다. 국민(citizen)은 국가(state)가 있고 난 이후에나 있는 것이지만, 국인(nation)은 국가(state)보다 먼저 있으면서 그 기초가 되는 사람들이기 때문이다.

넷째, 국인은 현재 혼합어로서 한국인, 영국인, 중국인 등과 같이 사용된다. Korean(한국인), English(영국인), Chinese(중국인) 등이 바로 네이션(nation)이므로, 네이션을 국인이라고 하는 것이 타당하고도 자연스럽다.

Nation을 국인이라고 했을 때 영어와 한글에서 그 의미의 대응관계를 [표 1-3]을 통하여 보기로 하자. 먼저 지금까지는 state가

| 표 1-3 | 관련 개념의 영어와 국어 간 대응 관계 |

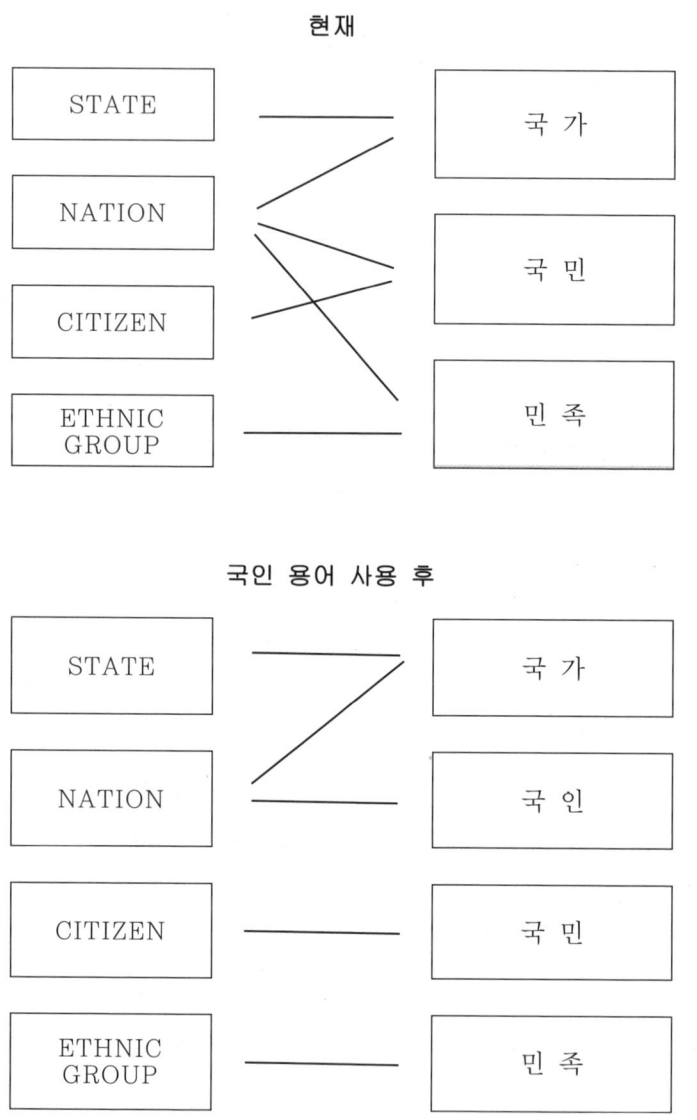

국가로 번역되었고, nation은 국가 혹은 국민 혹은 민족으로 번역되었다. 그리고 citizen은 국민으로 번역되고, ethnic group은 민족으로 번역되었다. 그림에 나타나고 있듯이 nation에 대한 한글에서의 적합한 말이 없어서 한글과 영어가 1대1의 대응 관계를 갖지 못하고 복잡하게 얽혀 있음을 알 수 있다.

여기서 국인이라는 말을 사용하여 nation을 국인으로 번역하게 되면 1대1의 대응 관계가 이전보다 훨씬 더 간명해짐을 알 수 있다. 이러한 결과로 두 언어 사이에 의미전달이 훨씬 더 명확하게 되는 것은 말할 필요가 없다.

영어의 tribe, ethnic group, nation의 관계에 있어서 tribe는 생물학적인 용어이고, ethnic group은 사회학적인 용어이며, nation은 정치학적인 용어라고 할 수 있다. 마찬가지로 국어에서도 종족은 생물학적인 용어, 민족은 사회학적인 용어, 국인은 정치학적인 용어가 된다.

지금까지 우리는 국민과 민족이라는 용어만 사용해왔기 때문에 우리의 사고도 여기에 맞추어져 있다. 앞으로 내셔널리즘에 대한 논의를 전개하는 과정에서 국인이라는 용어가 생소해서 받아들이기 어려울 수 있다. 민족이라거나 국민이라고 하면 되는 데 굳이 국인이라고 할 필요가 있는가라는 생각이 들 수 있다. 예를 들어 레닌(Vladimir Lenin)이 여러 네이션이 있는 국가를 언급했다고 하자. 이를 말하여 지금껏 우리는 다민족국가라고 해왔고, 이것이 자연스러운데 굳이 다국인국가라 할 필요가 있는가라고 생각할 수 있다. 하지만 여기서 네이션의 의미는 국인이다. 민족은 정치적인 의미를 갖지 않는 집단이므로 내셔널리즘의 장에서 논의 대상이 되지 않는다. 러시아 내에서 체첸사람들(Chechens)과 같이 자신들만의 정치적 의식을 갖고 있는 사람들을 네이션이라 하여 논의 대상으로 하지, 자신들만의 정치적 의식이 없는 북시베리아의 어느 작은 민족까지 논의 대상으로 하는 것은 아닌 것이다. 이와 같이 민족이라고 해서는 네이션이 갖는 성격과 의미를 표현할 수 없기 때문에 국인이라고 해야 하는 것이다.

또한 국민이라고 하면 되지 않는가라고도 생각할 수 있는 경우도 있지만, 국민 또한 그 성격과 의미에서 네이션과 같지 않다. 하나의 국가 안에 국민은 하나밖에 없지만, 국인은 여러 국인이 있을 수 있다. 국민은 그 국가의 법과 문서로서 정해지는 것이지만, 국인은 각자의 마음속에서 정해지는 것이기 때문이다.

세계에는 수많은 민족들이 있는데 국인은 이 중에서 독자적인 정치체를 갖고 있거나 가지려는 사람들이다. 국인은 거의 대부분 과거의 역사에서 그들만의 국가를 가졌던 적이 있는 사람들이다. 물론 자신들만의 국가를 가진 적이 없다고 하더라도 현재의 상황에 의해서 정치적인 독자성을 추구하게 되는 경우도 있다. 또한 과거에 자신들만의 국가를 가졌던 적이 있는 사람들 중에도 지금은 과거 국가에 대한 의식을 상실하고 현재 자신이 소속된 국가의 국인으로 의식하며 살아가는 경우도 있다.

과거에 자신들만의 국가를 가졌던 적이 있는 사람들이기 때문에 국인이고, 또 현재에 자신들만의 국가에 대한 의식을 갖는 사람들이기 때문에 국인이라고 생각하면 쉬울 것이다.

2) 국인주의

다음으로 내셔널리즘(nationalism)에 대한 한국어 번역을 보기로 하자. 내셔널리즘은 네이션(nation)에 대한 이념(~ism)이다. 이 이념은 우리말로는 "주의(主義)"라고 하므로, 네이션을 국인으로 번역했을 때 내셔널리즘에 대한 한국어 표현은 국인주의(國人主義)가 된다. 이 용어가 내셔널리즘의 의미에 잘 부합하는지 검토해 보자.

앞에서 본 대로 내셔널리즘(nationalism)이 "자국이 타국보다 더 중요하고 낫다는 믿음으로 자국의 이익을 우선시하고 자국을 자랑스러워하거나, 자신들의 독립적, 자주적 국가를 형성하려는 열망"을 의미한다고 했을 때,[104] 내셔널리즘은 크게 두 가지로 나누어진다. 하나는 자국의 이익을 우선시하고 자랑스러워하는 국가 내셔널리즘, 다른 하나는 독립적, 자주적 국가를 가지려는 독립 내셔널리즘이 될 것이다.

먼저, 국가 내셔널리즘에서 보면 국인(nation)이 사람의 집단으로 말한 국가이므로 자국을 위하고 자랑스러워하는 이념으로서 국인주의라 말할 수 있다. 다음으로, 독립 내셔널리즘에서 민족이 아니라 국인(國人), 즉, 자기 국가를 가진 사람이 되려는 이념이라는 측면에서 국인주의라는 용어가 그 의미에서 부합한다. 국가 내셔널리즘, 독립 내셔널리즘 모두에서 국인주의라는 말이 잘 맞는다는 것을 확인할 수 있다.

지금 우리는 민족주의가 해당되지 않는 국가의 내셔널리즘에 있어서는 이를 표현하기 위하여 국수주의, 자국우선주의, 국가이기주의, 내셔널리즘 등 되는 대로 끌어쓰고 있는데, 깊게 생각해 보면 대부분 적합한 말이 아니어서 이러한 말을 쓰는 것은 바람직하지 않다. 국인이라는 말을 기초로 하여 국인주의라고 했을 때

---

[104] Nationalism, n.d.

이 같은 말처럼 아무거나 생각 없이 끌어다 쓰는 용어와 같은 부류가 아니다. 기분 나쁜 가정이기는 하지만 만약 일본이 한국을 점령하여 지배하는 상황이 되었다고 가정하자. 이 상황에서 국가주의라는 말은 일본이라는 국가를 앞세우는 말로도 될 수 있다. 국민주의 또한 일본 국민으로서의 국민을 앞세우는 주의로 될 수도 있다. 민족주의는 일본을 구성하는 하나의 민족으로서의 민족을 생각하는 주의가 될 수도 있다. 하지만 국인주의는 자신의 국인에 대하여 애착을 갖는 마음이다. 한국인으로서의 국인주의는 그것의 중심이 한국인이므로 이는 한국인 아닌 일본인이 빼앗아 갈 수도 없고 무력이나 정치권력을 동원하여 자의적으로 변경시킬 수도 없다. 따라서 국인, 국인주의라는 용어는 어떠한 상황에서도 그 사람들을 위하는 것은 말할 것도 없고 그 사람들의 독립성과 주체성까지 온전히 보전하는 용어인 것이다.

내셔널리즘을 네이션과는 별도로 그 의미에 적합한 말을 찾아볼 수도 있다. 이렇게 찾아보았을 때 내셔널리즘의 의미에 잘 부합하는 용어로서 자국주의를 생각해 볼 수 있다. 우리가 개인에 있어서 자신의 이익만을 도모하거나 자신의 것을 추구하는 사고방식을 자기주의(自己主義: egoism)라고 한다. 내셔널리즘은 대상이 국가일 뿐 그 성격은 거의 같으므로 자국주의(自國主義)라고 이름할 수 있다. 이 자국주의라는 용어에 대해서도 내셔널리즘의 의미와 부합하는지를 검토해 보자. 먼저 국가 내셔널리즘에서는 국가적 차원에서 자국의 이익만을 도모하는 사고방식을 자국주의(自國主義)라고 할 수 있다. 다음으로, 독립 내셔널리즘에서는 자신들의 나라를 추구한다는 의미를 나타내므로 여기서 또한 자국주의라는 말이 적절하다.

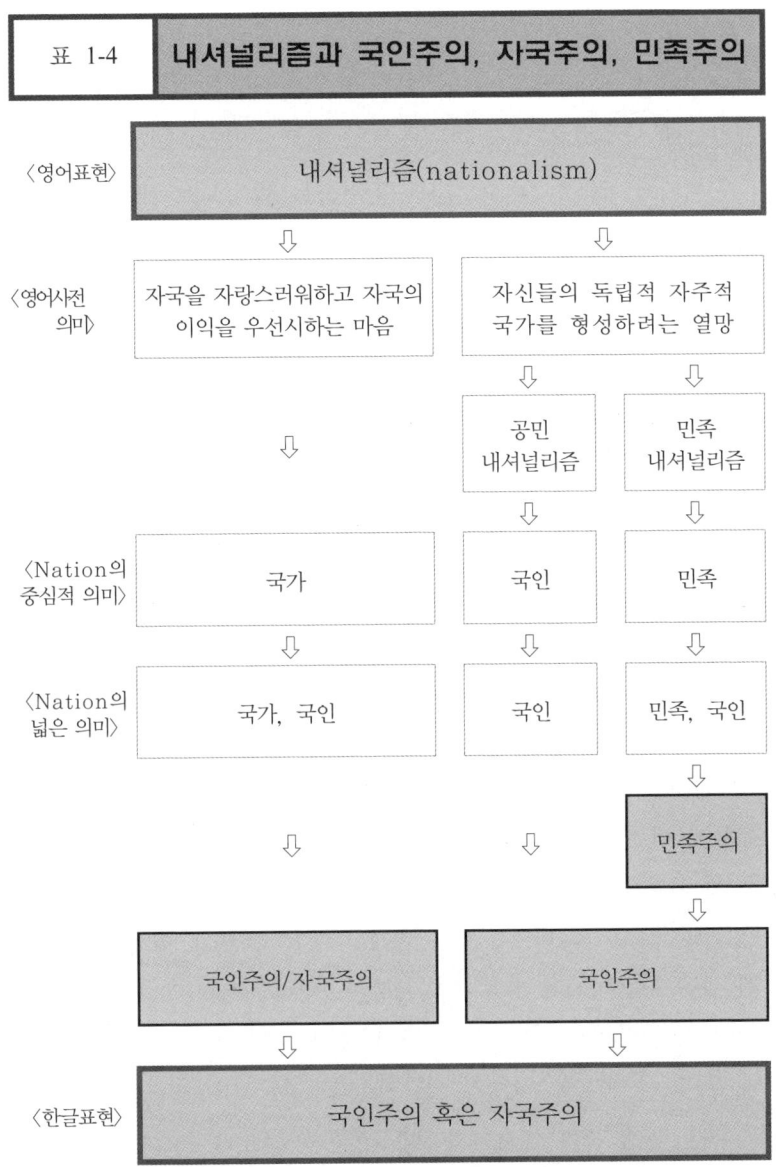

표 1-4 내셔널리즘과 국인주의, 자국주의, 민족주의

참고: 영어사전은 Merriam-Webster dictionary, 국어사전은 국립국어원 『표준 국어대사전』을 참고하였음.

국인주의와 자국주의라는 용어 모두 자국의 이익을 도모하는 이념이라는 뜻과 자국을 갖고자 하는 이념이라는 뜻을 동시에 수용하는데 아무런 무리가 없다.

여기서 우리는 내셔널리즘을 부르는 방법으로 세 가지를 생각해 볼 수 있다.

첫째는 국인주의로 부르는 것이다. 네이션의 국인에서 그대로 이어지는 말로서 다소 생소하긴 하지만 논리상 가장 자연스러운 말이다.

둘째는 자국주의로 부르는 것이다. 자국주의라는 용어는 네이션(nation)의 국인과 연결되는 말이 아니라는 점이 단점이 있지만, 말 자체로 쉽게 이해가 되는 장점이 있다.

셋째는 국가 내셔널리즘은 자국주의로, 독립 내셔널리즘은 국인주의로 부르는 것이다. 국가 내셔널리즘은 네이션의 중심적인 의미가 국가이므로 자국주의로, 독립 내셔널리즘은 네이션의 중심적인 의미가 국인이므로 국인주의라고 하는 것이다. 다소 복잡하고, 내셔널리즘이라는 영어 한 단어에 두 개의 한국어 단어를 사용하게 되는 단점이 있지만, 한국어의 용어가 더 풍부해지는 장점도 있다.

지금까지 논의한 내용을 도표를 통하여 보다 명확하게 정리해 보기로 한다. [표 1-4]는 내셔널리즘(nationalism)과 이에 해당하는 우리말의 용어와의 관계를 나타내고 있다. 내셔널리즘의 주요한 의미, 두 부분을 나누어 생각해 보자.

첫 번째, 국가 내셔널리즘에서의 "자국이 타국보다 더 중요하고 낫다는 믿음으로 자국의 이익을 우선시하고 자국을 자랑스러워하는 마음"부분이다. 이 부분에서 내셔널리즘(nationalism)의 네이션

(nation)의 중심적인 의미는 국가이지만 사람 중심의 국가로서 국인이라고 할 수도 있다. 그래서 이 부문에 내셔널리즘의 이념을 나타내는 적절한 용어로서 국인주의와 자국주의 모두 무난하다.

두 번째, 독립 내셔널리즘 즉, "자신들의 독립적 자주적 국가를 형성하려는 열망"부분이다. 여기서 내셔널리즘(nationalism)은 개인의 의사를 중심으로 국가 구성원이 결정되는 공민 내셔널리즘(civic nationalism)과 혈통을 중심으로 구성원이 결정되는 민족 내셔널리즘(ethnic nationalism)으로 나누어질 수 있다. 공민 내셔널리즘에서의 네이션(nation)의 중심적인 의미는 국인인 반면에, 민족 내셔널리즘에서의 네이션의 중심적인 의미는 민족이지만, 이는 동시에 국인이다.

이 민족 내셔널리즘의 경우에는 민족이 중심이 되는 측면에서 내셔널리즘을 민족주의라고도 할 수 있는데, 이때의 민족주의라는 말도 더 포괄적인 개념인 국인주의 또는 자국주의의 범위 내에 있다. 그런데 이 경우에도 민족이라는 말이 원래 자국에 대한 정치적인 의미를 담고 있는 것이 아니기 때문에 정치적인 의미가 배제된 경우에만 민족주의라는 용어를 사용하는 것이 적합할 것이다.

6. 올바른 용어 사용의 필요성

지금까지 민족, 민족주의라는 용어가 네이션, 내셔널리즘의 의미를 표현하지 못하는 문제를 중심으로 살펴보았다. 그런데 이 민족, 민족주의라는 말과 관련하여 관심을 가져야 할 또 다른 부분이 있다. 그것은 이 말이 주는 우리 국가와 사회에 대한 영향이다.

우리는 민족이라는 말을 자주 사용하고 특히 우리 스스로에 대하여 자주 사용한다. 이렇게 자주 사용하는 것은 깊은 생각없이 사용하는 과정에서 친숙해져서 그냥 좋다고만 느끼거나 긍정적인 면만 생각하기 때문이다. 그런데 바람직하지 못한 면이 많다. 바람직하지 못한 면을 열거하자면 매우 많지만[105] 여기서는 중요한 문제 세 가지만 검토해 보기로 한다.

첫째, 민족이라는 말이 갖는 비하적인 의미이다. 한 국가 사람 전체를 대상으로 지칭하는 말에는 그와 관련된 의미를 잘 생각해서 신중하게 사용해야 하고 더구나 주로 우리 전체를 일컬을 때 많이 사용하는 말이라면 더욱 그렇다. 그런데 민족이라는 말은 그 말의 의미나 이 말과 관련되는 전후의 맥락을 살펴보면 비하적인 요소가 다분하다.

20세기 중반 서구국가들에서는 독립을 주장하는 아프리카 국가들을 tribalism(종족주의)이라고 하였다. Tribalism이라는 것은 종족(tribe)사회에서 추장을 중심으로 하는 나라를 세우기 위한 독립 요구와 같이 이들의 내셔널리즘을 비하하는 말이었다. 또 19세기 중부 유럽(Central Europe)에서는 nation과 nationalities를 구분하였다. Nation은 국인으로서 확고한 위치에 있는 사람들이고 nationalities는 국인으로서의 흔적만 있고 국인으로서 확고한 위치에 있지 않은 작은 규모의 민족들을 의미하였다. Nation은 nationalities에 비하여 우월적인 위치에 있었기 때문에, 사람들은 우리는 nation이고,

---

[105] 졸저 『민족주의와 내셔널리즘』, pp. 125~140 참조. 여기서는 민족이라는 용어 사용으로 인한 문제 11가지를 들고 있다.

너희는 nationalities이라고 하면서, nationalities를 상대방을 비하하는 용어로 사용하였던 것이다. 또 로마시대에 프랑스 지역의 골족이나 독일 지역의 게르만족을 종족(tribe)이라고 불렀다.[106] 그들에 대하여 야만으로서의 의미를 부과해야 했기 때문이다.[107] 이렇게 사람집단을 비하하여 지칭하는 말들은 역사이래 항상 있어왔다.

이같은 용어 사용의 민감성에 비추어 우리가 사용하는 민족, 민족주의라는 말은 어떤가?

민족이라는 말은 높이거나 아름답게 하는 의미보다는 낮추는 의미가 더 크다. 말하자면, 민(民)은 노예요, 족(族)은 족속이다.[108] 과거 서구에서 우리는 nation, nationalism, 너희는 tribe, tribalism이라고 하거나, 중유럽에서 우리는 nation, 너희는 nationalities라고 했던 것처럼, 민족, 민족주 또한 비하하는데 사용될 수 있는 말이다. 민족이라는 말은 일제강점기 일본사람들이 조선사람들에게 쓰는데나 적당한 말인 것이다. 그런데도 이런 말을 우리 스스로 즐겨 사용하고 있다는데 탄식이 나오지 않을 수 없다.

한술 더 떠서 우리 스스로를 종족으로 하여 종족주의라는 말을 사용하는 학자들도 있다. 민족주의를 네이션에 대한 내셔널리즘에 대한 말로 사용하다 보니, 정작 민족에 초점을 둔 "민족의 주의"에 대해서는 종족주의, 부족주의와 같은 말을 사용하기도 하는 것이다. 참으로 어이없는 일이다. 우리가 무슨 세계 오지의 미개 종족이나 2000년 전의 부족이라도 된다는 말인가?

---

[106] Seton-Watson, 1977, pp.4~5

[107] 로마 시대에도 tribe는 문명적으로 뒤져 있고 소규모의 집단을 지칭하는 말이었다.

[108] 民族(민족)이라는 말이 처음으로 사용된 것이 1830년대 당시 나라 없던 이스라엘 민족에 대한 것이었다는 점도 상기해 볼 필요가 있다.

최근 중국의 인터넷 백과사전 바이두나 위키피디아에서 세종대왕이나 김구와 같은 위인이나 김연아와 같은 한국의 세계적인 명사를 '조선족'으로 표기하고 있는 사실을 알고,[109] 한국인들이 분노하였다. 한국인들이 분노하는 이유는 2가지 중 하나일 것이다. 하나는 이 조선족이라는 말로서 우리를 중국 내의 하나의 민족과 같이 취급하고 있다는 것이고, 다른 하나는 엄연한 나라로서의 한국이고, 그 속의 한국사람을 민족으로 표현했다는 것이다. 어느 것이든 민족으로 취급당할 수 없는 우리가 민족으로 취급당하는 모욕을 받은 것이다. 그렇다면 우리 스스로부터 우리를 칭하는 말로서 민족이라는 표현보다는 나라사람으로서의 국인이라는 표현을 써야 함은 자명하다.

저자가 이 부분을 지적하는 것이 특별한 것이라 생각하지 않는다. 이미 민족이라는 용어가 즐겨 쓸 수 있는 용어가 아니라는 것을 일찍이 인식하였지만, 단지 우리가 이런 문제에 너무 생각없이 지내왔기 때문에 근 1세기가 넘도록 이에 대하여 심각한 논의조차 없이 살아온 것이다. 1908년 7월 30일자 『대한매일신보』 논설은 다음과 같이 쓰고 있다.

> 민족이란 것은 다만 같은 조상의 자손에 매인 자이며, 같은 지방에 사는 자이며, 같은 역사를 가진 자이며, 같은 종교를 받드는 자이며, 같은 말을 쓰는 자, 이것이 민족이라 칭하는 바이니와 국민이라는 것을 이와 같이 해석하면 안 되는지라.
>
> 대개 한 조상과 역사와 지역과 종교와 언어의 같은 것이 국민의 근본이 아닌 것은 아니지마는, 다만 이것이 같다 하여

---

[109] '조선족' 윤동주·김연아?…김치 이어 역사왜곡 나선 中 바이두, 2021

문득 국민이라 할 수 없나니. 비유하면 근골과 맥락이 진실로 동물되는 근본이라 할지나, 허다히 버려져 있는 근골맥락을 한 곳에 모아놓고 이것을 생기있는 동물이라고 억지로 말할 수 없는 것과 같이, 저 별과 같이 흩어져 있고 모래같이 모여 사는 민족을 가르켜 국민이라 함이 어찌 가능하리요?

국민이란 자는 그 조상과 역사와 지역과 종교와 언어가 같은 외에, 또 반드시 같은 정신을 가지며, 같은 이해를 취하며, 같은 행동을 지어서 그 내부의 조직됨이 한 몸의 근골과 같으며 밖에 대한 정신은 한 병영의 군대 같이 하여야, 이것을 국민이라 하느니라.[110]

민족이라는 말은 이 말이 만들어질 때 그에 대비되는 개념으로 국민이라는 용어도 함께 만들어졌고 한국에 도입된 것도 마찬가지였다. 상기 논설은 사람들이 이 새로운 용어의 의미를 명확하게 알려줌과 동시에 민족으로 있어서는 안 된다는 것을 일러주고 있다. 이처럼 민족이라는 말이 이 땅에 들어왔을 때부터 이미 우리가 내세울 만한 말이 아님을 알고 있었던 것이다.

둘째, 민족이라는 말이 네이션을 대신하면서 네이션이 할 수 있는 근대적 의식 형성으로의 발전을 가로막고 있다. 네이션과 민족은 그 기조에서 상반된다. 네이션은 자발적이고 적극적이며 나라를 이끌어 가는 사람들인 반면에, 민족은 피동적이고 소극적이며 통치를 받는 사람들이다. 민주주의가 발전하고 사회가 근대화되기 위해서는 국가의 구성원이 앞의 사람들로 채워져야 함은 말할 필요도 없다. 그런데 다른 나라는 네이션을 외치고 있을 때 한국은 민족을 외치고 있으니 국가적으로 무슨 좋은 결과를 기대할 수 있겠는가? 좋은 세상을 만드는 것은 국가 단위로 가능하고, 민

---

[110] 민족과 국민의 구별, 1908

족 단위로 할 수 있는 일은 아무것도 없다. 국가를 통하여 법과 제도를 만들고 더 강하고 좋은 사회집단을 조직해 나갈 수 있는 것이다.

민족이란 단순히 같은 혈통, 같은 문화를 가진 사람들의 집단으로서의 의미에 그치지만, 네이션은 정치조직, 혹은 국가에 대한 내용을 갖고 있다. 즉 네이션은 현재의 삶에 직결하여 사람들의 안전과 풍요와 발전을 위한 분업과 협력의 공동체로서의 조직과 이를 관리하고 이끌어나가는 정치에 대한 것을 내용으로 하고 있다. 그래서 네이션을 앞세울 때 더 나은 사회로 진전할 수 있는 여지가 있지만, 민족을 내세울 때 이러한 여지가 별로 없다.

그런데 우리는 긴 역사에서 가족이나 친족, 그리고 같은 지역민이나 친분 있는 사람과 같이 나 주변의 연고 있는 사람을 중심으로 뭉치는 삶을 살아왔다. 이러한 가운데 다른 국가와 비교해 볼 때 우리에게 있어서 국가는 상대적으로 그 의미가 미약하였다. 강대국 중국 옆에서 국가는 있는 둥 마는 둥, 외부에서 침략을 해와도 국가의 군대가 적을 막고 싸우는 것이 아니라 의병들이 자신의 고향을 지키기 위해서 나가 싸우고, 중국 군사의 도움을 받아 외적을 물리치고, 크지 않은 반도에 하나의 국가로 통일하는 것조차도 중국의 힘을 빌려서 하였으니, 나라의 권위가 있을 리가 없다. 그리고 불과 수십 년 전에는 나라는 없고 민족만 있었다. 그래서 한국은 나라보다 민족이 우리를 규정하는데 더 현실적인 용어가 되어온 것이다. 그렇다면 이렇게 민족이라는 말이 앞장서게 된 현실은 바람직하지 않았던 과거의 결과물이라 해야 할 것이다.

이런 우리와 달리 서구에서는 근대화기에 국가의 문제를 두고 많은 사람들이 치열하게 고민하고 투쟁하였다. 미국에서는 청교도나 건국의 아버지들과 같은 많은 사람들이 좋은 나라를 만들기 위하여 투쟁과 헌신을 마다하지 않았다. 유럽도 마찬가지다. 농민이 프랑스인으로 바뀌었다는 역사학자 유진 웨버(Eugen Weber)의 표현에서도[111] 그 상황을 실감케 하듯이 사람들이 나라와 관련하여 커다란 변화의 과정을 감내해야 했던 것이다. 일본도 국학운동과 근대화운동 과정을 통하여 강한 나라를 만들기 위한 일본인들의 헌신적인 노력이 있었고, 국체라 하여 나라를 내세우는데 지극정성으로 혼신의 힘을 다하였다.[112]

이렇게 볼 때 우리는 국가를 두고 응당 해야할 그만한 노력이 없었다. 사실 우리 사람들이 국가의 가치를 더 깊게 고민하고 알고 있었다면 분단과 같은 비극도 일어나지 않았을지도 모른다. 앞의 『대한매일신보』의 논설에 비추어 본다면 근골은 조직되지 못하였고 정신은 하나 되지 못하였다는 것이며, 해방은 되었지만 국가에 대한 준비가 너무 부족한 상태였던 것이다.

우리가 민족이라는 말을 사용하게 된 것은 새로운 문물을 도입하기 위해서였다. 새로운 문물로서의 네이션의 개념을 가져올 필요가 없었더라면 동아시아 이 지역에서 원래 사용해오던 말로서의 족(族)이나 류(類)라는 표현으로도 충분했을 것이다. 네이션의 개념을 표현하기 위하여 민족이라는 말을 만들었는데, 족이나 류의 개념과 구분되지 못하고 단지 이들과 같은 의미의 말로서 기능함으로써 네이션의 의미는 유실되고 말았다.

민족의 외침 또한 그 의미가 없는 것은 아니다. 우리가 같은

---

[111] Weber, 1976
[112] 조영정, 2019, pp. 112~151

민족이기 때문에 하나로 뭉쳐 살아야 하고 화목하게 살아야 한다는 소중한 가치를 담고 있다. 민족의 구호 아래 우리가 남이 아니라는 것을 인식하면서 대외적으로 단결할 수 있었다. 하지만 이를 통하여 대내적으로 어떤 결실을 가져왔으며 무슨 발전을 이루었는가? 작은 반도는 남북으로 나뉘어져, 북쪽은 일가족에 의한 삼대세습의 통치가 이어지고 있고, 남쪽은 지역 간 대립과 파벌이기주의에 찌들어 있다. 우리는 오로지 가족, 친족, 민족으로 이어지는 연고의식으로 전통의 우리끼리 의식만 계승 발전시켜온 것은 아닌가? 민족이라 하지만 전체로서의 우의는 조금도 없고, 그 안에 연고에 따라 패거리집단으로 갈라져 원수처럼 다투고 싸운다. 이러한 우리에게 앤더선(Benedict Anderson)의 말대로[113] 모두가 평등한 동지들로 구성된 공동체인 것으로의 상상과 동지로서의 친밀감과 동지의식은 있기나 한 것인가?

안타깝게도 우리는 대의보다는 연고에 따라 분열하고 대립하는 악습을 갖고 있다. 오랜 당파싸움은 말할 것도 없고 나라의 위기 때마다 분열하는 모습을 보여왔다. 임진왜란을 대비하지 못한 것도 정세를 파악하러 갔던 통신사들의 반목 때문이었고, 구한말 나라를 잃은 것도 지도자들이 위기 앞에 단합하지 못하였기 때문이었다. 왜군을 앞에 두고 이순신과 원균은 다투었으며, 일제에 대항하는 독립투사들도 서로 협력하지 못했다. 한국인들은 우리의식에서 어느 나라에 뒤지지 않지만 정작 국가적으로 하나로 뭉쳐야 할 시점에서는 우리끼리 다투느라 힘을 다 소진하는 그러한

---

[113] 앤더선(Benedict Anderson)은 그의 책 『Imagined communities』에서 네이션을 상상공동체라고 하였다. 한 번도 본 적도 없는 멀리 있는 사람들 간에 상상으로 친밀감과 동료의식이 형성됨으로써 이루어진 공동체라는 것이다.

역사를 살아온 것이다.

우리끼리란 어떤 범주를 두고 그 범주 바깥의 타자를 구분되는 배경으로 하는 것이어서 우리의식은 국가외부 뿐만 아니라 내부적으로도 항상 우리와 우리 아님을 차별하여 나누어지는 성격을 갖고 있다. 사람의 의식이란 자신의 삶속에서 생기므로 우리의식도 자기 삶의 반경만큼의 규모에서 갖기 쉽다. 그래서 우리의식이 국가를 포용할 만큼 크게도 작동하지만, 한편으로는 국가 내에서 자신의 가족이나 자신의 지역이나 학교를 아우르는 만큼의 범위에서 더 강하게, 그리고 더 자주 작동하게 되는 것이다.

이 우리끼리는 가족, 친족, 지연, 학연 등의 연고에 바탕을 두고 있는데, 민족 또한 가족, 친족의 개념을 연장하여 확대시킨 것이다. 이렇게 가족, 친족에서 이어지는 민족은 대의에 바탕을 둔 공동체로서의 네이션과는 전혀 다른 것이다. 새로운 용어는 네이션이라는 근대적인 개념을 도입하려고 만들어졌지만, 이를 민족이라 함으로써 역설적이게도 전근대적인 의식을 연장하고 강화하는 결과를 가져온 것이다.

그래서 네이션의 개념을 도입하고자 하던 시절로부터 많은 시간이 지났지만, 민족만 알고 온 우리는 그 의식에서 과거의 왕조시대와 무엇이 달라졌는지 애매하기만 하다.

내 자식의 성공을 위해서라면 내 자식의 부정한 방법 사용으로 정당한 방법을 사용한 남의 자식은 피눈물을 흘려도 그건 내가 알 바 아니다. 이기적인 교육열로 자녀들의 경쟁은 부모들의 경쟁이 되어 입시제도는 조석으로 바뀌고, 자녀양육의 부담으로 결혼과 출산을 하지 않아 급기야 인구가 감소하는 나라가 되었다. 그런데도 우리 사람들은 자신의 핏줄이 아니면 좋아하지 않기 때문에 이 땅의 고아들은 주로 서양으로 입양 보낸다. 재벌중심의 경제구조도 혈연중심의 삶의 양식 때문이고, 거짓과 사기, 부정부패가 많은 것도 가족 간에 서로 덮어주는 행태와 무관하지 않다. 한국에서 인생의 성공여부는 어린 시절 부모로부터 얼마만큼 지원을 받느냐에 달려 있다. 더 나아가 가난한 집에서는 성공할 수 있어도 고아로서는 성공하기가 매우 어렵다. 한국에서 불평등을 논하자면 그 시작은 바로 이 혈연중심문화이다.[114]

또한 민주주의가 시행된지 많은 세월이 흘렀건만 전통의 수직적인 의식 속에 대통령은 왕과 별반 다르지 않고, 관직에 있는 자들은 예전의 벼슬아치들과 다름없으며, 국민은 피치자로서의 백성 모습 그대로이다. 권력자는 목동이요, 국민은 양이니, 국민에서 나라 주인으로서의 모습은 어디에도 보이지 않는다. 대한민국 최고 권력자의 국가 내 권력은 세계 어느 나라에서보다 더 집중되어 있다. 이것은 헌법을 고쳐도 소용없다. 권력을 휘두르고 권력 앞에 엎드리는 우리 사람들의 의식에서 비롯된 문제이기 때문이다. 사람들은 나랏일에 자신이 정책을 선택하는 것이 아니라 지도자에 맡기고 따르며 그 지도자는 혈연, 지연, 학연 등의 연(緣)으로 정해진다. 그리고 자신이 추종하는 지도자라면 그가 사리사욕으로 공동체의 이익을 해한다고 하더라도 자기편이라는 이유로 눈감고 따른다.

국가가 있지만 모두가 자신의 혈연, 학연, 지연 등의 모든 연고를 동원하며 살아가는 가운데 공민의식은 실종되고 있다. 나라의 규범은 연으로 이루어지는 사적 관계 뒷전으로 밀려서 사회정의는 묻혀 버렸다. 개개인은 국가 구성원의 약속이라고 할 수 있

---

[114] 세상이치가 다 그렇지만 한국은 다른 문명국에 비해 특히 더 그렇다는 것이다.

는 법과 원칙을 회피하고 악용하려고만 하니 공공의 이익과 질서는 파괴되어 모두가 손해 보는 구조로 되어가고 있다. 눈가림과 거짓과 허위는 일상화되고 부정과 부패는 만연해 있다.

이렇듯 혈연에서 시작된 연줄문화는 사회를 불공정하게 하고, 불공정 속에서 불평등은 커져가고 있다. 사회를 평등하고 공정하고 정의롭게 하는데 국가가 제 역할을 다하지 못하고 있는 상황에서 급기야 국가의 존재이유를 의심하게 된다. 이는 국민이 스스로 자발적이고 민주적으로 이끌어가는 근대적인 국가의 모습과는 거리가 멀다.

이러한 현실이 용어의 책임이라고는 할 수 없다. 하지만 동양적 정치질서에서 수천 년을 피치자로 최적화되어온 민(民)이라는 어리석고 무기력한 사람들과, 족(族)이라는 혈연의 집단을 의미하는 말로서의 민족은 근대적인 성격으로서의 네이션과 같기는커녕 오히려 정반대다. 이런 민족이 네이션의 자리에 앉아 네이션의 근대적인 가치를 가리고 오히려 전근대적인 가치를 확산시켰다는 점에서 결코 좋은 역할을 하였다고 보기 어려운 것이다.

민족은 딱새둥지의 뻐꾸기이다. 뻐꾸기는 딱새둥지를 차지하고 여러 딱새알과 새끼들을 둥지 밖으로 떨어뜨려버렸다. 민족이 나쁜 것은 아니나 이 말만으로는 우리에게 필요한 의식을 일깨우지 못한다. 오히려 이 말이 모두가 주인인 가운데 공동의 이익을 생각하며, 족벌과 연고의 차원이 아니라 나라 차원에서 협력하고 화합하면서 살아야 한다는 각성을 가로막고 있는 것이다. 이는 막연하게 서구의 근대화를 닮자는 것에 대한 문제가 아니라 우리 스스로 이 시대에 국가와 사회를 어떻게 조직해 나가야 할 것인가에 대한 문제이다. 민족은 민족대로 가치가 있는 것이고 네이션은 네이션대로 가치가 있는 것이어서 이것이나 저것이나 마찬가지라고 생각해서는 안 된다. 나라있음에 대한 의식은 국인의식이다. 민족의식으로는 나라있음을 만들지도 못하고 지키지도 못한다. 나라를 세우고 나라를 지키는 것은 국인의식인 것이다.

셋째, 민족이라는 말은 내세우는 것이 우리의 삶의 환경과 어울리지 않는다. 민족, 민족주의 의식으로는 우리의 미래를 잘 펼쳐갈 수 없다. 아니 미래는 고사하고 현재의 삶의 환경도 수용하기 어렵게 되어있다. 세계화로 사람들이 살아가는 환경이 과거와 크게 달라졌다. 한국땅에 사는 이민족의 비중이 크게 늘었고 앞으로 점점 더 늘어나게 될 것이다. 이러한 여건에서 민족이라는 말이 좋은 사회, 통합된 국가를 만드는 데 도움이 될 수 있는가? 지금까지는 민족은 문화적 개념이기 때문에 이들이 이 땅에 살면서 하나의 문화를 이루게 되므로 문제될 것이 없다고 해왔다. 이것은 동화주의 사고에 바탕을 두고 있는 것이다. 그러나 이제 세상은 동화주의에서 다문화주의로 바뀌었다. 나라 안에서 문화적으로 다른 사람들은 다른 문화를 강요받지 않고 자신들의 문화를 향유하면서 살 수 있어야 한다는 것이다. 그렇다면 민족을 문화적으로 정의한다고 해도 국가 내에 여러 민족이 형성된다는 것이고, 이런 상태에서 민족이라는 용어로써 국가적인 통합을 도모할 수 없게 된다.

그리고 오늘날 세계에는 인종 간의 갈등과 이민족에 대한 테러와 폭력 문제가 심각하게 대두되고 있다. 이는 세계화 과정에서 이민족의 사람들이 서로 섞이게 되면서 이런 일이 일어나게 되는 것이고, 그렇다면 앞으로 이러한 문제가 더욱 심각해질 수 있다는 것을 염두에 두고 사전에 대비하여야 한다.

내셔널리즘 자체에 대해서는 세계주의자가 아닌 이상 나무랄 수 없다. 현재 사람들의 삶이 국가 단위로 이루어지고 있으므로 그 국가 단위에서 잘 살아보자는 원동력으로서 내셔널리즘이 갖는 당위성과 긍정적인 측면이 있기 때문이다. 그런데 민족 내셔널리즘은 이 또한 같은 영역 속에 있기는 하지만, 이것이 폐쇄적이고 맹목적인 성격을 갖는다는 점에서 문제가 될 수밖에 없다. 민족은 타고 나는 것이며 사람이 후천적으로 어떻게 할 수 있는 여지가 없다. 민족주의의 맹목적인 성격에는 우리는 피를 나눈 형제이기 때문에 무조건 사랑해야 한다는 것뿐만 아니라 다른 민족에 대해서는 무조건 배척해야 한다는 의식도 포함되어 있는 것이다. 그런데 다른 민족과 함께 살아가야 하는 상황에서 이 민족의 가치를 추구하게 되면 어떻게 되겠는가? 민족집단 간 분규와 갈등이 일어나고, 이것이 심해지면 인종청소와 같은 극단적인 투쟁도 일어나게 되는 것이 현실이다.

우리 나라는 오랜 세월동안 단일민족으로 살아왔기 때문에 민족 내셔널리즘을 갖고 있다. 그런데 이러한 민족 내셔널리즘을 더욱 공고히 하는 것이 바로 민족이라는 용어이다. 민족이라는 말은 가족 친족 등에 연장선상에 있는 말이어서 영어의 racial이나 ethnic이라는 말보다 더 강한 혈연적인 성격을 가진 말이다. 민족이라는 말을 사전에 찾아보면 그 범주의 기준이 문화라고 되어 있지만 현실에서는 맞지 않다.[115] 우리는 민족하면 당연히 혈연적으로 생각한다. 예를 들어 우리는 외국에서 들어와 한국에 귀화하여 한국문화를 갖게 된 사람들을 우리 민족이라고 말하지 않으며, 우즈베키스탄을 비롯한 중앙아시아 지역의 고려인들은 몇 세

---

[115] 조영정, 2021, pp. 84~90

대를 그 지역에 살면서 그곳의 언어를 사용하고 그곳의 생활양식으로 살고 있지만 우리는 이들을 우리 민족이라고 한다.

2007년 유엔 인종차별철폐위원회(Committee on the Elimination of Racial Discrimination: CERD)가 한국이 한국사회의 다민족적 성격을 인정하고, 단일민족국가라는 이미지를 극복해야 한다고 권고했다.[116] 오랜 역사 동안 다른 민족이나 국가를 해코지한 적이 없는 순둥이 국가인 한국이 이런 난데없는 권고까지 받게 된 것은 웬일인가? 우리가 모르고 있는 가운데 외국 사람들에게는 한국이 혈통적 순수성을 내세우는 민족주의가 강한 나라로 보이고 있다는 것이다. 여기에는 여러 요인이 있겠지만 민족주의라는 용어의 영향이 매우 크다고 생각된다. 우리가 인종차별을 한 적도 없고 민족 내셔널리즘을 표방한 적도 없지만, 단지 이 용어 때문에 이런 것을 표방하는 것과 마찬가지로 되고 있는 것이다.

현재 한국에는 한민족을 내세우는 단체나 활동이 많이 있다. 이들 단체의 대부분은 한민족의 혈연적 연원을 기초로 하고[117] 있다. 한국의 미래를 위해서는 혈연의 한계를 넘어 보다 포괄적인 집단으로서의 우리도 필요하고 그러기 위해서는 또 다른 용어도 있어야 한다. 우리가 열린 민족주의, 개방적 민족주의를 외치지만 민족이라는 용어로는 열리지 않는다. 우리가 민족 내셔널리즘을 더욱 강화하는 길로 가야 하겠다면 민족이라는 말이 도움이 되겠지만 그 반대라면 민족이라는 용어를 사용하는 것은 도움이 되지 않는다.

한국 사람들에게서 단일민족은 소중한 가치이다. 이 가치를

---

[116] "한국 순수혈통주의 인종차별 소지 있다" 유엔 보고서 지적, 2007
[117] 이선민, 2008, p. 53

완전히 부정할 이유는 없지만 이를 가치로 삼는 것이 오늘의 우리 현실에 맞는지 냉정하게 잘 판단해 보아야 한다. 현실을 무시할 수 없다. 예를 들자면 농촌사람들이 상대적으로 더 보수적이다. 그래서 농촌에는 전통에 대한 애착이 강하고 한민족의 피의 순수성에 높은 가치를 두고 있는 사람들이 많다. 그런데 동남아 여성들과 국제결혼을 많이 하는 사람들이 농촌사람들이다. 한국 여성들이 농촌사람들과의 결혼을 선호하지 않는 상황에서 받아들일 수밖에 없는 현실 때문이다. 그렇다면 이러한 현실을 살면서 현실에 맞지 않는 가치관을 고수하게 된다면 갈등과 불화만 생길 뿐이다. 현실을 아우를 수 있는 가치를 추구해야 한다.

우리는 이미 많은 민족들과 함께 살고 있다. 그리고 사람들이 점점 더 많이 섞여가는 세상으로 발전하고 있는 현실을 생각한다면 민족이라는 용어보다는 자유롭고 포용력 있는 국인이라는 용어를 사용할 필요가 있는 것이다.[118]

7. 본서에서의 용어 사용

오늘날 스포츠에서의 현실을 보면, 세계에 수많은 경기가 벌어지고 있지만 민족을 단위로 하여 경기가 이루어지거나 민족을 앞세워서 스포츠의 열정을 내뿜는 일은 없다. 주로 국가단위로 경기를 하게 되고 여기서 스포츠 내셔널리즘이 일어나게 된다. 그래서 스포츠 민족주의라고 하는 말은 맞지 않다.

---

[118] 민족, 민족주의와 네이션, 내셔널리즘의 문제에 대한 자세한 내용은 졸저, 『민족주의와 내셔널리즘』을 참조할 것.

물론 스포츠 내셔널리즘은 국가 간의 경기가 가장 큰 부분을 차지하지만, 반드시 이런 곳에서만 볼 수 있는 것은 아니다. 자국 팀과의 경기가 아니더라도 선수 개개인에 대해서 그 선수가 자국 사람인 경우에 사람들은 열렬히 응원하고 지지한다. 최근에 한국에서 유럽축구나 미국야구를 보는 사람들이 크게 늘었는데, 손흥민이나 류현진과 같은 선수들의 활동을 보기 위해서다. 지난 세기 한국이 IMF사태를 맞았을 때 골프선수 박세리가 실의에 빠진 한국인들에게 큰 힘을 주었다고들 말한다. 이와 같이 한국인들은 세계 무대에서 활동하는 한국 선수들에 대하여 성원할 뿐만 아니라 자신의 꿈과 희망을 싣고 있다. 그간 박세리 외에도 차범근, 박찬호, 박지성 등 세계무대에서 두각을 나타내는 선수들이 많았고, 이런 선수들의 활약과 한국인들의 자부심은 연결되어 있다. 이렇게 자국 선수를 응원하는 것은 한국뿐만 아니라 다른 나라도 마찬가지다. 자국 선수에 대하여 그 나라 사람 모두가 하나 된 마음으로 열렬히 응원하는 것이다.

이런 부분들을 보고 스포츠 국민주의라고 하는 것이 어떨까 라고도 생각할 수 있지만 그렇지 않다. 반드시 자기나라 국적을 가진 사람만 응원하는 것이 아니기 때문이다. 한국인들은 골프에서 뉴질랜드 국적의 리디아 고나 미국 국적의 미쉘 위와 같은 선수를 응원한다. 비록 한국국적은 아니지만 한국인들은 그들을 응원하는 것이다.

이런 부분을 보고 민족주의라고 할 수도 있겠지만 그렇지도 않다. 그냥 민족이기 때문에 응원하는 것은 아니기 때문이다. 그냥 민족이기 때문에 응원한다면 2014 소치동계올림픽에서 러시아 국가대표로 나간 안현수 선수도 한국인들의 응원을 받았어야 했고, 재일교포로서 일본에 귀화하여 일본선수로 활동하는 사람에 대해서도 응원하는 한국인들이 많아야 한다. 물리적으로 같은 민족이냐 아니냐의 문제가 아니라 한국인으로서의 정체성의 문제인 것이다. 리디아 고나 미쉘 위와 같은 경우는 비록 외국국적이고 그 나라 사람으로서의 정체성을 갖고 있다고 하더라도 한국에 대해서도 자신들이 관련되어 있음에 대하여 거부하는 것이 아니라 받아들이려는 것으로서의 정체성을 갖고 있기 때문이다. 한국에 대해 정을 가진 사람에 대해 한국사람들이 그를 같은 동포로서의 정을 갖는 것은 당연한 일이다. 심지어 이민족이 한국에 대해 자신을 귀속시키고 귀화하는 경우에도 같은 나라사람으로서의 정을 나누게 되는 것이다. 반대로 같은 민족이라고 하더라도 자신의 이익을 위해서 국가에 해가 되는 일을 하였다거나 군대를 가지 않으려고 외국국적자가 되는 것과 같이 국가에 대한 의무를 거부하는 사람은 공동운명체의 일원으로서의 같은 범주의 사람이 되기 어렵다.

국가라는 범주를 두고 여기에의 소속여부는 개개인 스스로 인식하고 서로가 확인하는 가운데 하나의 집단이 형성되는 것이다. 이것은 민족도 아니고 국민도 아니다. 이것이 네이션이며, 이러한 개념을 포괄하는 용어가 바로 국인이다. 이렇게 볼 때 스포츠 국인주의라는 용어가 모든 것을 포괄하면서도 그 의미를 잘 담는다. 그리고 스포츠 자국주의 또한 오늘날 국가를 중심으로 일어나는 스포츠 내셔널리즘을 쉽게 나타낸다.

우리나라는 오랫동안 네이션, 내셔널리즘(nationalism)을 민족, 민족주의로 불러왔기 때문에 지금까지 사용해오던 이 용어를 다른 용어로 바꾸기는 쉽지 않은 일이다. 그동안 그렇게 사용해왔기 때문에 어쩔 수 없다고 생각할 수도 있다. 그러나 언제까지나 이렇게 계속 가서는 안 된다고 본다. 그 사용기간이 지금까지 불과 백 년이었지만 앞으로는 무한대이다.

의미상으로 민족에 해당하는 것은 민족, 민족주의라고 하고, 네이션, 내셔널리즘에 대한 것은 그것에 맞는 용어를 찾아서 사용함으로써 지금까지의 잘못된 상황에서 하루빨리 벗어나야 할 필요가 있다. 새로운 용어가 처음에는 어색하겠지만 사용하다 보면 곧 익숙해지게 될 것이고, 그렇게 되면 이 문제로부터 벗어나게 되는 것이다.

그래서 본서에서는 네이션에 대한 우리말로서 국인(國人)과 그 내셔널리즘에 대한 우리말로서 자국주의(自國主義) 혹은 국인주의(國人主義)라는 용어를 사용하되, 쉽게 다가오는 측면을 감안하여 자국주의를 주로 사용하기로 한다. 모두를 이 용어들로 바꾸어 사용하는 것이 아니라 의미상으로 민족에 해당하는 것은 민족, 민족주의라고 하고, 국인에 해당하는 것은 국인, 자국주의 혹은 국인주의라고 하는 것이다. 이렇게 용어를 때와 장소에 따라 그 의미에 맞게 사용함으로써 모든 내용이 가장 정확하고 적절하게 표현되게 하려 한다.

제 3 장

스포츠란 무엇인가?

1. 스포츠의 정의
2. 스포츠의 기원
3. 고대 올림픽
4. 근대 스포츠
5. 국제 스포츠
6. 스포츠의 기능
7. 스포츠의 파생적 역할

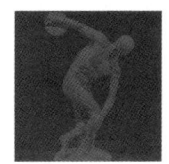

1. 스포츠의 정의

스포츠(sports)는 경기, 운동, 레크레이션 등을 포함하는 신체의 적합성, 정신적 건강, 사회적 교류에 이바지하는 모든 형태의 신체적 활동이다. 또 좁은 의미로 정의하여 "스포츠는 일정한 규칙에 따라 개인이나 단체 간에 속력, 힘, 기술 따위를 겨루는 활동이다"고도 할 수 있다.

영어 "Sport"는 원래 "즐거운 시간을 갖는다"는 의미로서, "disport"가 축약되어서 만들어진 말이고, 이는 프랑스어 "desport"와 "deport"에서 도입된 말이다.[119] 이렇게 스포츠는 즐거운 시간을 갖는 것, 혹은 여가를 뜻하는 말에서 유래하였고, 원래 낚시나 사냥과 같은 야외오락을 지칭하였으나, 점차 운동 혹은 운동경기와 같은 의미로 사용하게 되었다. 오늘날에 스포츠는 경쟁을 하는 운동, 즉 운동경기를 주된 의미로 하는 가운데 하이킹, 캠핑과 같은 여가선용활동도 포함하는 의미로 사용되고 있다.

스포츠활동에서는 사람이 가진 신체능력의 한계에 도전하게 되는데, 이는 주로 다른 사람과의 경쟁을 통하여 이루어지게 된다. 그리고 단체운동의 경우에는 이러한 개개인의 신체적 능력향상뿐

---

[119] Sport, n.d.

만 아니라 구성원 간에 협동력을 향상시키는 역할을 하게 된다.

　　사람들은 스포츠에 재미를 느끼고 이를 하고 싶어한다. 스포츠를 하게 되면 체력이 증진되고 기술이 향상되며 몸과 마음에 활력을 갖게 된다. 또한 스포츠활동에 직접 참여하지 않고 이러한 활동을 보는 것을 통해서도 그 활동에 자신도 몰입하는 가운데 즐거움을 가질 수 있고 마음에 활력을 가질 수 있다. 이렇게 스포츠는 사람들의 신체적 정신적 건강을 증진시키는 역할을 한다.

2. 스포츠의 기원

　　스포츠는 태고적 인류 생존을 위한 역사와 함께 한다. 인간은 원래 투쟁적인 삶을 살아왔고, 이러한 삶에서 생존하려면 신체능력의 유지 발전이 필요했던 것이다. 사람으로 태어나 살아남기 위해서는 육체적으로 강해야 했고, 그래서 강해지려 노력하지 않으면 안 되었다. 빨리 달리지 못하여 맘모스한테 밟혀 죽을 뻔했던 일을 생각하고, 멀리 뛰지 못하여 개울 홍수에 휩쓸려간 아버지를 기억하고, 힘이 약해 다른 사람에 맞아 죽은 형을 기억하며 자신의 신체적인 능력을 늘리기 위한 노력을 부단히 할 수밖에 없었다. 이러한 노력을 하면서 무한한 능력을 가진 신을 동경하고 헤라클라스와 같은 초인적인 존재를 그리며 이에 닮고자 했던 것이다.

　　그래서 스포츠는 인간 사회라면 어느 지역에서든 다양한 형태로 존재해왔다. 그리고 인류가 진화하여 씨족사회, 부족사회로 발전하면서 전쟁이나 사냥을 위한 활동에서 필요한 신체능력으로서의 스포츠로 발전하게 되었다. 한국에서도 고대 고조선, 부여, 고구려 때의 기록을 보면 정월 축제인 영고(迎鼓)에 하늘에 제사를 지내고 씨름(角觝), 기마(乘馬), 궁술(弓射), 수박(手搏)[120], 격구(擊毬)[121] 등의 경기를 하였고, 고구려의 시조 주몽(朱蒙)의 이야기에서도 그가 임금으로 오르기 전 다섯 부족의 부족장들이 모여 이 같은 경기를 하였던 것으로 전해지고 있다.[122]

고대 중국에서도 여러 가지 형태의 무술이나 무용 경기가 있었고, 고대 이집트에서도 수영, 레슬링, 권투, 검투기, 무용 등을 하였다. 또 고대 그리스에서도 달리기, 뛰기, 창던지기, 돌던지기, 전차몰기, 레슬링, 권투 등을 하였고, 로마시대에는 검투기, 전차경주, 수영 등을 즐겨 했음이 널리 알려져 있다. 서반구에서도 구대륙에서와 마찬가지로 여러 경기를 하였는데 마야사람들은 수많은 관중들이 보는 가운데 핏츠(pitz)[123]를 한 것으로 알려져 있다.

또한 스포츠의 시작은 인류의 제전의식과 연관되어 있다. 인간 사회가 신에 대한 숭배와 함께 시작되었기 때문에 그 시기 대부분의 의례가 신에 대한 의례에 관련되었던 것을 생각하면 스포츠도 이러한 의례에서 비롯된 것은 이상한 일이 아니다. 신을 받드는 의례의 과정에서 축제도 생겨났다. 서양의 언어에서 축제를 뜻하는 festival이라는 말은 라틴어 "festa"에서 유래했는데, 이는 신전 또는 종교의식을 의미하였다. 축제가 시작되면 제문을 읊거

---

[120] 수벽치기, 수박(手拍), 수벽타(手擘打)라고도 하며, 주로 손으로 상대를 공격하거나 수련을 하는 한국 전통의 맨손 무예이다.
[121] 말을 타고 채로 공을 쳐서 상대방 골문에 넣는 경기이다.
[122] 씨름, 미상
[123] 마야문명에서 엉덩이로 공을 다루는 축구와 같은 경기이다. 승리한 팀의 주장은 제물로 바쳐지는 것으로 알려져 있다.

나, 춤추거나, 먹고 마시거나 하게 된다. 먹고 마시고 나면, 한판 붙어보고 싶은 본능도 발동되는 것이다. 그 옛날 괴물같은 맹수와 목숨을 걸고 싸워 이기고 나서 너무 좋아서 정신없이 뛰고 소리 지르던 그때의 행동들을 하게 된다. 인간은 태곳적에 오랜 기간동안 육체적인 투쟁을 하면서 살아왔으므로 시간이 흘러 그러한 삶의 형태에서 많이 벗어난 이후에도 그때의 기억이 잠재되어 있다가 기분에 따라서 언제든지 발동되는 것이다.

당시에 사람들을 이끌고 통합하는 역할을 한 것은 신이었기 때문에 신앙이 곧 정치였다. 이렇게 볼 때 오늘날 스포츠 행사에서도 정치적인 의미가 함께 한다는 점에서 스포츠의 제전의식적인 측면은 지금도 이어져 내려오고 있다고 보아야 할 것이다. 그런데 오늘날까지 매우 큰 영향을 주고 있는 고대 스포츠는 그리스의 올림픽이다.

3. 고대 올림픽

호머의 일리아드에서는 그리스 젊은이들의 경기 장면을 생생히 묘사하고 있다. 막역한 친구 파트로클로스를 잃은 아킬레우스는 친구의 죽음을 애도하여 푸짐한 상품을 내걸고 기념경기를 연다. 여기서 전차경주, 권투, 레슬링, 달리기, 칼싸움, 투포환, 궁술, 투창 등의 경기가 차례로 열린다. 일리아드는 트로이 전쟁을 배경으로 하고 있고, 역사학자들이 추측하는 트로이 전쟁의 시기가 기

올림피아의 경기장 유적

원전 1200년 경인 것을 감안하면, 그리스 지역에서는 매우 오래전부터 이 같은 경기가 있었던 것으로 짐작할 수 있다.

그리고 그리스에서는 올림픽행사가 있었다. 올림픽은 올림피아에서 기원전 776년 시작되어 4년 마다 개최되었다. 올림픽은 그리스 내 모든 도시국가 사람들이 올림피아 산에 모여서 제우스신에 올리는 제전행사로서 시행되었으며, 이 행사가 진행되는 기간에는 전쟁도 중단할 정도로 중요하게 여겼다. 기록에 의하면 기원전 776년, 192미터 거리의 달리기 경주가 있었는데, 여기에서 요리사 코뢰버스(Coroebus)가 우승하여 최초의 챔피언이 되었다. 올림픽은 처음에는 펠로폰네소스 반도 서부지역의 도시국가들에 국한된 소규모 경기에 불과했다. 그러다가 점차 멀리있는 도시국가들이 참여가 늘어나고, 또 기원전 6세기경에 와서는 식민지 도시들도 참가하면서 그 규모가 커지게 되었다.

올림픽의 첫날은 종교적인 의식으로 채워졌다. 그리고 선수들은 경기에 앞서 제우스 신에게 선서를 하였다. 경기를 공정하게 할 것이며 룰을 지키겠다는 약속이었다. 속임수는 멸시되었고, 반칙에는 벌이 주어졌다. 예를 들어 달리기에서 부정출발, 즉 일찍 출발한 선수는 몽둥이로 얻어 맞았다. 경기의 공정성을 위반하는

불명예 이름이 새겨진 기단

자는 그의 치욕이 영원히 기억되도록 경기장 앞에 있는 신의 동상 아래 기단에 그 이름을 새겨넣었다.

승리자는 우상화되었다. 칭송과 함께 많은 상품을 받았다. 아테네에서는 평생 무전취식할 수 있었고 연금을 받았다. 승리한 선수의 땀을 병에 담아서 영약으로 팔기도 하였다. 지배자들은 승리의 분위기를 활용하거나 승리한 선수를 가까이에 두고 이를 활용하여 정치적인 이득을 얻었다.[124] 이렇게 올림픽은 약 1,200여년 간이나 지속되다가 기원후 394년 로마 황제 테오도시우스(Theodosius)가 이 이교도의 축제를 금지시킴으로써 끝을 맺게 된다.

4. 근대 스포츠

근대 스포츠는 18세기 유럽에서 시작되었다. 근대기 영국에서는 산업혁명이 일어나면서 경제력이 향상되고 중산층이 늘어나게 되었다. 이에 따라 사람들이 여가선용과 건강증진을 위한 여유가 생기면서 스포츠 문화가 태동하게 되었다. 또 근대화 이후 자

---

[124] Buckel, 2008, pp. 29~30

리잡게 된 학교교육에서 스포츠를 가르치면서 스포츠가 보급되었다.

스포츠의 원래 목적은 개개인의 건강한 신체와 건전한 정신을 배양하는 것이지만, 국가적인 측면에서는 국민들의 집단적 유대와 협력정신의 함양에 매우 중요한 역할을 한다. 그래서 스포츠에서 신사도(gentlemanship), 스포츠 정신(sportsmanship), 페어플레이(fair play), 팀스피리트(team spirit) 등과 같은 요소가 중시되었다. 다국인국가이고 공민 국인주의(civic nationalism)국가인 영국에서의 근대 스포츠는 국민적인 단합을 이루고 영국인으로서의 신사도 정신을 고취시킴으로써 국력증강에 크게 이바지하였다.

영국에 이어 유럽 대륙의 국가들에서도 근대 스포츠가 보급되었다. 유럽 대륙 국가들에서의 근대 스포츠는 주로 체육 또는 체조의 보급에서 시작되었다. 체육이 사회적으로 널리 퍼지게 된 것은 운동을 통한 건강증진에 대한 의식이 높아졌기 때문이고, 여기에 고대 그리스에서와 같은 건강한 신체의 아름다움을 찬미하는 사상도 적잖은 영향을 주었다.

그리고 체육의 보급에는 국인주의 의식 또한 크게 작용하였다. 개인의 강한 체력을 바탕으로 국가 또한 강해질 수 있다는 것이었다. 신체적으로 강한 병사들이 강한 군대를 이룬다는 점에서 체육활동의 보급은 당시 국가 간 대결의 상황이나 국인주의의 팽배와 불가분의 관계에 있었다.

유럽에서 일찍이 체육이 발전한 나라들은 독일, 스웨덴, 헝가리 등과 같이 국인주의가 강했던 나라들이었다. 1811년 독일의 얀(Ludwig Jahn)은 독일체육운동을 시작하였다.[125] 나폴레옹 지배하에

---

125 얀은 독일식 체조를 창안한 독일체조의 아버지이다. 1811년 독일의 하젠하이데

있던 당시 독일에서 그가 이 운동을 시행한 것은 독일해방을 위한 전사를 양성하기 위해서였다. 스웨덴 또한 체육이 발달하였다. 스웨덴은 1808년 러시아와의 전쟁에서 국토의 1/3을 잃게 되었다. 이러한 상황에서 스웨덴 체조의 창시자 링(P. H. Ling)[126]은 1813년 왕립중앙체육원을 설립하였다. 스웨덴 청년들에게 체육을 통하여 체력과 용기를 심어주고 강한 스웨덴 사람들에 의한 강한 국가를 이룩하고자 했던 것이다. 또 1862년 체코에서는 소콜(Sokol)[127]이 시작되었다. 소콜은 다양한 체육활동과 함께 체전이나 체육행사를 하는 대중체육운동으로 체코지역에 급속하게 파급되었다. 소콜은 공동체 연대의식을 강화시켜 당시 독립된 나라를 갖지 못하고 있던 체코 사람들에게 국인의식과 독립의식을 고취시키는 데에 크게 기여하였다. 그 외 덴마크, 러시아 등 여러 나라들에서도 학교교육이나 사회행사를 통하여 체육활동이 활발하게 일어나게 되었다.

오늘날 우리가 일상에서 접하는 대부분의 스포츠는 이때 만들어졌다. 근대에 스포츠가 발전한 것은 개인뿐만 아니라 국가에 적지 않은 공헌을 하는 것으로서의 그 중요성이 인식되었기 때문이다. 근대 스포츠는 국인을 바탕으로 하는 국가의 발전을 함께 국가적인 지원을 기초로 하여 발전하게 되었던 것이다.

에 노천 체조장을 열어 달리기, 던지기, 뛰기, 등반, 철봉, 평행봉 등 각종 운동을 가르쳤다.
126 링은 스웨덴의 인문학 교수이자 스웨덴 체조를 창시한 체육지도자이다. 스웨덴 체조는 독일의 체조와 함께 세계 체조의 양대 줄기를 이루고 있다.
127 소콜은 체코어로 "매(falcon)" 라는 의미로서 체코의 대중체육운동이다.

5. 국제 스포츠

유럽에서 시작된 근대 스포츠는 점차 세계로 확산되어 나가게 되었다. 19세기에 유럽문명이 세계를 석권함에 따라 스포츠에서도 유럽의 체육활동이 전 세계에 확산되었기 때문이다. 이러한 결과로 오늘날 전 세계 사람들이 거의 동질화된 스포츠문화를 갖게 되었다. 또한 스포츠는 언어나 문화의 차이에 구애받지 않기 때문에 국가를 달리하는 사람들 간에도 함께 어울릴 수 있다. 한국사람과 독일사람이 방안에서 논다면 한 시간을 보내기도 어렵지만 축구를 하고 논다면 몇 시간이고 같이 놀 수 있는 것이다.

그래서 스포츠는 다른 어느 분야보다 국제화되어 있다. 스포츠에서는 국가의 범주를 넘어 경기가 자주 열리고 선수들의 이동도 개방되어 있다. 또 전 세계의 국가들이 참여하는 세계적인 경기들도 매우 많다. 올림픽경기(Olympic Games), 장애인 올림픽경기(Paralympic Games), 월드컵 축구(FIFA World Cup) 등은 국내에서의 경기보다 더 잘 알려져 있다. 그리고 스포츠 각 종목 마다 세계 선수권대회들이 있고, 국제경기를 위한 조직이나 단체가 수없이 많다. 권투와 같은 경우에는 널리 알려진 국제적 경기조직이 국제권투협회(World Boxing Association: WBA), 세계권투평의회(World Boxing Council: WBC), 국제권투연맹(International Boxing Federation; IBF), 세계권투기구(World Boxing Organization: WBO) 등 4개나 된다. 그래서 보통 권투 같은 경우에는 이 세계적인 경기이어야 사람들이 관심을 갖지 국내 경기는 관심조차 갖지 않는다. 그리고 유럽축구선수권대회(European Football Championship)와 같이 일정 지역의 국가들이 펼치는 지역 국제경기도 매우 많다.

이러한 국제 스포츠경기 중에서 절대적으로 중요한 위치에 있는 것이 올림픽경기이다. 올림픽은 하나의 국제 스포츠 대회로서도 중요하지만, 스포츠를 세계적으로 동질화시키고 국제화시키는 데에도 큰 역할을 하였다는 점에도 의미가 있다.

근대 올림픽이 시작된 것은 1896년이다. 고대 그리스에 올림픽이라는 스포츠 행사가 있었지만 로마제국에 의하여 그 맥이 끊겼다. 그리고 로마 중심의 고대역사와 기독교 중심의 중세역사로 이어지면서 올림픽은 오랜 시간 동안 잊혀져 있었다. 그런데 19세기 말 유럽사람들에 의해 이 올림픽이 다시 복원되었다. 고대 그리스의 도시국가들 간에 있었던 올림픽을 본떠서 전 세계 국가들을 대상으로 하는 올림픽대회를 개최함으로써 고대 올림픽이 막을 내린지 1503년 만에 다시 이 올림픽 행사를 소생시킨 것이다. 이렇게 근대 올림픽이 만들어지게 된 데에는 세 가지 요인이 있었다. 첫째는 19세기에 일어난 체육에 대한 열기이고, 둘째는 19세기에 강해진 국가의식이고, 셋째는 프랑스인 쿠베르탱(Pierre de Coubertin)의 헌신적인 노력이었다. 첫째와 둘째는 일반적으로 잘 알려진 역사적인 사실이므로, 세번째 쿠베르탱의 노력에 대해서 좀 살펴보기로 하자.

1870년 보불전쟁에서 프랑스가 독일에 무참히 패했을 때 프랑스 국민들이 받은 충격은 매우 컸다. 수십 년 전 나폴레옹이 유럽을 호령하던 그런 나라로서 자국을 생각하고 있던 사람에게 있어서 지금은 받아들이고 싶지 않은 현실이었다. 그래서 당시 어떻게 하면 프랑스가 강해질 수 있을까를 골몰한 지식인들이 많았는데, 이러한 사람 중의 한 사람이 쿠베르탱이었다. 쿠베르탱은 당시 영국에서 스포츠활동이 활발한 것에 주목하고 프랑스가 강해지기 위해서는 영국에서와 같은 체육 프로그램을 도입하는 것이 필요하다고 생각하였다. 여기에 더 나아가서 쿠베르탱은 올림픽을 하게 되면 고대 그리스 문명을 계승하면서 유럽의 역사적 문화적인 배경을 고양시킬 수 있고 국제관계에서 프랑스의 위상을 높일 수 있으며, 이와 동시에 국가 간 우의를 증진시키게 되어 세계평화에도 이바지할 수 있을 것으로 생각하였다.

쿠베르탱에 의하여 주도된 올림픽은 몇 가지의 기본원칙과 철학을 갖고 있었다. 그것은 첫째 더 빠르게, 더 높게, 더 강하게 (Citius, Altius, Fortius), 둘째 페어플레이, 셋째 스포츠정신, 넷째 아마추어정신, 다섯째 우의, 여섯째 단결, 일곱째 교육 등이었다.

오늘날의 올림픽을 보면 이렇게 시작된 올림픽사업은 대성공을 거두게 된 것이라고 할 수 있다. 그 사업의 성공요인은 드러난 것으로서의 앞의 원칙과 철학이 있지만 드러나지 않은 것으로서의 자국주의가 있었다. 쿠베르탱은 올림픽을 시작하면서 자신의 사업에 원동력이 되어 줄 요소로서의 자국주의를 감안하고 있었다. 그는 당시의 국제주의적인 시대적 흐름뿐만 아니라 사람들의 기본적인 성향으로서의 자국주의적 의식도 잘 감지하고 있었던 것이다. 나중에 그는 국제올림픽이 출범하게 된 과정을 회고하면서 이렇게 썼다.

"사람들은 국내경기에서도 자기의 클럽이나 대학이 승리하여 그 승리의 깃발을 휘날리는 것을 보고 싶은 욕구로 충만되어 있다. 하물며 국제경기에서 자국 국기가 휘날리는 것을 보고 싶은 욕구는 얼마나 강하겠는가?"

국제적인 화합의 장을 만들기 위해서는 먼저 올림픽이 성공해야 하고, 올림픽이 성공하기 위해서는 사람들이 흥미를 가져야 한다. 그런데 사람들은 모두가 한편이라면 흥미를 느끼지 못한다.

자기 집단이 승리하는 것을 보고 싶은 욕구로 충만되어 있다고 한 쿠베르탱의 말과 같이 사람들은 자기 집단의 승리에 관심과 흥미를 갖는다. 특히 자신들과 경쟁관계나 적대관계에 있는 편과의 경기를 할 때 흥미가 더욱 커지게 된다. 그래서 올림픽은 국가 간의 시합이 되도록 하였고, 국기, 국가, 국가응원단으로 구성되어 자국주의를 원동력으로 하여 이러한 힘이 강하게 작동하도록 만들었던 것이다.

흔히들 우리가 올림픽을 두고 세계평화를 말하고 국제주의 정신에서 시작되었다고 한다. 하지만 이것은 올림픽이 표면적으로 내세우는 이상적인 이념이고 이것의 내면에는 자국의 위상을 드높이려는 생각이나, 민족적인 우수성을 과시하거나 인종적인 우수성을 과시하고자하는 욕구가 크게 작용하고 있는 것이다. 사실 우리가 올림픽의 국제성을 많이 강조하는 것은 말하지 않아도 이미 갖고 있는 사람의 기본적인 성향으로서의 자국주의 쪽으로 치우치는 것을 우려해서 이를 경계하기 위하여 그러는 측면도 있다. 그래서 흔히들 올림픽을 의식적 국제주의(ritual internationalism)와 감정적 자국주의(emotional nationalism)가 혼합되어 있다고 말한다.

올림픽의 발상지 그리스는 오랫동안 오스만 터키의 지배하에 있다가 유럽열강들의 지원을 받아 1832년 그리스왕국을 설립할 수 있었다. 유럽의 지도자들은 그리스에서 이슬람의 잔재를 털어내고, 그리스를 유럽국가의 일원으로서 편입시킴과 동시에 이곳을 유럽 문명의 발상지로 하여 오랜 문명을 가진 사람들로서의 자신들의 이미지를 부각시키고자 하였다. 그래서 유럽인들은 그리스에서 고대 문명의 유물과 자료들을 발굴하였고, 올림픽도 이렇게 발굴된 것들 중의 하나인 셈이다.

이렇게 제국주의 시대, 자신들의 영역과 역사를 더 확장하려는 서양사람들의 의지에 따라 올림픽이 개최된다. 이미 수천 년 전에 사라진 전설같은 일이었지만 고대 올림픽에 대한 역사를 토대로 그때의 형식에 맞추어 재현하였다. 고대 그리스 올림픽을 잇는다는 의미에서 1896년 아테네에서 제1회 올림픽을 개최하였고, 연이어서 1900년 파리, 1904년 세인트루이스, 1908년 런던으로 이어지게 된다. 올림픽은 초기부터 개최하는 국가의 국가적인 우수성, 민족적인 우수성, 체제의 우수성 등을 부각시키려는 성향이 뚜렷하였다.[128] 미국 세인트루이스올림픽에서는 아메리카 인디언 수우(Sioux), 일본의 아이누(Ainus), 필리핀의 모로(Moros), 아프리카 피그미(Pygmies) 등 여러 원주민 선수들을 참가시켜 각 인종들의 능력비교의 장을 만들어 사람들의 흥미를 가미시켰고 이러한 가운데 백인의 우수성을 확인하고자 하였다.[129] 독일 나치정권하에 치러진 베를린올림픽도 이러한 초기 올림픽의 인종주의 민족주의적인 성향의 연장선상에 있었다.

19세기만 하더라도 스포츠가 젊은이들에게 건강한 신체와 건전한 정신을 심어줌으로서 좋은 사회 강한 국가를 이룬다는 데에

---

128 Llewellyn, 2012, pp. 114~115
129 Brownell, 2008, pp. 3~4

가장 큰 목적이 있었고, 올림픽도 이러한 취지의 연장선상에 있었다. 그러다가 올림픽의 국제성이 강화된 것은 양차 대전이었다. 양차 대전을 겪으면서 전쟁 방지에 대한 관심이 높아지게 되었다. 전쟁을 막기 위해서는 국가 간의 대립과 경쟁을 줄이고 협력과 화합의 정신을 증진시키는 것이 필요하다고 생각하게 되었다. 이러한 상황에서 국가 간에 대립을 가져올 수도 있고 화합을 가져올 수도 있는 올림픽에서 후자의 기능이 더 강화될 수 있도록 해야 한다는 분위기가 형성된 것이다.

사실 올림픽만큼 자국주의가 표출되기 쉬운 곳도 많지 않다. 사람들은 타국 선수들에 대항해서 자국 선수들이 싸우는 것을 보면 흥분을 감추지 못한다. 이 같은 자국주의적 본능적인 의식이 워낙 강하기 때문에 국제주의 이념은 뒷전으로 밀리는 위험이 항상 도사리고 있다. 그래서 국가적인 요소, 경쟁적인 요소를 최대한 약화시키고 인류의 화합과 평화의 정신을 최대한 강조하지 않으면 안 되었다. 그리고 구체적인 방안으로 국가 중심적인 요소를 줄이기 위하여 그간 올림픽을 운영해 오던 규정과 운영방식에 대한 개정들이 있었다. 예를 들면 1961년에 올림픽 개막식에서 행하는 선수 선서를 바꾸었다. 선수 선서에서 원래는 "조국의 명예를 위하여"라고 했었는데 이를 "우리팀의 명예를 위하여"로 바꾸었다.

이런 식으로 경기에서 국가 경쟁적인 요소를 완화하려는 노력이 있어왔다고 해도 결과적으로 크게 달라지는 것은 없었다. 위의 선수 선서만 보더라도 우리팀이 바로 조국이기 때문이다. 그리고 올림픽경기를 보는 사람들에게 있어서는 차이가 거의 없다. 국가 단위로 팀이 정해지며, 모든 선수는 국가단위로 복장을 하며,

시상식에는 국기가 게양되고 국가가 연주되며, 국가별로 메달획득 집계가 발표된다. 올림픽 헌장 제1장 6절에 의하면 올림픽게임에서의 경쟁은 선수 개인이나 팀 간의 경쟁이며 국가 간의 경쟁이 아님을 명시하고 있다. 그리고 동 헌장 제5장 57절에 의하면 국가 간에 시합성적에 따른 순위를 매기지 못하도록 하고 있다. 하지만 실제로는 이것이 지켜지지 않는다. 그 이유는 사람들은 이것을 알고 싶어 하기 때문이다.

이렇게 볼 때, 올림픽을 정말 순수한 스포츠 정신만을 담으려고 한다면 국가 단위로 하지 않고 국적과 무관한 개인 단위 또는 팀 단위로 하면 될 것이다. 그런데 왜 그렇게 하지 않는 것일까? 그 이유는 간단하다. 흥행에 성공할 수 없기 때문이다. 올림픽은 국가대항전이기 때문에 되는 사업이다. 국가대항전으로 하기 때문에 재미있다. 만약 국가대항전으로 하지 않으면 사람들이 관심을 갖지 않게 될 것이고 지금처럼 성대한 행사가 되기 어렵다.

올림픽이나 월드컵에 대한 각국 국민들의 자국 선수의 성적에 대한 관심은 지대하다. 전 세계인이 함께 보면서 같은 시간을 보내게 되는 올림픽은 자국을 타국과 비교해 볼 수 있는 기회가 된다. 스포츠에서의 결과가 국가 전체의 역량을 나타내는 것은 아니지만 그래도 자국과 타국이 직접 경쟁하는 것을 볼 수 있는 이와 같은 기회는 많지 않다. 국민들은 자국의 선수들의 성적이 좋으면 행복해하고 성적이 나쁘면 스트레스를 받는다. 시합에 나간 선수들은 자신의 대리인이다. 자국 선수가 이기면 자신이 이긴 것이고, 자국 선수가 패하면 자신이 패한 것이 되는 것이다.

올림픽위원회의 기본 입장은 올림픽을 정치와 엄격히 분리하는 것이다. 스포츠 정신이 정치적으로 오염되지 않도록 하기 위해서이다. 그러나 현실에 있어서 올림픽이 정치적으로 이용당하는 것으로부터 벗어나기는 쉽지 않다. 각국은 올림픽을 통해서 자국이 강하고 앞서있는 나라임을 보여줌으로써 국민들에게 만족을 주고, 또 다른 나라에 대해도 이를 과시하고 싶어한다. 정치엘리트들은 이 같은 스포츠 행사를 통하여 국민적인 관심을 모으고 자국주의를 동원함으로써 자신들의 권력을 강화하고 유지하는 데에 활용하는 것이다.

또한 올림픽이 정치적인 영향을 받지 않고 평화롭게 지속되기에는 국가 간의 대립이 너무 빈번하고 국제관계가 순탄치 못하다. 국가 간의 관계가 요동치는데 올림픽이라 해서 영향을 받지 않는다는 것은 현실적으로 불가능한 일이다. 그래서 지금까지의 역사를 보면 올림픽은 정치와 분리된 장이 아니었고, 스포츠정신이 항상 구현되는 곳도 아니었고, 인류의 화합을 위한 제전만도 아니었다. 지금까지 올림픽에서는 국가들의 이해관계에 따라 스포츠와 무관한 사건 사고가 끊이지 않았다. 국가 간 정치적인 문제가 생길 때마다 국가들 간에 보이콧하는 경우가 수시로 있었다. 대표적으로 1980 모스크바하계올림픽에서는 미국을 비롯한 서방진영 국가를 중심으로 67개국이 불참하였고,[130] 이에 대한 보복으로 1984 로스앤젤레스하계올림픽에서는 소련을 비롯한 사회주의 국가 14개국이 불참하였다. 정치와 이념에 의해 불행한 사고도 많이 일어났다. 팔레스타인 무장단체의 공격으로 이스라엘 선수들이 피살당한 1972 뮌헨하계올림픽, 폭발물 테러로 2명이 죽고 사망자와 백 명 이상이 부상을 당한 1996 애틀란타하계올림픽 등과 같

---

[130] 보이콧한 이유는 1979년 12월에 있었던 소련의 아프간침공을 응징하기 위해서였다.

이 폭력의 장이 되는 경우도 있었다.

올림픽을 이끌어가는 조직은 국제올림픽위원회(International Olympic Committee)이다. 국제올림픽위원회는 스위스 로잔에 본부를 두고 있으며, 206개의 개별국가위원회가 있다. 집행위원회는 위원장 1명, 부위원장 4명, 위원 10명, 사무총장 1명으로 구성된다. 그리고 현재 105명의 국제올림픽위원회 위원이 있는데, 이들은 1년에 1회 이상 만나서 올림픽개최지를 선정하고, 새로운 개최종목을 선택하고, 올림픽규정을 개정하고, 위원장을 선출하는 등의 일을 한다. 국제올림픽위원회가 발표한 2013~2016년 간의 재무제표를 보면 국제올림픽위원회가 거두어들인 주요 수입은 방송중계권 73%, 기업의 마케팅권 18%, 다른 권리수입 4%, 기타 5% 등이었다. 그리고 주요 지출은 올림픽경기 개최지원과 선수발전을 위한 비용 90%, 조직운영비 10%로 되어 있다.[131]

국제올림픽위원회는 민간 비영리단체이다. 올림픽위원회는 유엔이나 세계무역기구와는 전혀 다른 성격을 갖고 있다, 유엔이나 세계무역기구와 같은 일반 국제기구들은 개별국가들의 조약에 의해서 만들어졌지만 올림픽위원회는 국가 정부와 무관한 단체인 것이다. 국가정부와 관련이 없는 단체임에도 불구하고 세계의 국가들을 상대로 국제올림픽을 운영하는 것은 국가들이 참여하기 때문이고, 국가들이 참여하는 이유는 그것이 자국에 이익이 되기 때문이다.

일반 국제기구들은 국가들의 비용분담으로 운영되지만 국제올림픽위원회는 민간단체이기 때문에 자체적으로 수익을 창출하여 운영된다. 국제올림픽위원회는 이익을 내지 못하면 소멸하는

---

[131] International Olympic Committee, n.d.

기업이나 다름없는 것이다. 어떤 기업도 수십 년을 유지해나가기란 쉽지 않다. 그런데 국제올림픽위원회는 백 수십년이 넘도록 성장 발전해오고 있다. 그동안 안정적으로 수익창출을 해올 수 있었다는 것이다. 그렇다면 이러한 수익창출의 바탕은 무엇인가? 경기에서의 흥행이다. 국제올림픽위원회는 방송중계권, 기업 마케팅권 등을 통하여 수익창출을 하고 있다. 그런데 이 경기흥행은 사람들이 자국 팀에 관심을 갖기 때문에 가능한 것이다. 이렇게 볼 때 국제올림픽위원회는 사람들의 자국주의를 그 존립기반으로 하고 있는 것이다.

6. 스포츠의 기능

스포츠에는 개인과 사회, 그리고 국가에 주는 기능으로서 긍정적인 면이 있는 반면에 부정적인 면 또한 있다. 이들 긍정적인 면과 부정적인 면들을 간추려 보면 다음과 같다.

긍정적인 면

1. 스포츠는 인간의 능력을 향상시킨다. 운동으로 신체적인 능력뿐만 아니라 정신적인 능력도 향상될 수 있다.
2. 스포츠는 사람들을 활동적이게 하여 건강을 증진시킨다. 문명발전에 의한 기계화, 자동화로 노동 수요감소와 함께 사람의 운동량이 줄면서 발생하는 질병과 건강악화의 문제를 해소하는데 도움을 준다.

3. 스포츠는 어린이들에게 그 성장을 도우며, 훌륭한 스포츠선수의 성취를 보면서 꿈을 키우게 할 수 있다.

4. 스포츠는 몸에 활기를 주고 기분을 새롭게 하며 경기관람을 통해서도 스트레스를 해소할 수 있다.

5. 스포츠는 규칙과 룰을 준수하고 페어플레이하는 정신을 기른다.

6. 스포츠는 사람들의 협력정신을 함양시키고 사회적 능력을 개발시킨다.

7. 스포츠는 건전한 공동체를 형성하게 한다.

8. 스포츠는 국민들의 국가에 대한 긍지를 갖게 하고, 국가적인 단합을 돕는다.

9. 스포츠는 스포츠 관련 산업을 발전시키며 국제경기를 통한 관광객 유치로 경제적인 효과를 가져다준다.

10. 스포츠는 선수, 코치, 심판, 에이전트, 경기장운영 등 스포츠경기와 관련하여 일자리를 창출한다.

11. 스포츠는 국제교류를 증진시키고 국제평화에 이바지한다.

부정적인 면

1. 스포츠는 공부나 본업에 충실하기 어렵게 하고 균형 있는 인성을 갖추는 것을 방해한다. 스포츠는 재미있기 때문에 비생산적인 곳에 사람들을 몰입하게 하고 시간 소모적이다.

2. 스포츠는 사람들을 결과 중심적으로 이끈다. 일반적으로 경기는 과정과 관계없이 결과에서 승리만 하면 된다는 식의 사고를 갖게 한다.

3. 스포츠는 이기적인 행동을 기른다. 스포츠는 협력심을 기르는 측면도 있지만 본질적으로 경쟁적이기 때문에 이기성도 강화한다. 경기에서는 상대를 눌러야 하는데, 이러한 의식은 사회를 좋게 하는 데 도움되지 못한다.

4. 스포츠는 신체적인 특성에 많이 좌우하게 되는데, 그래서 스포츠를 하다 보면 이런 요인에 높은 가치를 부여하게 된다.

5. 스포츠에는 승리를 위한 기술로서 속임수가 많다. 스포츠의 이러한 성격은 사회에 나쁜 영향을 준다.

6. 스포츠는 승자와 패자를 가리는 작업이고, 이는 결국 불평등을 만들어 내는 일이 되며 이러한 가운데 불평등에 길들인다.

7. 스포츠는 기쁨보다 슬픔을 더 많이 산출한다. 최종승자는 소수이지만 패자는 승자를 제외한 모두이기 때문이다.

8. 스포츠는 사람들을 공격적으로 만들어 폭력적인 성향을 강화시킨다. 경기에서 수비만 해서는 아무리 잘해도 비길 뿐이고, 이기기 위해서는 공격이 있어야 하기 때문이다.

9. 스포츠는 신체적인 부상 위험이 있고, 정신적인 압박을 받게 되며, 이러한 과정에서 마약사용과 불법행위와 같은 길로 들어갈 수도 있다.

10. 관중으로서 참가하는 스포츠는 개개인의 건강증진과 관련이 없으며 상업주의적이다. 마약이나 도박, 성적 쾌락과 같이 일시적인 위락을 주는 것으로 기능하여 사람으로 하여금 의미 없이 소일케 하고 무기력하게 만들 수 있다.

11. 많은 사람들이 스포츠에 몰입하여 사회현실에서 도피 안주하여 자신이 몸담고 있는 사회와 관련된 중요한 문제에 무관심

하게 된다면 민주주의나 정치 사회적인 발전을 저해할 수도 있다.

7. 스포츠의 파생적 역할

　스포츠는 사회의 제반여건의 변화에 맞추어 성장 발전해왔다. 모든 분야가 다 그렇듯이 스포츠 또한 사회의 한 부분으로서 주변 환경과 연관된 상태에서 상호작용을 한다. 스포츠가 사회 여건에 영향을 받지만 반대로 스포츠 또한 사회에 영향을 주게 되는 것이다. 스포츠는 해당 국가나 지역의 문화와 융합되어서 스포츠 문화를 만들어간다.

　스포츠는 사람들의 건강을 증진시키고, 사람들의 삶의 양식에 영향을 주고, 국가의 국방력을 증가시키고, 자본주의와 어우러져서 부르주아 이념에 순응시키기도 하고, 대중들을 조용하게 하거나 자국주의를 불어넣기도 한다. 그리고 최근 미국 경기장에서의 인종차별 항의표시와 같이 사회적 모순에 대한 문제제기를 하면서 사회를 변화시키는데 나서기도 하는 것이다. 이렇게 스포츠와 연관되어 있는 문제들은 많고도 다양하다. 그중에 특히 중요성이 있는 것으로서의 관심의 대상이 되는 것에는 사회계급, 평등성, 사회체제, 정체성, 인종, 성별, 세계화, 자국주의 등이 있다. 이들 측면에서 스포츠가 어떤 영향을 주는지 간략하게 살펴보기로 하자.

사회계급

자본주의의 발전으로 산업생산이 기계화됨에 따라 사람들은 삶의 전부를 노동에 바쳐야 하는 운명에서 벗어나게 되었다. 여가 시간을 갖게 된 것이다. 그리고 경제가 발전하면서 중산층이 늘어나게 되었고, 이에 따라 시간적 물질적으로 여유를 갖는 사람들은 점점 더 늘어났다. 이 여유의 일부분은 스포츠에 할당되었다.

스포츠활동을 통하여 많은 사람들이 삶에서 더 큰 만족을 얻게 되었다. 또 사람들은 자신이 직접 하는 것도 좋아하지만 다른 사람이 하는 것을 보는 것도 좋아하는 성향을 갖고 있는데, 스포츠에서도 그렇다. 스포츠는 자신이 하는 것으로도 재미있지만 다른 사람이 하는 것을 보는 것도 재미있다. 그래서 프로경기가 나오게 되었다. 프로선수들은 전문적인 수련을 통하여 관중들에게 고도의 기량을 보여줌으로써 관중들에게 기쁨을 주게 된다. 그렇게 되니 스포츠 관람문화가 생기게 되었다. 대형 경기장이 설립되어 수많은 사람이 운집하여 동시에 같은 느낌을 받고 같은 감정을 표출하는 형태로서의 문화가 형성된 것이다.

이렇게 하여 많은 사람들이 직접 간접으로 스포츠에 참여하게 된 가운데 스포츠의 대중화는 사회에 적지 않은 영향을 주게 되었다. 원래 좋은 것은 특정계층 소수의 사람만 누릴 수 있게 되는 것이 많지만 스포츠는 그렇지 않다. 좋은 경기나 유명선수의 활약은 수많은 대중들 앞에서 행해지기 때문에 많은 사람들이 함께 누리게 되는 것이다. 여기에 텔레비전의 보급으로 경기장에 가지 않고도 집에서 경기를 관람할 수 있게 되어 경제적으로 여유가 없거나 밥벌이하기에 바쁜 사람들도 이제는 누구나 스포츠를 즐길 수 있게 되었다. 사회 상층의 사람이나 하층의 사람이나 똑같이 스포츠를 즐기는 시간을 갖게 된 것이다. 그리고 모두가 같은 경기를 볼 수 있게 되었으므로 기업의 회장이나 회장 자가용 차를 모는 운전수가 같이 차를 타고 가면서 어젯밤에 있었던 경기 이야기를 나눌 수 있게 되었다. 이는 이전에 비해서 회장과 운전수 공통의 영역이 더 늘어나고 평등하게 접촉할 기회가 늘어나게 된 것으로서 두 사람 간에 상하간격이 줄어들었음을 의미한다. 이렇게 스포츠는 전반적으로 사회의 계급간격을 줄이는 역할을 한다.

평등성

스포츠는 본질적으로 평등을 지향한다. 시합에서 정정당당하게 한다는 것은 시합당사자가 갖게 되는 기본 여건에서의 동등함을 전제로 한다. 서로 겨루는 선수들은 같은 여건으로서의 복장이나 장비를 구비하고 같은 규칙을 적용받는 가운데 경기에 임하게 된다. 하지만 평등하다고 하는 것은 경기하는 그 장소와 시간에서의 평등에 그친다. 사람의 타고난 신체조건이나 훈련환경마저 동일할 수는 없다. 어떤 사람은 신체적으로 유리한 조건을 가질 수 있고, 더 좋은 환경에서 훈련을 할 수도 있으며, 이로 인하여 승패가 달라질 수 있는 것이다.

그리고 경기의 결과로서의 불평등의 문제도 있다. 스포츠에서 승과 패는 완전히 차별된다. 세상에서 가장 큰 질시의 대상이 되는 것이 독식인데, 이 독식의 문제가 가장 크게 부각되는 곳이 스포츠이다. 스포츠는 승자독식이 당연한 세계이다. 스포츠 자체가 승자를 가리는 활동이고, 승자가 됨으로써 그 목적을 달성하는 것이 스포츠이기 때문이다. 물론 일상생활에서 건강이나 취미로 하는 운동의 경우는 그런 성격이 있다고 하더라도 그렇게 심하지 않지만, 프로 스포츠에서 선수들이 겪게 되는 불평등은 다른 영역에서 쉽게 찾기 힘들 정도로 심하다.

마이클 조단(Michael Jordan)

2021년 운동선수로서 최고의 수입을 올린 선수는 아일랜드의 MMA선수 맥그리거(Conor McGregor)였다. 그는 한 해 동안 약 1.8억 달러(한화 약 2,133억 원)를 벌었다.[132] 그리고 프로농구 선수 조단(Michael Jordan)은[133] 약 20년 간의 선수 활동을 통하여 약 26.2억 달러(한화 약 3.1조 원)를[134] 번 것으로 알려져 있다.[135] 선수로서 성공하게 되면 이렇게 엄청한 부를 누릴 수도 있다. 하지만 대다수의 사람들은 많은 노력을 한 이후에도 프로선수의 길에 들어서지도 못하며, 프로선수의 길에 들어간 사람들도 극도의 빈곤을 감내해야만 하는 경우가 많다.

그리고 스포츠 세계는 위계적으로 되어있다. 선수 위에는 매

---

[132] Taranto, 2021
[133] 그는 프로선수로서 1984년에서 2003년까지 활약하였다.
[134] 물가변동에 따른 통화가치 조정한 액수이며, 환화환산은 달러당 1185원으로 환산.
[135] Booth, 2021

니저나 코치와 같은 중간관리자가 있고, 그 위에는 구단주나 협회장이 있다. 이들은 선수들에게 절대적인 힘을 행사한다. 자본주의에서의 엔터테인먼트 산업이 다 그렇듯이 최상층부에 권한이 집중되어 있다. 최상층 운영자의 목표는 어떻게 하면 사람의 몸으로부터 최상의 경제성을 끌어내느냐이다.[136] 이러한 체제하에 선수는 관중들로부터 환호를 받지만, 이들은 실제 로마의 콜로세움에 나온 검투사(gladiator)나 다름없다. 그 선수의 상품성에 따라 선수의 대우는 하늘과 땅의 차이가 있다. 그래서 선수들은 최고의 기량을 보여주기 위해 인간으로서의 한계에 이르도록 훈련과 경기에 임해야 하고, 이러한 과정에서 부상으로 선수로서의 생명을 다하고 마는 경우도 있다. 1등이 있는 한 2등만 되어도 관심을 받지 못하며, 권투이나 격투기에서는 2등만 되더라도 1등한테 엄청나게 두들겨 맞게 된다. 그리고 1등을 하고 있더라도 언젠가는 더 힘센 강자가 나타나서 그를 때려눕히게 될 것이고, 그때부터 그는 사람들의 관심으로부터 멀어지고 만다.

한계를 알 수 없는 인체능력에 마주하여 체력단련이라는 특수성 때문에 기량을 향상시키기 위하여 끊임없이 신체를 강압하게 되고, 이러한 일을 도와주는 임무를 맡고 있는 코치나 지도자가 선수에게 무리한 훈련을 강요하기 쉽고, 심지어 체벌을 하는가 하면, 선수를 사유화하는 일까지 일어나기도 한다. 세계의 최정상의 선수들조차도 그들의 지도자로부터 인권을 유린당하는 사태를 겪는 경우가 많다. 이런 일은 나중에야 드러나는 경우가 많은데 선수 때는 자신들의 목표를 이루기 위하여 이런 악행도 감내할 수밖에 없었기 때문이다. 이렇게 볼 때 스포츠는 한편으로는 평등

---

[136] Whannel, 2008, p. 47

을 지향하면서도 다른 한편으로는 차별을 당연한 것으로 여기며 이러한 가운데 스포츠는 사회에서 차별을 받아들이는 것을 길들이는 장이 될 수도 있는 것이다.

자본주의

스포츠는 자본주의의 발전과 함께 번성할 수 있었다. 현대 스포츠는 매우 자본주의적이다. 대중스포츠의 장은 사람들이 상품을 소비하는 시장이고, 자본주의 활동가들에게 있어서 하나의 큰 사업장이다. 스포츠경기장은 수많은 사람들이 함께 자리하는 특별한 곳이다. 일상에서 이렇게 많은 사람이 한데 모이게 되는 경우는 드물다.

여기에 스포츠는 대중매체와 결합되어 있다. 대중매체의 발달은 스포츠에 큰 변화를 가져다주었다. 스포츠와 미디어가 결합함으로써 스포츠의 상업화가 급속히 진행된 것이다. 미디어를 통하여 스포츠경기는 한꺼번에 수없이 많은 사람들에 다가갈 수 있게 되었다. 지난 2020 도쿄올림픽에서 세계 약 30억의 인구가 이를 시청하였다는 사실에서 보듯이 스포츠경기는 엄청난 수의 관중을 동원하기도 한다. 이렇게 많은 사람들이 동원되자 스포츠에 곧 광고시장이 형성되었다. 선수들의 유니폼에 부착된 기업의 로고나 경기장의 벽이나 전광판의 광고, 그리고 경기방송 도중의 광고가 엄청난 경제적 가치를 가져오게 된 것이다.

스포츠 행사는 대규모의 사람들을 대상으로 하기 때문에 여기에는 엄청난 자본과 자금이 움직이게 된다. 광고를 하고 스폰을 하면서 스포츠가 돈으로 거래되는 하나의 상품이 되어 복잡한 제도를 만들면서 끝없이 상업화되어 간다. 스포츠가 돈을 추구하는 단적인 예로서 지난 수십 년간 여자선수들의 운동복은 계속 축소되어 왔다. 더 많은 관중들을 모으기 위해 여성의 몸을 점점 더 많이 노출시켜 온 것이다. 또한 오늘날의 스포츠는 매우 거칠다. 격투기는 말할 것도 없고, 축구를 보더라도 비정상적으로 난폭한 행동을 하는 선수들이 많으며, 몸싸움이 없는 테니스를 보더라도 인기선수들이 간혹 관중들 앞에서 미친듯이 라켓을 때려 부수는 장면을 보여주기도 한다. 현대의 경기들에서 선수들의 이런 행동을 제어할 수 없어서가 아니며 이는 다분히 경기사업 전문가들이 창출한 분위기이다. 관중들을 적당히 흥분시킴으로써 더 재미를 느끼게 하는 것이다. 이것은 타게 되면 비명이 절로 나오는 놀이기구가 인기가 있는 것과 같은 원리이다.

자본주의에서는 소비자가 왕이다. 이렇게 스포츠가 상품이 되고 그 상품의 소비자인 관객들의 욕구충족에 맞추다 보니 본래의 스포츠 정신은 뒷전으로 밀릴 수밖에 없게 되었다. 그래서 자본주의하에서의 스포츠의 목표는 더 빨리, 더 높이, 더 강하게가 아니라 더 빨리, 더 크게, 더 많이 버는 것이 된다. 선수들도 돈만 바라보게 되고 모두가 돈이라는 하나의 목표를 향해서 경쟁하게 되었다. 이런 상황에서 경쟁은 치열해지고, 경쟁과정에서 다치거나 마약의 복용으로 몸이 망가지는 경우도 일어난다. 스포츠의 경쟁성은 시간이 갈수록 점점 더 강화되고 있다. 예를 들면 1936 베를린하계올림픽에서 영국의 하퍼 선수는 마라톤에서 같이 뛰던 손기정 선수에게 오버페이스 하지 않도록 "슬로우, 슬로우"라고 말해주었는데, 지금은 이런 모습을 찾기 어렵다.

스포츠가 엄청난 부가가치를 창출하게 되자 거대 자본이 참여하여 사람들의 일상에서 스포츠를 더 의미 있게 만들었다. 미디어에 의한 스포츠의 오락화(entertainmentization)로 스포츠는 사람들에게 더 가까이 다가갔고, 이러한 결과로 이젠 스포츠를 소비하지 않고서는 살지 못하는 사람들이 많아지게 된 것이다. 미디어는 이미지를 창출하고 여론을 형성시켜서 스포츠라는 행위를 상품화하고 선수들을 상품화한다. 여기에 스포츠경기에 돈을 거는 도박까지 곁들여지게 된다. 스포츠는 사람들에게 삶의 활기를 주기도 하지만 마약과 같이 사람들을 중독시켜 수동적이고 무기력한 존재로 만들어가기도 한다.

이렇게 스포츠는 자본주의하에서의 다른 대중문화와 마찬가지로 자본주의 체제 속에 녹아서 그와 일체를 이루고 있다. 그래서 프랑크푸르트 학파 아도르노(Theodor Adorno)는 스포츠는 대중들이 그들의 복종을 축하하는 의식(ritual)이라고 하였다.[137]

사회주의

사회주의는 사회적 연대를 중시한다. 그런데 집단의 단결을 도모하는데 스포츠 만한 것이 없다. 이러한 점에서 사회주의 체제에서도 스포츠는 매우 중요하다. 리구아(Bero Rigauer)를 비롯한 여러 학자들은 사회주의 국가에서 스포츠는 이념적인 도구로 사용되고 있음을 지적하였다. 사회주의 국가치고 스포츠를 정치선전의 도구로 삼지 않는 나라는 없다. 러시아에서는 사회주의 혁명에 성공하자마자 국가적인 단합에 스포츠를 동원하였다. 그리고 제2차 세계 대전 이후 냉전체제가 되면서 사회주의 체제의 우수성을 과

---

[137] Ideology and sports, n.d.

시하는데 스포츠를 활용하였다. 이 시기 일어난 유명한 사건 중의 하나가 소련 다이나모(Dynamo) 축구팀의 영국 원정경기 사건이었다.

1945년 11월, 소련 다이나모 축구팀의 영국 순회경기가 있었다. 전후 영국은 축구 종주국으로서 자국의 축구도 보급할 겸 선진국의 축구가 어떤 것인지를 보여주면서 냉전의 기류 속에 낙후된 사회주의 국가 소련을 혼내주고 싶었다. 그래서 소련의 축구팀을 초청하여 영국의 팀들과 순회경기를 갖게 된 것이다. 여기서 초정된 팀이 러시아의 다이나모 팀이다. 영국사람들은 영국팀들이 쉽게 이길 것으로 생각하였다. 그런데 실제는 예상과 완전히 달랐다. 영국의 첼시(Chelsea), 카디프(Cardiff), 아스널(Arsenal), 레인져서(Rangers) 4개 팀이 다이나모와 경기를 치렀는데, 한 팀도 다이나모를 이기지 못하였고, 심지어 카디프는 10-1로 패하였다. 영국 축구팬들은 멘붕 상태가 되었다. 이렇게 소련팀은 영국의 자존심을 완전히 꺾어놓고 유유히 본국으로 돌아갔다. 당시만 하더라도 사회주의 국가의 특성을 잘 몰라서 영국사람들은 소련이 축구선수들을 이렇게 잘 훈련시켜 놓은 줄 몰랐던 것이다.

사회주의 국가가 국가 선전을 위한 수단으로서 얼마나 스포츠에 열의를 가졌는가는 전후 이들 국가의 국제경기 성적을 보면 알 수 있다. 많은 분야에서 서방국가들을 압도했던 것이다.

정체성

스포츠는 사람들의 정체성에 영향을 준다. 단체경기에 있어서 팀원 간에는 같은 목표하에 서로 협동하지 않으면 안 된다. 자

기 팀원은 동료로서, 상대 팀원은 적으로서 명확히 구분되는 가운데 개개인은 자기 팀에 자신을 일치시키게 된다. 경기에 직접 참여하는 경우는 말할 것도 없고, 자신이 응원하는 팀에 있어서도 그 팀과 자신을 일치시키고, 또 같은 팀을 응원하는 사람 간에 있어서도 자신들이 같은 편인 것을 확인한다. 이러한 가운데 자신이 속한 집단 속에서 그 정체성을 유지하고 강화하게 된다.

스포츠는 인종, 성별, 국가 등 다양한 측면에서 사람들의 정체성에 영향을 준다. 만약에 인종적인 측면이라면 흑인과 백인의 권투 경기에서 흑인은 흑인선수를 응원하고 백인은 백인선수를 응원하는 가운데 자신의 인종적인 정체성을 강화하게 된다. 또 국가의 측면이라면 한국팀과 일본팀의 축구경기에서 한국인은 한국팀을 응원하고 일본인은 일본팀을 응원하는 가운데 자신의 국가적인 정체성을 강화하게 된다. 이렇게 스포츠는 사람들의 정체성을 형성하고 유지하고 강화하는 역할을 하는 것이다.

인종

스포츠는 인종적으로 다른 사람들 간에 만나게 되는 하나의 장이 된다. 인종적으로 다른 사람들이 하나의 팀을 형성할 수도 있고, 인종적으로 다른 사람들 팀 간에 시합을 할 수도 있다. 이러한 스포츠를 통한 접촉의 증가가 인종적인 편견이나 대립감정을 완화시키게 되는가 아니면 악화시키게 되는가의 문제가 있다. 대부분의 사람들은 스포츠에서의 대중참여는 인종 간의 차별과 편견을 줄이는 것으로 알고 있다. 운동경기를 통한 인종 간의 접촉증가는 친화의 계기를 늘리게 하여 차별을 줄이게 될 것이라는 생각에 기반한 것이다. 하지만 연구들에 의하면 경기에서의 인종 간의 접촉은 인종 간의 차별과 편견을 줄이지 못하는 것으로 나타나고 있다.[138] 이에 대한 중요한 원인 중의 하나가 스포츠가 갖는 경쟁적인 특성 때문이다.

그리고 현실적으로 스포츠는 인종적인 차이를 의식하게 하는 측면이 있다. 2020년 통계에 의하면 미국 농구 NBA에서 흑인선수의 비율이 약 74.2%였다.[139] 같은 해 미국 인구에서 흑인비율이 13.4%[140]인 것을 감안하면 농구에서는 흑인이 절대적으로 유리한 인종임을 알 수 있다. 스포츠에서는 인종적으로 불평등한 부분이 많다. 키가 작은 민족으로 태어난 사람은 아무리 노력을 해도 농구나 배구 선수로서 성공할 가능성이 거의 없다. 그래서 스포츠에서 엄청난 명성과 수입을 올리는 선수들 중에는 흑인이 많다. 그런데 이들보다 더 많은 수입을 올리는 사람들은 이런 선수들을 모아 구단을 운영하는 구단주이고 이들 구단주는 거의 다 백인이다. 이렇게 스포츠는 인종적으로 구분되는 상황에서 불평등한 구조를 이루고 있는 것이다.

---

[138] Frey & Eitzen, 1991, pp. 515~516

[139] Race and ethnicity in the NBA, n.d.

[140] United states Census Bureau, n.d.

성

 스포츠는 남성다움의 상징이다. 그래서 스포츠에서 성적 차별을 피하기는 어렵다. 성적 평등을 일찍이 추구해온 서구에서 조차도 남자는 선수, 여자는 치어걸이라는 인식이 있어왔다. 여성과 남성 간에 타고난 성향에서 남자들이 운동을 더 좋아하고 또 운동에 있어서 기량의 차이가 있다. 스포츠의 세계는 남성의 세계에 더 가까운 것이다. 많은 연구에서 스포츠는 남성다움을 추구하고 가부장적인 가치관이 지배하는 영역인 것을 지적하고 있다. 그런데 오늘날 스포츠의 남성중심 의식은 과거에 비하여 크게 약화되고 있고, 이러한 추세는 매우 빠르게 진행되고 있다.

깁(Roberta Gibb)

 1966년 깁(Roberta Gibb)이라는 여성은 그해 보스톤마라톤에 참가 신청서를 내었다. 그런데 주체 측으로부터 여성은 체력적으로 장거리를 달리는 것이 불가능하다는 내용의 통지를 받았다. 그녀는 이에 굴하지 않고, 경기출발 때 남자들 뒤에 섰다가 함께 뛰었다. 그녀의 기록은 3시간 21분 25초, 많은 매스컴에서 그녀를 대서특필하였다. 이렇게 불과 50여 년 전만 하더라도 스포츠에 있어서 여성은 완전히 소외되어 있었다. 이후 성의식에 대한 변화와 함께 스포츠에서 여성참여가 크게 늘면서 이제는 남성들만의 종목은 거의 없어졌다. 이러한 가운데 여성의 스포츠도 큰 관심을 받고 있다. 이에 따라 여성의 남성화, 성전환자의 경기참여, 남성적인 여성 선수에 대한 성적인 의심 등 또다른 문제들을 낳고 있다.

세계화

오늘날은 세계적으로 정형화된 스포츠가 절대적인 몫을 차지하고 있다. 한국의 씨름이나 미국의 미식축구와 같이 특정 국가 및 지역에 고유한 스포츠가 없는 것은 아니지만, 축구, 농구, 배구, 권투 등과 같이 세계의 사람들이 공통으로 즐기는 스포츠가 절대 다수를 차지하고 있다. 이는 20세기 들어와서 유럽문화가 전 세계를 지배하면서 스포츠에서도 유럽의 스포츠가 전 세계에 보급되었기 때문이다. 예를 들자면 오늘날 세계 사람들이 공통적으로 즐기는 스포츠 중의 하나가 축구인데 이 축구는 영국의 전통스포츠이다. 그리고 레슬링이나 권투를 비롯하여, 활쏘기는 양궁, 칼싸움은 펜싱 등과 같이 서양에서 하던 스포츠가 거의 세계 공통으로 되었다. 이는 올림픽과 같은 국제경기가 전 세계에 보급시킨 것이다. 서양에서 유래된 것이 아니더라도 국제경기에서 채택됨에 따라 세계적으로 보급된 스포츠도 있는데 한국의 태권도나 일본의 유도 등과 같은 것들이다.

이러한 가운데 비유럽의 지역, 민족, 국가마다 내려오던 전통 스포츠들은 국제화된 스포츠에 의해서 뒤로 밀려나게 되었다. 적지 않은 전통 스포츠가 소멸되고, 남아있다고 하더라도 그 중요성이 줄어들었다.

오늘날 세계화의 추세는 스포츠에서의 세계화 현상을 더욱 가속화하고 있다. 스포츠 각 종목마다 세계 각지에서 세계적인 경기가 연속적으로 개최되고, 세계의 선수들이 다른 나라로 가서 활약을 한다. 또한 정보 통신이 발달하면서 사람들은 다른 나라에서 벌어지고 있는 경기를 그대로 보면서 스포츠에서의 세계는 거의 하나로 되었다. 이러한 가운데 스포츠가 세계화를 선도하고 있는 것이다.

그리고 마지막으로 국가 측면이다. 국가는 스포츠에 큰 영향을 주고, 스포츠 또한 국가에 큰 영향을 준다. 스포츠와 국가와의 관계는 앞에서 논한 어느 측면 못지않게 중요한 관계에 있을 뿐만 아니라 이 책에서 논하려는 내용의 주요 부분이다. 그래서 이에 대해서는 장을 바꾸어서 보다 자세히 보기로 하자.

제 4 장

스포츠 자국주의

1. 스포츠와 국가
2. 스포츠와 자국주의
3. 스포츠 자국주의의 근원

1. 스포츠와 국가

근대 스포츠는 근대국가 이후에 생성되었고, 국가의 보호 아래서 발전해 오고 있다. 국가가 이렇게 스포츠를 보호 육성하는 것은 스포츠가 그만큼 국가에 유용한 부분이 있기 때문이다. 원래 국가는 대내적으로는 안정을 갖기 원하고, 대외적으로는 평판을 얻고자 한다. 그런데 스포츠는 이 모두를 국가에 줄 수 있다.[141]

먼저 대내적인 안정과 관련하여 국가가 스포츠로부터 얻을 수 있는 것은 많다. 스포츠는 국민들의 건강을 증진시킬 수 있다. 국민이 건강하면 국가도 강해지고 부유해진다. 단체경기의 경우에는 팀원 간의 협력을 배양하므로 국민들의 단결력과 협력심을 기를 수 있다. 단체경기가 아니더도 경기를 응원하는 과정에서 사람들의 마음이 하나로 응집되기 때문에 단결과 협력의 정신이 배양되는 것은 마찬가지이다. 특히 국제경기에서는 국민들을 단합시키는 힘이 크다. 국제경기를 하게 되면 사람들은 자국 팀을 응원하게 된다. 자국 팀을 응원하는 이 순간만은 국가 내에서 재산, 인종, 학력, 성별, 노소 등등 모든 차이에 상관없이 모두가 하나가

---

[141] Frey & Eitzen, 1991, p.511

된다. 개개인이 갖고 있는 여러 측면에서의 다양한 정체성은 묻히고 국가적인 정체성만 부각되는 것이다. 이러한 가운데 국가 내의 사람들은 더 통합된다.

다음으로 대외적인 평판과 관련해서도 국가가 스포츠로부터 얻을 수 있는 것은 크다. 스포츠를 통하여 다른 나라에 대해서 자국의 강함을 보이고 자국인의 우수함을 과시할 수 있다. 강하고 우수하고 훌륭함을 나타내는 데 있어서 스포츠는 그 나라의 다른 모든 것을 대신하는 대리변수로서의 역할을 하게 되는 것이다. 그래서 모든 사람은 외국과의 경기에서 자국이 이기기를 바라고, 모든 나라는 스포츠에서 강국이 되기를 원한다.

스포츠에서의 강한 모습은 국가의 위상에 그대로 반영되므로 국가 간 경쟁이 치열할수록 스포츠에서의 경쟁도 치열하게 된다. 그래서 냉전시대 미국과 소련은 올림픽에서 메달 경쟁을 치열하게 하였고, 지금도 미국과 중국은 치열하게 경쟁하고 있다. 사회주의 국가에서는 국가적 차원에서 스포츠를 통한 국익증진 계획을 수립하고 실행한다. 반면에 자유민주주의 국가에서는 개개인의 자율성을 중시하기 때문에 국가에서 적극 나서기는 어렵다. 그래서 스포츠에서 성적과 메달에 집착하는 것은 좋지 않은 것이라는 태도를 취하기도 한다. 하지만 이는 표면적으로 그럴 뿐 내면적으로도 그런 것은 아니다. 자유민주주의 국가 또한 자국의 위상에 관련되는 일이기 때문에 국제 스포츠 경기에서의 좋은 성적은 매우 중요하다. 이렇게 스포츠는 개별국가의 우월성을 과시하기 위한 수단이 되기도 하고, 자본주의와 사회주의 체제경쟁에서 그 체제의 우월성을 과시하는 수단이 되기도 하는 것이다.

그리고 국가의 통치자나 정치 엘리트의 입장에서 스포츠를 통하여 얻을 수 있는 것이 많다. 국민들이 스포츠에 몰입하게 되면 정치적인 관심은 그만큼 줄어들게 된다. 또한 운동을 하게 되면 사람들은 자신감을 갖게 되는 한편 더 낙관적으로 된다. 국민들이 낙관적으로 된다는 것은 그만큼 정치적인 요구가 무디어지는 것을 의미하고, 통치자의 입장에서 그만큼 정치하기 좋은 환경으로 됨을 의미한다.

또한 스포츠와 관련된 국민들의 심리를 정치에 활용할 수 있다. 정치인들은 스포츠에서의 승리를 활용한다. 그래서 아주 중요한 대회에서 승리하게 되면 그 선수는 땀 닦기가 바쁘게 국가 통치자의 전화를 받아야 한다. 그리고 이 전화하는 장면은 그대로 매스컴을 타고 전국에 알려진다. 이 큰 기쁨을 국민과 함께 나누는 것이고, 그래서 국민의 대표인 대통령이 치하하는 것이라고 하지만, 이는 결국 국민이 갖는 선수에 대한 호감과 그 시점의 좋은 기억을 대통령이 수확하려는 것이다. 부인이 예쁘면 처갓집 말뚝도 예쁘게 보인다는 속담이 있듯이 좋게 느껴진 순간에는 그 때 함께한 모든 것이 좋게 생각된다. 그래서 승리한 그 순간이 좋았기 때문에 그 순간 같이 한 대통령도 좋게 느끼게 되고, 그 순간 함께 기쁨을 나누었던 선수, 대통령, 자신이 한편인 것 같이 기억되게 되는 것이다. 정치엘리트들은 사람의 이런 심리를 이용하여 스포츠를 자신의 정치권력을 공고히 하는 데 활용한다.

그리고 스포츠는 사람들에 있어서 그 나라사람으로서의 정체성을 공고히 하는데 큰 역할을 한다. 자국을 응원하는 가운데 자신도 모르게 그 나라사람으로서의 정체성이 강화되는 것이다. 이러한 정체성 강화는 국제경기를 통해서 특히 긍정적인 역할을 하지만 국내경기에서도 가능하다.

세계 각국은 그 나라 고유의 민속 스포츠가 있다. 한국의 씨름, 일본의 스모, 미국의 아메리칸 풋볼, 스페인의 투우, 캐나다의 하키, 스웨덴의 스키, 아일랜드의 헐링 등등 세계 각국에는 그 나라사람만이 즐기는 스포츠들이 있다. 이 같은 스포츠는 자기사람들만의 상징적인 의미를 갖고 있기 때문에 국제적으로 행하는 스포츠가 하지 못하는 나름대로의 특별한 기능을 한다. 이들 스포츠의 존재 자체만으로, 혹은 이들 스포츠를 함께 즐긴다는 것만으로도 같은 집단으로서의 동질의식을 갖게 하고, 공동체 일원으로서의 정감을 나눌 수 있는 것이다. 이러한 종목은 세계화되어도 좋지만 그 반대로 세계화가 되지 않음으로 인해서 줄 수 있는 효익이 있다. 우리끼리만 알고 우리끼리만 하는 것으로서의 우리집단의식 형성에 큰 역할을 할 수 있는 것이다.

　이처럼 스포츠가 국가에 기여하는 바가 크기 때문에 국가는 이를 보호하고 육성 발전시키기 위하여 다각적인 노력을 하게 된다. 첫째, 국가는 국민 누구나 평등하게 참여하고 안전하게 스포츠를 할 수 있도록 한다. 국가 내에서 모든 경기가 공정하게 운영될 수 있도록 하며, 경기를 개최하고 지원하게 된다. 둘째, 일상생활의 영역에서도 국민들이 활발히 스포츠활동에 참여할 수 있도록 제도와 정책을 마련하게 된다. 그래서 곳곳에 스포츠를 위한 공간을 마련하여 국민들이 스포츠활동을 하는데 편의를 제공하고 생활체육단체를 지원한다. 셋째, 국가는 스포츠 선수들의 기량이 향상되도록 함과 동시에 국가대표 선수들을 선발하여 이들이 최고의 기량을 가질 수 있도록 지원하며, 업적을 이룬 선수에게는 영예를 주고 포상을 한다. 넷째, 학교교육을 통하여 스포츠에 기초적인 지원과 육성을 하며, 평등과 복지차원에서 영유아, 여성, 장애인들이 스포츠활동에 참여하는데 불리하지 않도록 제도를 마련하게 된다. 다섯째, 스포츠가 과도하고 불공정한 경쟁이나 약물 사용, 도박 등과 같이 바람직하지 못한 방향으로 가지 않도록 불법행위를 제재하고 적절한 선수 보호 조치를 하게 된다. 여섯째, 스포츠가 국제평화에 기여할 수 있도록 한다.

국가가 스포츠에 대해서 이렇게 정책적인 배려를 하는 것은 국가와 국민이 함께 잘되기 위한 것이다. 그런데 국가가 잘되기 위해서는 국민들이 국가를 위하는 마음을 가질 때 가능하다. 그렇다면 위의 모든 것들은 결국 국민들이 국가를 사랑하게 하는 마음을 갖게 하는 것과 연결되어 있다. 그래서 스포츠에 있어서 국가가 갖는 또 하나의 중요한 정책 목표는 스포츠를 통하여 국민들의 국가에 대한 자긍심, 헌신, 그리고 애국심을 발휘하게 하는 것이고, 이것이 바로 스포츠 자국주의의 문제이다.

2. 스포츠와 자국주의

국가적 단합

스포츠 자국주의(sports nationalism)란 스포츠에 내재되어 있거나 스포츠를 통하여 표출되는 자국주의를 말한다. 스포츠에서는 자국주의가 어느 영역 못지않게 강하게 나타난다.

자국주의 이론의 선구자인 루소(Jean-Jacques Rousseau)도 민주적 국가 발전에서 스포츠의 중요성을 언급하였다. 루소는 그의 "달름베르에 보내는 편지(lettre a d'Alembert)"에서 스포츠, 게임, 국가의 교육 같은 것을 통하여 문화와 정치를 응집시켜야 한다고 하였다. 그는 국가 내 사람들의 문화적인 동질성의 중요성을 강조하면서, 여기에 국가 내 사람들이 동질적인 문화를 갖게 하는 하나의 수단으로서 스포츠를 생각한 것이다.[142]

1941년 미국이 일본으로부터 진주만 공격을 받았을 때 미국 메이저리그 야구협회 위원 랜디스(Kenesaw Landis)가 루즈벨트(Franklin D. Roosevelt) 대통령에게 편지를 보내 1942년 시즌 리그를 연기하는 것이 좋겠느냐고 물었다. 이에 루즈벨트는 "솔직히 말하자면 나는 야구를 계속하는 것이 나라를 위하는 최상의 길이라고 생각하고 있습니다"라고 답하였다. 그리고 남아프리카공화국의 만델라(Nelson Mandela)도 인종적으로 갈라져 있는 국민들의 하나됨을 위하여 럭비를 장려하였다.[143] 이와 같이 많은 국가 지도자들이 국가단합을 위한 방법으로서 스포츠를 생각하였다.

또, 2001년 9월 11일, 미국 본토에 대한 테러공격으로 미국사람들은 여태껏 경험해보지 못한 놀라운 일을 당하고, 다음은 무슨 일이 일어날지 두려워하며 충격과 혼란에 휩싸여 있었다. 바로 다음 달 양키스타디움

---

[142] Qvortrup, 2003, p.77
[143] Bertoli, 2017, p.837

에서는 야구경기가 있었다. 여기에 대통령 부시(George W. Bush)가 운동장 한가운데에 등장하였다. 경기 시구자로서 나선 부시를 보고 관중들은 환호하며 USA를 외쳐댔다. 부시는 많은 사람들 앞에서 나는 이렇게 아무 두려움 없이 섰고, 여기 있는 모두는 우리들이며, 아무도 우리를 건드릴 수 없다는 자신감을 불어넣어 준 것이다. 이 장면은 그 경기장에 있던 사람들뿐만 아니라 그 소식을 들은 전 미국 국민들에게 공동체로서의 의식을 심어줄 수 있었다. 미국 스포츠 매체들은 부시의 이 시구를 미국 역대 대통령 최고의 시구로 뽑았다.

이렇게 스포츠는 함께 하는 모든 사람에 있어서 동질감을 갖게 하고 서로 연대하고 결속하게 하는 힘을 갖고 있다. 경기에는 나와 상대가 있고, 우리팀과 상대팀이 있다. 이쪽은 이겨야 하는 주체이고, 저쪽은 지게 만들어야 하는 대상으로서 명확하게 구분된다. 특히 단체경기는 팀이 승리하는 것이 목적이기 때문에 개인보다는 집단에 우선하여 고도의 협력과 단합이 이루어지는 활동이다. 또한 스포츠에는 관중이 있고 관중 중에서는 응원하는 사람이 있다. 경기하는 사람과 마찬가지로 응원하는 사람도 자신의 바람을 실어서 응원할 때 더 몰입하게 되고, 더 재미를 느끼게 된다. 선수들뿐만 아니라 이를 응원하는 사람도 자신이 선수가 된 것과 같이 느끼게 되기 때문에 경기를 통하여 참가한 사람들 전체가 일체감을 갖게 되고 단결하게 되는 것이다.

그래서 스포츠는 사람들을 단합시키는데 매우 유용한 수단이다. 단합하게 되는 사람들의 범위는 학교, 마을, 회사, 단체, 국가 등등 그 집단의 범위를 정하는 대로 그 집단 단합을 위한 도구가 될 수가 있다. 사람들은 자신이 속한 집단을 응원한다. 이것은 꼭 누가 시켜서 그러기보다는 타고 난 것이다. 사람에게는 내집단편향(in-group bias)의 본성이 있기 때문이다. 내집단편향이란 자기가 속하지 않은 그룹이나 그 그룹에 속한 사람보다 자기가 속한 그룹이나 그 그룹에 속한 사람을 좋아하고 편드는 성향을 말한다. 이러한 성향은 자기 그룹이 다른 그룹과 마주치게 될 때 뚜렷하게 나타난다. 사람들은 항상 자기 집단과 다른 집단으로 나누며, 자기 집단의 사람에 대해서는 호의적으로 대하는 반면에, 타집단 사람에 대해서는 적대적으로 대하고, 더 나아가서 공격성을 보이는 경우도 많은 것이다. 사람이 어느 한 집단에 소속되었을 때 집단 안과 바깥의 사람에게 어떻게 행동하는지를 잘 보여주는 실험 중의 하나가 스탠포드감옥실험(Stanford prison experiment)이다. 스탠포드감옥실험은 1973년 스탠포드 대학의 필립 짐바르도(Philip Zimbardo) 팀에 의해서 수행된 집단행동 실험이다.

실험자는 학생들을 대상으로 실험참가자들을 모집하여 죄수역할을 할 사람과 간수역할을 할 사람으로 무작위로 나누었다. 실제와 같이 만들어진 감방에 죄수역할 학생들을 수감하고 간수역할 학생들로 하여금 이들을 관리하도록 하였다. 실험자는 비디오 및 오디오 장비를 통하여 이들의 행동을 관찰하였다. 실험이 진행되자 곧 간수들은 서로 상의하고 정보를 교환하는 등 죄수들을 복종토록 만드는데 모두가 응집력 있게 한데 뭉쳐서 협력하는 모습을 보였다. 그리고 간수들은 죄수들을 다루는 데 있어서 매우 당당한 반면, 죄수들은 기가 죽었다. 곧 간수들은 수시로 죄수들을 놀리고, 벌칙을 주고, 용변 보는 것을 허용하지 않는 등 가혹한 행위를 계속하였고, 이에 따라 죄수들은 감정적인 손상을 당하여 감당할 수 없을 만큼 우울해하고 무기력해졌다. 이러한 결과는 실험 전 예상했던 것보다 훨씬 심각한 것이어서 원래는 2주 동안 실험을 진행할 예정이었으나 죄수역할 학생들의 정신건강을 고려하여 6일 만에 중단하지 않으면 안 되었다. 실험이 끝난 뒤에도 죄수역할을 한 학생들이 받은 정신적인 손상을 치유하기 위한 프로그램을 진행하지 않으면 안 되었다.

위의 실험사례에서 죄수집단과 간수집단에서 동일 집단 내 사람들 간에는 그 집단이 하나의 유기체가 되듯이 감정적인 공유 영역을 형성하는 반면에 다른 집단의 사람에 대해서는 자기 집단에서 바라본 하나의 대상일 뿐 이들과 감정적인 교류를 가질 여지를 전혀 보이지 않았다는 사실이다. 집단에 소속되면서 그 집단 내에서 자신의 입장에 몰입할 뿐 집단을 넘어서 모두에 공통된 요인으로서의 사람으로서의 기본적인 가치와 같은 것은 잊어버리는 것이다. 그래서 혼자 있으면 참새 한 마리도 죽이지 못하는 사람도 군대라는 집단에 들어가면 적이라는 사람들을 눈하나 깜짝하지 않고 마구 죽이는 것이다.

사람들의 이러한 자기집단편애는 세계 모든 사람들에게서 공통적이다. 이것은 집단 간에 서로 치열하게 투쟁하면서 살아야 했던 인간의 오랜 삶의 역사 속에서 형성된 것이다. 치열한 생존경쟁에서 자신의 생존을 위해서는 집단과 일체가 되지 않으면 안 되었다. 개인이 아무리 강해도 집단을 이길 수 없고 집단이 지게 되면 자신도 죽게 되기에 자기 집단의 안전이 자신의 안전에 직결된다는 것을 안다. 또한 다른 집단은 자신과 자기 집단을 위협하는 존재이기 때문에 증오와 회피의 대상이 된다. 그래서 인간은 누구나 자기 집단에 대해서는 감싸고 다른 집단에 대해서는 배척하는 성향을 갖고 있다. 제라드(H. B. Gerard)는 사람들의 이러한 내집단편향(in-group bias)은 생래적인 것이며 사람의 진화과정에서

남은 잔재로서 다른 영장류 동물에서도 발견되는 것이라고 한다.[144]

응원

이렇게 사람들은 자신의 집단을 자기와 일치시킨다. 적어도 다른 집단과의 관계에 있어서는 자신의 집단을 자신의 것으로 받아들이게 되는 것이다. 그래서 사람들은 자기 집단을 위하는 마음을 갖고, 자기 집단이 잘되었으면 하는 마음을 갖는 것이다.

개인에게 있어서 그 대상이 될 수 있는 자기 집단은 가족, 학교, 직장, 종교단체, 사회단체, 지역, 취미클럽, 민족, 국가, 인종, 등 다양하다. 사람들은 스포츠에서 자기 집단의 팀을 응원한다. 초등학교 때부터 이미 어린이들은 이웃 초등학교와의 운동시합에서 자기 학교 선수를 열렬히 응원하는 것이다. 이렇게 자기 집단을 응원하는데 있어서 그 몰입의 정도와 응원의 강도는 자신과 그 집단과의 관계가 중요할수록 더 강하게 된다.

그런데 집단 중에 국가만큼 개인에게 중요한 집단은 많지 않다. 국가와 개인 간의 관계는 남다르다. 국가는 그 생명을 빼앗아 갈 수도 있을 만큼 개개인의 삶에 매우 심대한 영향을 준다. 사람은 그가 태어나 출생신고를 할 때부터 국가와 관계를 맺게 되고 그 관계는 대개 죽을 때까지 계속된다. 학교, 직장, 마을, 교회는 바뀔 수 있지만, 국가는 바뀌기 어렵다. 국가를 위해 군대에 가서 삶의 일부분을 바치기도 하고, 전쟁이 나면 목숨까지도 바칠 수 있는 것이 국가이다. 이렇게 개인에 있어서 국가는 다른 집단과

---

144 Gerard, 1979

비교될 수 없도록 그 이해관계가 큰 것이다. 여기에다가 우리는 어릴 때부터 국가와 사회로부터 국가를 사랑해야 한다고 끊임없이 교육받는다. 그래서 어느 나라이건 자국을 사랑하는 것을 당연한 것으로 여기지 않는 사람은 없다.

그런데 사람들의 자국을 위하는 마음은 매우 크지만 일상에서 이러한 마음이 잠복해 있다. 이러한 마음이 활성화되는 데는 계기가 필요하다. 이 문제와 관련하여 사람들의 행태를 보여주는 연구가 랍어스 동굴(Robbers'Cave) 실험이다.

1950년대 중반 미국의 세리프(Muzafer Sherif) 연구팀은 22명의 학생을 여름캠프에 소집하였다. 장소는 사회심리학 실험장소가 있는 오클라호마주의 랍어스 동굴(Robbers' Cave) 주립공원,[145] 이 캠프에 소집된 사람들은 모두 보통 이상의 지능을 가진 11세 혹은 12세의 개신교 백인학생들이었으며, 이전에 서로 본 적이 없는 각기 다른 학교에서 선발된 학생들이었다. 학생들은 원래 두 집단으로 나누어져 있었고, 집단별로 공원 내 다른 장소에 모이게 되어 있었다. 학생들이 모이자 학생들 자발적으로 자기 집단의 이름을 짓도록 하고, 공원 내에는 다른 집단도 있었으나 그 존재를 감추어 학생들이 공원 내에는 자기 집단만 있는 것으로 생각되도록 하였다. 그렇게 해서 캠프일정이 시작되었고 1주일을 보내면서 집단 내 친구들과 사귀게 되었다.

1주일 후에 학생들은 예상치 않게 다른 집단의 학생들을 만나게 된다. 한참 놀다 우연히 저쪽을 보니 저쪽 편에도 놀고 있는 학생들이 있음을 발견하게 된다. 실험자는 이렇게 두 집단의 학생들을 서로 만나도록 하고, 이후에 같이 놀도록 해놓고 학생들의

---

[145] 이 공원은 미국 오클라호마에 있는 사회심리학 실험장소였다.

행동을 관찰하였다. 학생들은 완전히 자기 집단과 상대 집단으로 나뉘어져서 자기 집단은 치켜세우고 다른 집단은 비하하는 한편, 치열하게 경쟁적으로 대하면서 상대 집단에 대하여 공격적으로 행동하였다. 이러한 공격적인 성향은 얼마 가지 않아 폭력적으로 되면서 급기야 패싸움으로 이어지게 되었다. 두 집단의 적대적인 대치상황은 좀처럼 해소될 것 같지 않았다. 여기서 집단 내에 자기편에 적극 가담하지 않고 개인적인 행동을 하는 학생은 상대방을 편드는 것으로 간주되어 집단 내 다른 학생들의 비난과 따돌림의 대상이 되었다.

이때 실험자는 다시 제3의 집단을 등장시키게 된다. 실험자는 두 집단 학생들에게 정체불명의 학생집단이 나타나서 공원 수도시설을 망쳐놓았다고 일러주었다. 그리고 이 정체불명 학생집단의 비행을 막지 못하면 캠핑이 중단될 수도 있는 상황이며, 여기의 사람들이 그들의 비행을 막아야만 한다고 말해준다. 두 집단 공통의 적을 제시한 것이다. 이렇게 되자 학생들은 공원시설을 지키기 위한 공동의 연합순찰대를 구성하는 등 협력적인 노력을 기울이면서 집단 간의 적대적인 관계는 멈추게 된다. 이렇게 두 집단 간에 싸움은 멈추었지만 이후에도 자기 집단과 상대 집단 간의 차별과 자기 집단에 대한 애착은 변함이 없었다.

이것이 유명한 랍어스 동굴(Robbers'Cave) 실험이다. 사람들은 항상 자기 집단 내의 사람과 자기 집단 외의 사람으로 구분하며, 처음부터 자기 집단에는 긍정적으로, 타집단에는 부정적으로 접근하면서, 내집단편향(in-group bias)의 성향을 갖는다. 앞의 실험에서 드러나고 있는 놀라운 점은 단 1주일 만에 집단의 일원으로서의 정체성을 형성한다는 사실이다. 사람은 어느 집단에 가든지 자기 집단에 순응하며, 집단에 대해서 자신과의 일체감을 갖는다.

위의 실험에서 알 수 있는 것은 우리 집단에 대한 애착이 형성되기 위해서는 우리 집단이라는 것을 인식시켜주는 계기가 필요하고, 그러기 위해서는 상대 집단의 존재가 필요하다는 점이다. 국가의 경우를 보면 국가는 그 집단이 크고 모두가 같은 국가 내에 있기 때문에 사람들의 일상에서 자국만을 떼어내어 자국을 의식해야 하는 순간은 많지 않다. 여기서 자국에 대한 애착이 일어나기 위해서는 자기 집단의 존재를 인식시켜주는 계기가 있어야 되는데, 이러한 계기가 되는 것이 바로 국제경기이다. 랍어스 동굴 실험에서 다른 집단이 출현했을 때 자기 집단을 의식하는 것처럼 국제경기를 하게 되면 상대국을 보면서 자국의 존재를 뚜렷이 깨닫게 되는 것이다.

국제경기는 국가라는 집단을 두고 누가 우리의 집단이고 누가 우리 집단이 아닌지를 인식하게 하고, 더 나아가 누가 우리편이고 누가 적인지를 인식하게 한다. 그리고 국제경기는 서로 겨루는 것이기 때문에 적국과 싸우는 모습을 가상적으로 연출하는 형태가 된다. 이때 사람들은 신경을 곤두세우게 된다. 사람들이 국제경기를 재미있어하는 것은 그만큼 자신의 문제이자 관심의 대상으로서 감정이입이 있기 때문이다. 그래서 많은 연구들은 전쟁을 제외하고는 국제 스포츠경기만큼 국가적인 정체성을 강화시키는 것이 없다고 하고 있다.[146]

이렇게 국제경기는 국민들에게 외부적인 자극을 주어서 국가 내의 사람을 단합시키고 자국에 대한 애착심을 활성화시키는 역할을 한다. 여기서 감안해야 할 것은 국가라는 존재가 개인에 매

---

[146] Bale, 1986, pp. 18~41

우 중요한 집단이라는 점 외에도 국가들은 서로 배타적이라는 점이다. 국가들은 항상 서로 경쟁하며 대립한다. 국가는 국민이 자국도 사랑하고 이웃나라도 사랑하도록 허용하지 않는다. 그래서 사람들에 있어서 자국에 대항하는 나라는 적국이 되고, 그 나라에 대한 적개심이 발동된다. 이렇게 국가 간에는 자국에 대한 애착이 많은 데다 타국에 대한 미움까지 많으니 국제경기에서의 자국에 대한 응원은 다른 집단 간에서보다 훨씬 더 클 수밖에 없다. 더구나 집단의 규모로 보아 국가라는 집단은 그 어느 집단보다 크기 때문에 국가대항전에서의 개인은 자국을 응원하는 수많은 사람들과 함께 그 분위기에 쉽게 빠져 들어가게 되는 것이다. 이러한 성격으로 인하여 국제경기에 있어서 사람들의 자국을 응원하는 마음은 때로는 상상하기 어려울 정도로 강력하게 작동한다.

앞에서 본 대로 2002 한일월드컵 경기에서 한국팀을 응원하면서 분신자살의 길을 택한 사람도 있었다. 한국이 이겨야 한다는 마음이 얼마나 절박했으면 영혼의 열두 번째 선수가 되어서 같이 뛰겠다고 생각하였을까? 이같은 사건은 어느 한정된 시기 한정된 장소에서만 일어나는 것이 아니다. 세계에는 이와 유사한 사고가 심심찮게 일어난다. 스포츠가 내셔널리즘을 만났을 때, 자신의 목숨을 던질 정도로 사람들을 몰입시키는 것이다.

국가 자부심

자국에 대한 자부심은 내셔널리즘의 중요한 한 부분이다. 스미스와 작코(Tom W. Smith & Lars Jarkko)는 23개국을 대상으로 국가 자부심에 대한 연구를 하였다.[147]

---

[147] Smith, & Jarkko, 1998, p.20

표 4-1	국가의 자부심에 대한 영향력	

항목	영향력	비고
스포츠 성과	77.0	
예술과 문학에서의 성과	72.7	
역사	71.2	
과학과 기술에서의 성과	67.5	
민주주의의 작동	48.6	
경제적인 성취	48.2	
군사력	45.0	
세계에서 정치적 영향력	43.8	
사회안전시스템	41.4	
사회 모든 그룹에 대한 공정 평등한 대우	39.3	

참고: "National Pride: A Cross-national Analysis," by T. W. Smith & L. Jarkko, 1998, National Opinion Research Center, University of Chicago. p.20.

여기서 국가에 대한 자부심에 영향을 주는 요소로서 '사회의 모든 그룹의 사람을 공정하고 평등하게 대우하는 것', '사회안전시스템', '세계에서의 정치적 영향력', '군사력', '경제적인 성취', '민주주의의 실행', '과학 기술 성과', '역사', '예술과 문학 성과', '스포츠 성과' 등의 10개 항목을 두고 조사하였는데, 이 중에서 가장 큰 영향력을 갖는 것은 스포츠에서의 성과였다. 또 네덜란드 국민을 대상으로 조사한 힐부우데 외(Hilvoorde et al)의 연구를[148] 비롯한 여러 연구조사에서도 거의 같은 결과를 보였다.

이러한 스포츠에서의 자국주의는 모든 사람에 공통적이기는 하지만 그 강도에 있어서까지 모두 같을 수는 없다. 사람에 따라서 국가에 대한 애착이 많은 사람도 있고 적은 사람도 있으며, 스포츠를 좋아하는 사람도 있고 그렇지 않은 사람도 있기 때문이다. 사람이 그렇듯이 국가의 측면에서도 국가마다 성향이 다를 수 있다. 어떤 나라는 스포츠 자국주의가 강하고 어떤 나라는 상대적으로 약한 것이다.

자이플(Ørnulf Seippel)은 스포츠 내셔널리즘과 관련하여 세계 25개국을 대상으로 조사하였다. 조사결과 스포츠 내셔널리즘은 국가 간에 상당한 차이를 보였다. 스포츠 내셔널리즘이 강한 나라는 도미니카공화국, 남아프리카공화국, 필리핀, 폴란드 등이었고, 약한 나라는 스위스, 핀란드, 노르웨이, 프랑스 등이었다.[149] 한국 또한 여기 25개국 중 6번째로 강한 나라로 스포츠 내셔널리즘이 상당히 강한 나라임을 알 수 있다.

내셔널리즘을 결정하는 변수를 명확하게 밝히기는 쉽지 않다. 일반적으로 해당 국가가 어려움에 처할 때, 다른 나라와 경쟁관계에 있을 때, 자국에 자랑할 만한 무언가가 있을 때 자국주의가 강해진다. 스포츠 내셔널리즘에 있어서도 내셔널리즘 일반과 크게 다르지 않다. 스포츠 내셔널리즘이 강하다는 것은 기본적으로 국가에 대한 내셔널리즘이 강하기 때문에 그럴 수도 있고, 그 나라 사람들이 스포츠를 좋아하고 잘해서 스포츠에 대하여 기대하는

---

[148] Hilvoorde, Elling, & Stokvis, 2010, p.95
[149] Seippel, 2017, p. 51

| 그림 4-2 | **국가들의 스포츠 자국주의 수준** |

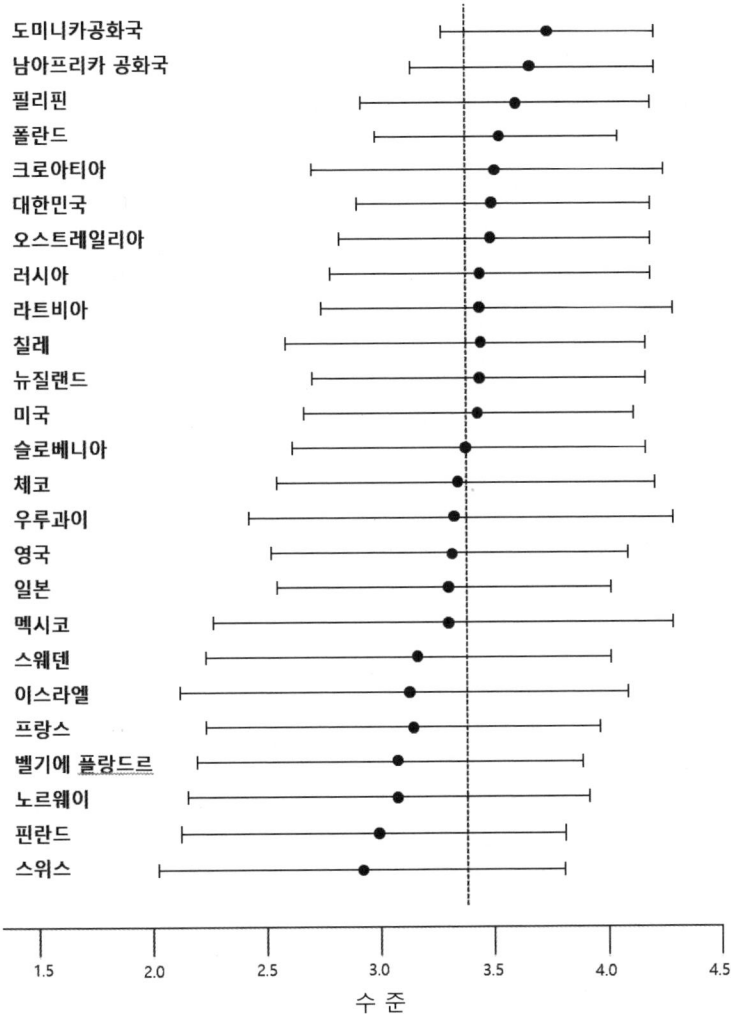

출처: "Sports and Nationalism in a Globalized World," by O. Seippel, 2017, *International Journal of Sociology*, 47(1), p. 51.

바가 크기 때문에 그럴 수도 있다. 그리고 스포츠에 대한 관심은 여자보다는 남자, 나이든 사람보다는 젊은 사람, 고학력자보다는 저학력자에서 더욱 뚜렷하게 나타난다.[150] 국가적으로는 스포츠를 많이 할수록, 그리고 그 나라에서 그 스포츠를 잘하거나 잘하는 선수가 있을 때 국민들의 관심이 높아진다.

스포츠에서의 국력 차이는 완연하다. 올림픽과 같은 국제대회에서 미국, 중국, 러시아, 독일 등과 같은 나라는 거의 전종목에서 많은 선수들이 참가하지만, 국가규모가 작거나 경제적으로 어려운 국가에서는 많은 선수들의 참가가 어렵다. 2020 도쿄올림픽에서 미국은 613명의 선수가 참가하였지만, 브루나이는 단 2명의 선수가 참가하였다.[151] 미국은 113개의 메달을 획득하였지만, 72개국은 단 하나의 메달도 따지 못하였다.[152] 그리고 미국은 올림픽을 8번이나 개최하였지만 세계 절대다수의 국가들은 1번도 개최하지 못하였다.

이렇게 불평등하지만 이것은 스포츠에서 연유하는 것이 아니라 세계의 국가 구성이 원래 그렇기 때문이다. 세계는 큰 나라는 한없이 크고, 작은 나라는 한없이 작아서 비교할 수 있는 모든 지표에 있어서 평등과는 거리가 멀다. 이런 면에서 볼때 스포츠에서 불평등하기는 하지만 오히려 다른 분야에 비해서는 그 불평등의 정도가 상대적으로 덜하다. 선진국에 유리한 종목이 있는 반면 개발도상국에 유리한 종목도 있다. 스포츠는 투쟁력을 바탕으로 하고 있기 때문에 열악한 환경이 강한 선수를 키우는데 더 적절한

---

[150] Shibli, Ramchandani, & Davies, 2021, p. 663

[151] List of Participating Countries in Tokyo Olympics 2020, n.d.

[152] Reardon, 2021

환경요인으로 될 수도 있다. 흔히들 이를 헝그리 정신이라 하여 열악한 환경에서 자란 선수가 좋은 환경에서 자란 선수들보다 더 성과를 내는 경우도 많은 것이다. 어느 개발도상국이 스포츠 여러 분야에서 세계적인 선수가 적다고 하더라도 자국주의마저 약한 것은 아니므로 자국에서도 세계적인 선수가 나왔으면 하는 국민들의 열망은 선진국보다 훨씬 더 강할 수 있는 것이다. 그래서 가난한 개발도상국에서 어쩌다 세계적으로 훌륭한 선수가 나오게 되면 그 선수에게 온 국민의 응원이 집중된다.

2008년 12월 6일, 미국의 라스베가스 엠지엠(MGM Grand Hall)에서는 필리핀 선수 파퀴아오(Manny Emmanuel Pacquiao)와 미국 선수 호야(Oscar De La Hoya)와의 경기가 있었다. 필리핀 사람들은 아침부터 오후까지 텔레비전 앞에 앉아서 경기를 기다렸다. 항상 방범업무가 바쁜 나라지만, 이날은 경찰들도 방범근무를 나가지 않았다. 범죄자들도 경기 보느라 밖에 나가 범행을 저지를 겨를이 없기 때문이다. 한시가 바쁘게 범죄가 발생하는 나라에서 오늘은 범죄신고가 한 건도 들어오지 않았다. 군과 이슬람반군은 이 시합을 보기 위해서 24시간 동안 휴전을 합의하였다. 경기 중에 길거리에는 사람을 보기 힘들었다. 대도시의 영화관이나 바나 레스토랑에서는 시합을 볼 수 있는 자리를 마련하고 500페소(약 12,000원)씩 받았다. 적지 않은 돈이었지만 돈 아깝다고 하는 사람은 없었다. 도서지방에서는

4장 스포츠 자국주의

지역 정치인들이 공원이나 체육관에 대형 스크린을 마련하여 온 지역주민들이 함께 시청하였다.

당시 호야는 미국에서 최고로 인기있는 복서 중의 한 사람이었다. 호야는 파퀴아오보다 키가 무려 10 cm 정도나 더 크고 체급 차이도 많이 났다. 이 시합을 위하여 파퀴아오는 두 체급을 올리고, 호야는 한 체급을 낮추어 웰터급에서 경기를 치렀다. 골리앗과 다윗처럼 체격의 차이는 많이 났지만, 작은 파퀴아오가 큰 호야를 시종 두들겨 팼다. 결국 너무 많이 맞아 얼굴이 부어오를 대로 부어오른 호야가 8회에 경기를 포기하고 파퀴아오가 TKO 승을 거두게 된다. 필리핀 국민들은 열광하였다. 아로요(Gloria Arroyo) 대통령은 이는 필리핀인의 정신의 승리이며, 파퀴아오는 영웅이라고 치켜세웠다. 사람들은 환호성을 지르며 길거리로 쏟아져 나왔다. 사람들은 필리핀 국기를 흔들고 주먹을 치켜들고 승리의 구호를 외쳤다.[153] "미국과 싸워 우리가 이겼다."이 순간만은 필리핀이 미국을 제압하고 세계를 평정하는 순간이었다. 당시 필리핀은 미국발 금융위기로 극심한 경제난을 겪고 있었는데 이 파퀴아오의 승리는 필리핀 사람들에게 큰 힘을 주었다.

가난하고 개발이 덜 된 나라라고 할지라도 이런 스포츠경기가 있으니까 그 국민들은 기죽지 않을 수 있다. 군사력이고, 과학기술이고, 예술이고, 어느 분야에서 필리핀이 미국을 이길 수 있겠는가? 사람들은 과학기술에서 다른 나라와 경쟁을 한다거나 국민들의 삶의 질 경쟁에서는 이길 희망이 없지만 권투에서는 우리도 해볼만 하다고 생각하는 것이다. 그리고 여기서 못이기면 다른 데서는 이길 만한 곳이 없기 때문에 더욱 기를 쓰고 이기려고 하

---

153 Philippines celebrate Pacquiao's victory, 2008

는 것이다.

스포츠를 통하여 나라 사람들의 기를 살리는데 모든 스포츠를 동원할 필요가 없다. 필리핀에서는 파퀴아오, 이디오피아에서는 아베베와 같이 한 종목, 한 선수면 충분한 것이다. 이들의 승리로 그 나라 국민들은 자신이 승리한 기분을 갖게 된다.

2012년 영국 BBC 방송은 21개국을 대상으로 올림픽에서의 성과가 국가의 긍지에 어떤 영향을 주는지를 조사하였다. 이 조사에서 18개국에서 영향을 주는 것으로 조사되었다. 그 영향의 정도에서 케냐, 필리핀, 터키 등과 같은 나라는 매우 큰 영향을 주는 것으로 답한 사람들이 많았다. 반면에 영국, 프랑스, 스페인 등과 같은 국가에서는 작거나 거의 영향을 주지 않는다고 답하는 사람들이 많았다.[154] 이 조사는 국제대회에서의 우수한 성과를 내는 것에 대하여 선진국에서 보다 개발도상국에서 전반적으로 더 높게 평가하고 있는 것을 보여주었다.

선수 개인의 입장에서 보더라도 선진국과 개발도상국 선수들의 국제대회에서의 성과에 대한 평가와 가치관이 다르다. 2008년 베이징 올림픽에서 태권도 58kg 종목에서 동메달을 딴 아프가니스탄의 닉파이(Rohullah Nikpai)는 국가 영웅이 되었다. 그는 아프가니스탄 역사상 처음으로 올림픽 메달을 획득하였기 때문이다. 대부분의 개발도상국의 경우 선수들은 국제대회에 출전하여 좋은 성적을 내는 것은 말할 것도 없고 국가대표 선수로 나선다는 것 자체만으로도 매우 영광스럽게 생각한다.

반면에 선진국에서는 약간 다르다. 선진국에서도 개발도상국에서와 동일하게 생각하는 선수들이 없는 것은 아니지만 일반적

---

154 Mower, 2012

으로 그만큼 가치를 두지 않는다. 2016 리우하계올림픽에서 남자 골프의 경우 세계 랭킹 1위에서 4위까지의 우수한 선수들이 모두 불참하였다. 이들은 대부분 선진국의 선수들로 올림픽에서의 메달 획득에 별 관심이 없었던 것이다. 그도 그럴 것이 아프가니스탄과 같은 나라에서는 동메달만 따도 역사적인 인물이 되지만, 미국과 같은 나라에서는 금메달을 딴다고 해도 수십 명 중의 한 명에 불과하기 때문에 그만한 가치가 되지 않는다. 필리핀의 파퀴아오는 그의 권투능력을 기반으로 하여 필리핀에서 상원의원이 되고 대통령 후보가 되었다. 미국에는 파퀴아오도 이기고 50전 50승의 기록을 보유한 메이웨더(Floyd Joy Mayweather Jr.)가 있지만 파퀴아오와 같은 대우는 생각지도 못한다. 또한 선진국에서는 국가를 앞세우는 것을 좋아하지 않는 개인주의도 있고, 이런 데서까지 국가를 위해서 대단한 일을 하였다고 하는 것 자체에 대해서 부정적으로 생각하는 사람들도 많은 것이다.

라이벌전

국가 간에는 항상 라이벌이 있다. 세상에 이웃 간에 잘지내는 나라는 없다. 흔히들 아르헨티나와 칠레가 다투는 것은 인접한 다른 나라가 없기 때문이라고 말한다.

국가관계라는 것이 원래 그렇기 때문에 외국과의 경기를 하게 되면 사람들은 관심을 가지며, 또 자국을 열심히 응원한다. 사실 실제 싸우고 싶은 마음을 풀어줄 수 있는 수단 중의 하나가 스포츠이다. 국민들은 스포츠에서 라이벌 상대국을 확실하게 눌러 주었을 때 카타르시스를 느끼게 된다. 상대방을 응징해 주고 싶지만 다른 수단이 없는 상태에서 평화적인 관계에서 응징해 줄 수 있는 하나의 방법이 스포츠인 것이다.

　사람들에게는 공격적인 본성이 있다. 힘으로 상대방을 제압하고 싶어한다. 이기려고 하는 활동인 스포츠를 하는 것도 이와 연관되어 있다. 국가적인 차원에서도 마찬가지이다. 자국이 이기기를 원한다. 그런데 전쟁에서 이기기는 쉽지 않고 자국이 이긴다고 해도 자신이 죽을 수도 있다. 그래서 스포츠는 하나의 대용품이다. 칭기즈칸이나 나폴레옹처럼 실제 무력으로써 확실히 짓밟아 주면 더 열광하겠지만 그에 대한 대용품으로서 스포츠에서 이겨도 기쁨을 느끼게 되는 것이다.

　지난 2021년 10월, T20 월드컵 크리켓 경기, 인디아 대 파키스탄 전에서 인디아 당국은 파키스탄 팀을 응원한 사람 7명을 구금하고 5명을 체포하였다.[155] 2017년에도 파키스탄을 응원한 15명이 선동혐의로 체포되었고, 이와 같은 일은 이전에도 종종 있어왔다. 크리켓이나 하키에서 인디아와 파키스탄의 라이벌관계는 유명하다. 이렇게 상대국팀을 응원했다고 해서 처벌까지 할 정도이니 상대국에 대한 적대의식이 얼마나 강한지 알 수 있다. 예전부터 인디아와 파키스탄 간 경기는 관중이 많은 팀에서 지고 있으면 경기 도중 무조건 싸움이 일어나고 경기는 싸움으로 끝나는 경우가 많았다. 관중들이 지는 경기를 보는 것을 못 참기 때문이다.

　이렇게 라이벌전은 살벌하다. 국가 간에는 라이벌이 흔치 않고, 이들 국가 간에는 경기에서도 라이벌전이 되는 경우가 많다. 스포츠에서 라이벌이 되는 것은 스포츠 그 자체의 역사에서 만들어지기보다는 역사적으로 이미 형성되어 있는 감정적인 앙금을 스포츠로 가져와서 라이벌전이 되는 것이 일반적이다.

---

155 Shih, 2021

라이벌전의 열기는 인도와 파키스탄 외에도 럭비에서의 호주와 뉴질랜드, 아이스하키에서의 미국과 캐나다, 축구에서의 한국과 일본 등이 유명하다. 한국사람들이 김연아를 좋아하는 것은 그녀가 세계를 제패했기 때문이다. 하지만 이것이 전부가 아니다. 한국에서 김연아를 더욱 빛나게 한 것은 일본의 아사다 마오였다. 김연아가 한국인으로부터 더욱 관심을 받고 사랑을 받게 된 것은 김연아가 오랫동안 일본의 마오와 경쟁관계에 있었고, 이 경쟁에서 마오를 눌렀기 때문이다.

스포츠 영화 록키는 권투선수에 대한 이야기다. 이 영화는 어떠한 어려움이 있더라도 이를 극복하고 끝내는 상대를 때려 눕히고 승리를 쟁취하는 모습을 보여줌으로써 관객들의 기분을 정화시켜 준다. 록키 시리즈는 1970년대에서부터 1990년대에 이르기까지 오랫동안 인기를 누렸는데, 그 중에서도 흥행에 가장 큰 성공을 거둔 작품은 라이벌 국가를 등장시킨 록키 4 (Rocky IV)였다. 록키 4에서는 미국의 록키 발보아와 소련의 이반 드라고의 대결을 다루고 있다. 선수 간의 대결을 라이벌 국가를 배경으로 함으로써 사람들의 관심과 흥미를 배가시킨 것이다.

그렇다면 이렇게 강한 스포츠 내셔널리즘은 도대체 어디에서 연유하는 것일까? 이에 대한 근원을 찾아보기로 하자.

3. 스포츠 자국주의의 근원

사람들은 국제경기에서 자국 팀이 이기기를 원한다. 그리고 자국이 이기기를 응원하는 마음이 매우 강하다. 자국 팀이 이기는 것이 그렇게도 중요한가? 경기란 이길 수도 있고 질 수도 있으며, 자국 팀이 이긴다한들 혹은 진다한들 특별히 달라지는 것이 없다. 차분히 생각하면 승패가 그렇게 중요한 것이 아닌데 실제 경기에 임하게 되면 자신도 모르게 자국의 승리가 너무도 간절하게 여겨지면서 집착하게 된다.

여기에 분명 우리의 이성적이고 합리적인 판단을 능가하는 무언가가 있음을 알 수 있다. 이 자국을 위하는 마음은 내면에 잠재되어 있다가 이러한 상황이 되면 자신도 모르게 작동하고 감정이 매우 강하게 분출되는 것이다. 그렇다면 이러한 의식은 어떻게 형성되어 우리를 지배하고 있는 것일까? 이는 인류가 살아온 과정에서 그 해답을 찾을 수 있다. 오늘날 사람들이 그런 의식을 갖고 있는 것은 오래전 선대의 사람들이 그런 의식을 발전시켜올 수밖에 없는 그런 삶을 살았기 때문이다.

호머는 그의 소설 일리아드에서 기원전 1200여 년경 군사들이 싸우는 모습을 다음과 같이 묘사하고 있다.

> 헥토르가 창을 중간쯤 잡고 트로이 병사들에게 가서 물러서게 하니, 모든 병사들이 자리에 앉는다. 아가메논 또한 아카이아 병사들에게 명해 자리에 앉힌다. 그러나 미네르바와 아폴로 신은 독수리 모습을 하고서 제우스 신의 높은 참나무 위에 걸터앉아 자기들의 병사에 대해 의기가 등등하다. 병사들은 방패와 투구 그리고 창을 곤두세우고 서로 붙어 정연하게 앉아있다. 바람이 일어 바다의 표면을 덮으니 바닷물이 밑에

서 검푸르게 보이는 것처럼 트로이, 아카이아 양군이 평원에 새까맣게 앉았다. 그러자 헥토르가 이렇듯 입을 연다.

트로이와 아카이아 병사들이여, 내 심중에 있는 말을 들어라. 천상에 군림하시는 제우스 신께서 우리의 맹세와 계약을 무위로 돌리시고, 트로이 성곽이 무너지거나 아니면, 함대에서 그대들 모두 몰살을 당할 때까지 우리 모두에게 나쁜 운명이 예고되어 있다. 그대들 중에 아카이아 명장들이 이 곳에 와 있는 줄 알고 있다. 그렇다면 그대들 최고의 장수와 내가 겨루도록 하자. 제우스 신을 증인으로 하자. 만약 너희 장수가 나를 벤다면 내 갑옷을 벗겨 함대로 가져가고, 내 몸은 트로이 사람들이 나를 화장시킬 수 있도록 보내다오. 마찬가지로 아폴로 신께서 나에게 영광을 내리사, 내 그대 장수를 죽이면 그의 갑옷을 벗겨 일리어스 시로 가져가서, 아폴로 신전에 걸어놓을 것이고, 그 몸은 돌려주어 아카이아인들이 함대에서 그를 수장하여 헬레스폰트 너른 바닷가 무덤을 짓도록 하겠다. 그러면 후세에 바다를 항해하는 사람들은 이것이 오래전 위대한 헥토르에 의해 죽임을 당한 장수의 기념물이라고 말하게 될 것이다. 이렇게 사람들이 말한다면 나의 이름은 잊히지 않을 것이다.

이렇게 말하니 모두가 아무 말을 하지 못하였다. 도전을 거절하자니 수치요, 받아들이자니 두려웠다. 드디어 메넬라우스가 자리에서 일어나 화를 내며 꾸짖었다. 아아! 허풍선이들! 남자 아닌 여자들이로다. 다나아 사람 중에 아무도 헥토르와 겨룰 자 없다면 우리의 불명예는 두 번 죽어도 씻기지 않을 것이다. 기개 없이 창피하게 앉아있는 자들은 그 자리에서 흙과 물이나 돼버려라. 내가 나가 저자와 대적하겠다. 싸움의 결과는 저 높은 곳 불멸의 신들의 손에 달려 있다.

<중략>

(중략내용 요약: 메넬라우스가 이렇게 말하면서 무기를 집

어드니, 아가메논왕이 헥토르는 너보다 훨씬 더 강하다면서 메넬라우스의 손을 잡고 말린다. 이에 9명의 장수들이 싸우겠다고 나서니 이중에 제비뽑기로 하여 아작스가 헥토르의 도전을 받아 결전에 나서게 된다.)

헥토르가 소리쳤다. 텔라몬의 아들, 선봉장, 고귀한 아작스! 나를 연약한 어린애나 여자로 보지 마라. 난 오랫동안 전장의 피와 살육 속에 살아온 사람이다. 나는 전쟁에서 무엇보다 중요한 이 가죽 방패 좌우 돌리기에 능숙하지. 전차나 마부들 틈에서 싸울 수가 있으며, 손으로의 싸움은 전쟁의 신 아레스를 기쁘게 해줄 수 있어. 그러나 난 그대와 같이 방심한 상태에 있는 사람은 공격하지 않고, 정정당당히 싸워서 처치하지.

말이 끝나자 그는 창을 겨누어 아작스를 향해 던진다. 창은 일곱 겹 방패에서 여섯 겹을 뚫고 일곱 번째 쇠가죽에 박힌다. 다음 차례로 아작스가 프리암 왕자의 둥근 방패에 창을 던진다. 예리한 창은 헥토르의 반짝이는 방패를 뚫고 들어가 정교하게 만든 흉갑을 지나 박힌다. 날이 헥토르 옆구리에 입은 셔츠를 베었으나, 빗나가 목숨을 구한다. 둘은 모두가 각기 방패에서 창을 빼내서 마치 전력투구를 하는 야생의 사자나 멧돼지처럼 엄청난 힘과 지구력으로 서로를 공격하였다.[156]

다음으로 중국의 삼국지연의를 보자. 서기 200년을 전후하여 중국이 삼국으로 분할되어 있을 때 서로 싸우는 모습을 나관중은 다음과 같이 묘사하고 있다.

유비가 비로소 장비에게 말했다. "이제 됐다. 너는 50기만 골라 관을 나가 보도록 해라. 마초하고 싸우되 뜻 같지 못하

---

[156] Homer, 2009, pp. 96~100

거든 언제고 돌아오너라." 그 말을 들은 장비가 대꾸고 뭐고 없이 우르르 관문을 뛰쳐나갔다. 마초는 장비가 홀로 달려나오는 것을 보자 창을 들어 뒤를 보고 휘저으며 소리쳤다. "모두 화살 닿을 거리 밖으로 물러나라. 나 혼자 장비를 사로잡겠다." 그때 장비가 씨근거리며 마초 앞에 이르렀다. 그도 역시 뒤쫓아오는 자기편 군사는 안중에도 없는 듯 마초만 잡고 늘어졌다. "너는 연인 장익덕을 알아보겠느냐?" 장비가 창을 꼬나잡으며 그렇게 소리치자 마초가 비웃음 반 놀림 반으로 받았다. "나는 여러 대를 걸친 공후의 집안에서 난 사람이다. 어찌 너 같은 촌놈을 알아볼 수 있겠느냐?"

그러자 참지 못한 장비가 말을 박차 덤벼들고 마초도 지지 않고 내달아 맞섰다. 곧 두 말이 엇갈리며 불꽃 튀는 싸움이 벌어졌다. 창과 창이 어울려 찌르고 후비고 쑤시고 후리는데, 둘의 솜씨가 얼마나 절묘한지 보는 이가 모두 넋을 잃을 지경이었다.[157]

앞은 일리아드의 트로이 헥토르(Hector)와 아카이아 아작스(Ajax) 간 싸움이고, 뒤는 삼국지연의에서 장비와 마초가 싸우는 장면이다. 일리아드는 서양에서의 이야기이고, 뒤의 삼국지연의는 동양에서의 이야기이지만, 동양과 서양이 다르지 않다. 고대 전쟁에서 장수 간에 겨루는 경우가 많았다. 이때 적군의 대표로 나온 장수와 아군의 대표로 나간 장수 간에 격전이 이루어지고 있다고 하면, 이를 지켜보고 있는 사람들의 마음은 어떠하였겠는가? 이 싸움에 자신의 목숨도 달려 있다. 우리 장군이 지면 적들은 파죽시세로 밀고 들어올 것이고, 그러면 우리는 죽임을 당할 것이다. 이를 생각하면 누군들 이 광경에 무관심할 수 있겠는가? 자기편

---

[157] 이문열, 2002, 제7권 "서량의 풍운아 다시 일어나다"

장수가 이기기를 온 마음으로 기원할 것이다.

집단을 책임지는 강자 간의 대결은 동물들에게서도 쉽게 찾을 수 있다. 그렇다면 이는 인류로 진화되기 이전의 동물 시절부터 발전시켜온 하나의 본성이다. 이러한 행태는 최초의 인간들에게도 있었을 것이고 인류가 발전하면서 오래전 씨족 간의 싸움이나 부락 간의 싸움에서도 있어 왔다. 이때 이기는 쪽의 씨족이나 부락민은 자신이 이긴 것처럼 강자로서의 행세를 할 수 있게 되는 것이다.

스포츠에는 이러한 기억의 잔재가 지금도 고스란히 남아있다. 옛날의 장수는 오늘날의 선수다. 옛날에 우리 장수가 이기기를 기원하였듯이 오늘날에 국제경기에서 우리 선수가 이기기를 응원하게 된다. 현대인에게 있어서 국가 간의 운동시합이 원시시대의 집단 간 투쟁처럼 자기의 운명을 좌우하는 것은 아니지만 그의 잠재의식 속에는 여전히 중요한 의미로 남아있어서 거의 무의식적으로 관심을 갖게 되고, 또 응원하게 되는 것이다.

선수 또한 마찬가지이다. 국가를 대표하여 출전한 선수는 그렇게 많은 국민들을 대신해서 싸우게 되는 것이고, 그렇게 많은 사람들의 기대를 뒤로 하고 있기 때문에 부담이 작을 수가 없다. 국제경기에서 빼놓을 수 없는 말 중에 하나가 국위를 선양했다는 말이다. 경기에 이김으로 인해서 국가의 위상이 올라갔다는 것이다. 국가의 위상이 올라가면 그 속에 있는 모든 국민들 또한 위상이 올라가서 자랑스럽고도 기분좋은 일이다. 세상에 이렇게 많은 사람들을 행복하게 해줄 수 있는 일은 그리 많지 않다. 그래서 대부분의 운동선수들은 가슴에 국기를 다는 것을 꿈꾼다. 국가를 대표해서 경기에 나가 승리하는 것만 한 영광이 없다. 이는 헥토르나 아킬레우스와 같은 존재가 되는 것이고 그가 승리했을 때 그는 영웅이 되는 것이다.

국제경기는 전쟁과 비슷하다. 자국 사람과 외국 사람이 전쟁에서 이기기 위해 싸우듯이 경기에서도 이기기 위해서 겨룬다. 전쟁법에 의하면 군인은 민간인에 대해서는 해를 주지 못하게 되어 있다. 군인들끼리 싸워야만 하는 것이다. 전쟁이 법대로 행해진다면 군인들이 국가를 위해 싸우는 것이나 선수들이 국가를 위해 싸우는 것이나 구조적으로는 동일하다. 이렇게 보면 평화시에서의 국제경기 선수는 전쟁에서의 군인이나 마찬가지다.

전쟁에서 자국이 이기기를 바라듯이 국제경기를 보는 사람들은 자국 선수가 이기기를 염원한다. 꼭 그렇게 이겨야 하는가? 이겨야 한다. 이것은 앞에서 본 대로 생존과 운명이 걸린 문제이기 때문이다. 그렇다면 왜 그렇게 꼭 싸우지 않으면 안 되는가? 이것은 스포츠에서는 뭣하러 그렇게 경기를 하는가? 라는 질문이기도 하다. 사람들이 싸우는 것은 사람은 원래 싸우는 동물이기 때문이다. 인류가 번성할 수 있었던 것은 종들의 투쟁에서 이겨왔기 때문이다. 인간이 싸우고 전쟁을 하는 것도 사람의 공격적 성향에 기인한다.

그렇다면 이러한 공격성은 어떻게 형성되는가? 인간의 공격성은 생래적으로 타고 난다는 주장(nature view)과 환경적인 영향으로 후천적으로 형성된다는 주장(nurture view)으로 나누어진다. 성 오거스틴(Saint Augustine), 스피노자(Benedict de Spinoza), 니어버(Reinhold Niebuhr), 모겐소(Hans Morgenthau) 로렌쯔(Konrad Z. Lorenz) 등 많은 학자들은 생래적 성향이라고 한다. 로렌쯔에 의하면 사람의 공격본능은 인간의 유전자에 프로그램되어 있기 때문에 고칠 수 없고, 공격행위는 개인과 종족의 보존을 위해서 필수적인 요소일 뿐만 아니라 인간의 창조적인 능력을 위해서도 필요한 것이며, 공격충동이 발산되지 못하면 병이 된다고 한다.[158]

이렇게 싸움을 좋아하는 사람들에 있어서 스포츠는 실제 싸움에 대한 대용물이다. 그래서 사람들은 스포츠 중에서도 축구, 권투, 격투기 등과 같이 격렬하거나 폭력적인 스포츠를 더 좋아한다. 세계의학협회(World Medical Association)는 오래전부터 권투나 격투기 경기를 금지해 줄 것을 건의해 왔다. 1890년에서 2011년까지 권투경기로 죽은 사람의 수는 1,604명이며 이는 매년 평균 13명이 죽어왔다는 것을 의미한다.[159] 경기 중에 죽거나 부상당하지 않는다고 하더라도 두뇌 손상 등으로 나중에 후유증을 겪는 경우도 많다. 그런데도 권투경기는 많은 사람들이 즐기는 경기 중의 하나이다. 권투는 때려서 상대방이 정신을 잃고 쓰러지는 것을 목표로 하는 경기이다. 물론 판정까지 가는 경우도 많지만 경기를 보는 사람들은 대개 그 시합이 KO로 끝나기를 바란다. 패주고 때려눕혀야 카타르시스가 되는 것이다. WBA, WBC, IBF,WBO 등 유독 권투경기 종목에 국제적 경기협회가 많은 이유는 폭력적 행위에서 만족을 구하는 사람들이 그만큼 많기 때문이며, 그래서 그만큼 돈벌이가 잘되기 때문이다.

이러한 면을 두고 스포츠에 대해서 부정적으로 생각해서는 안 된다. 탓을 하려면 사람의 본성을 탓해야 한다. 스포츠는 실전의 대용물로서 폭력의 에너지를 발산시킴으로써 인간의 공격본능을 정화시키는 하나의 방법이 된다. 그래서 스포츠는 국가 간 전

---

[158] 이상우, 1996, pp. 63~66
[159] Morse, 2019

쟁 발생가능성을 낮추어 평화를 유지하는 하나의 수단이기도 한 것이다.[160] 먼 옛날 집단대 집단의 전쟁에서 자신의 집단이 이겨야만 하였다. 이겼을 때 그 살아남은 자의 기쁨으로 환호하고 열광할 수 있었던 것이다. 이것이 오늘날의 스포츠에 그대로 투영되어 팬들은 자기팀과 자신을 동일시하여 이기면 기쁨과 승리감에 도취되는 반면, 지면 낙담하고 좌절한다. 심리행동연구에 의하면 스포츠팬이 자기팀이 이기면 자존감이 올라가고 낙관적으로 되는 반면, 자기팀이 지면 자존감이 내려가고 비관적으로 되는 것으로 보고하고 있다. 자기팀이 이기면 팬의 테스토스테론(testosterone)이 20% 정도 증가하고, 지면 20% 정도 감소하는 것으로 보고하고 있는 연구도 있다.[161]

과거의 집단 싸움에서 자기 집단의 사람 수가 많으면 많을수록 이길 가능성이 컸다. 현대의 스포츠에도 자기 집단의 숫자가 많으면 많을수록 신나는 일이다. 그리고 자기 집단임이 더 뚜렷이 확인될 때 더욱 안심이 된다. 그래서 팬들은 자기와 같은 팬들이 더 많을수록 좋아하며, 동일한 의상이나 상징으로 자기 집단을 확인하면서 일체감을 갖고 집단 속에 몰입하게 된다. 그런데 국가는 그 어느 집단보다 규모가 크며, 더 강하게 개인들이 자기동일화하고 몰입할 수 있는 요소들을 많이 갖고 있는 집단이다. 그래서 국제경기에서 사람들의 자국 팀에 자신을 일체화하려는 마음이 어느 때보다 더 강하게 작동하는 것이다.

---

160 이상우, 1996, pp. 63~66

161 Bernhardt, 1998, pp. 59~62

제 5 장

스포츠 자국주의의 부작용

1. 스포츠의 정치적 이용
2. 국가를 위한 스포츠
3. 스포츠 정신의 파괴
4. 국가간 갈등 증폭
5. 부정 부패
6. 도핑
7. 자원의 낭비
8. 불평등

1. 스포츠의 정치적 이용

　미국의 제43대 대통령 조지 부시(George W. Bush)는 매우 어렵게 대통령이 되었다. 2000년 선거에서 선거인단에서는 부시 271, 고어 266으로 부시가 앞섰지만, 전체득표에서는 부시 50,456,002표 (47.9%), 고어 50,999,897표 (48.4%)로 고어가 앞섰고,[162] 투표에 대한 판정을 위하여 법원에 소송까지 가지 않으면 안 되었다. 이런 상황이니 그의 인기가 높을 수가 없었다. 그런데 그가 취임한 지 9개월이 채 못된 시점에 911테러가 발생하였다. 911사태가 발생하자 부시 대통령의 인기는 치솟게 되었다. 갤럽조사에 의하면 부시 대통령의 업무수행 지지율이 911 이전에는 51%였는데, 테러와의 전쟁을 선언한 9월 20일에는 지지율이 90%로 뛰었다. 갤럽조사 사상 최고치 기록이었다.[163] 이후에도 그의 인기는 여전히 높아서 간신히 대통령이 되었던 초선때의 선거와 달리 2004년 재선에서는 경쟁자 케리(John Kerry)를 맞아 여유있는 표차로 당선되었다. 대외적으로 위협을 받는 상황이 되자 미국사람들은 단결해야 한다는 의식을 갖게 되었고, 그래서 미국의 중심에 있는 현직 대통

---

[162] United States presidential election, 2000, n. d.
[163] 이전의 기록은 제2차 세계대전 직후의 트루만 대통령의 87%였다.

령에게 무조건적이고 절대적인 지지를 보낸 것이다.

미국뿐만 아니라 어느 나라에서건 대외적인 위협이 발생하면 인기 없는 지도자도 인기가 올라가는 것이 일반적인 현상이다. 남과의 대외적인 문제와 우리끼리의 대내적인 문제가 있다고 했을 때 사람들은 대외적인 문제를 더 우선시한다. 대내적인 문제는 국가 안에서 누군가가 손해를 보면 다른 누군가가 이익을 보는 영합게임(zero-sum game)의 성격을 갖지만, 대외적인 문제는 잘못되면 국가 안의 우리 모두가 손해를 보는 비영합게임(non-zero-sum game)이기 때문이다.

앞에서 본 랍어스 동굴(Robbers' Cave) 실험에서 본 바와 같이 외부 적의 출현과 같은 대외적인 문제가 생기면 관심은 대내적인 문제에서 대외적인 문제로 옮겨가게 된다. 대외적인 문제에서 대응력을 증가시키기 위해서 대내적으로 단결해야 하고, 자연히 현재의 집권세력을 중심으로 힘이 모아지게 된다. 그래서 앞에서의 부시 대통령과 같이 그가 마음에 안드는 점이 있더라도 이를 들추지 않고 국민 모두가 지지하여 그에게 힘을 실어줌으로써 미국이 사태를 잘 해결해 나갈 수 있도록 해주는 것이다. 이는 결국 대외적인 위기는 집권세력을 유리하게 한다는 것을 뜻한다. 그러다 보니 선거때가 되면 집권세력은 대외적인 위기를 반기게 되며, 심지어 일부러 대외적인 위기를 만들어 내기까지 한다. 1998년 미국의 클린턴(Bill Clinton) 대통령은 르윈스키 성추문(Monica Lewinsky scandal)으로 탄핵의 위기에 몰리자 느닷없이 이라크에 포격을 명령하여 포탄을 퍼부었다.

이러한 것을 설명하는 이론이 대내외갈등연계이론이다. 이 이론은 국가의 대내적인 갈등과 대외적인 갈등이 연계되어 일어나는 경우를 이론적으로 설명하고 있다. 국가의 집권층은 국내의 문제가 자신에 불리하게 돌아가면 사람들로 하여금 대외적인 것에 주목하게 함으로써 국내의 문제를 사람들의 관심으로부터 벗어나게 할 수 있다. 이렇게 국가의 집권층은 국가외부와의 갈등관계를 활용함으로써 자신의 정치적인 이익을 취할 수 있는 것이다.

그런데 이 같은 대외적인 갈등과 동일한 형태의 자극을 줄 수 있는 것이 외국과의 경기이다. 원래 스포츠 자체가 국민들의 관심을 현재의 정치적인 현안으로부터 멀어지게 하는 하나의 방법이다. 그래서 스포츠(sports)는 영화(screen), 성(sex)과 함께 정치에서 국민들의 관심을 따돌리는 수단 3S 중의 하나이다. 그리고 스포츠세탁(sportswashing)과 같은 것도 있다. 스포츠세탁은 스포츠 행사를 하거나 스포츠에 참여하거나 스포츠팀을 운영 또는 후원함으로써 자신의 나쁜 모습을 가리거나, 이미지를 바꾸거나, 후광을 누리는 것이다.[164] 이를 통하여 권력자들은 자신들의 비리나 과오를 감추며 불리한 상황을 모면한다. 스포츠가 원래 이런 성격을 갖고 있는 데다가, 외국과의 경기가 되면 이러한 효과는 특별히 더 커지게 된다. 국제시합을 한다는 것은 전쟁을 하는 상황의 모형판이기 때문에 국제시합은 국민들의 관심을 집중시키고 단결케 함으로써 국내문제를 희석시키는 데에 유용하게 사용될 수 있다.

1978년 아르헨티나는 월드컵을 개최하게 된다. 이보다 2년전에 아르헨티나에서는 군부쿠데타가 있었다. 여기서 정권을 잡은 독재자 비델라(Jorge Rafael Videla)는 아르헨티나월드컵을 정치적

---

[164] 이의 주체는 국가뿐만 아니라 기업, 단체, 개인 등도 될 수 있다.

도구로 삼았다.

아르헨티나는 이 월드컵에서 좋은 성적을 내기 위하여 수단과 방법을 가리지 않았다. 먼저 대진표를 짜는 데서부터 아르헨티나가 약체팀과 경기를 하도록 만들었다. 그리고 심판들을 매수하여 헝가리와의 대전에서는 헝가리 선수 2명이 퇴장되었고, 조별리그에서 강팀 서독을 피하려고 이탈리아전에서 일부러 졌고, 폴란드와의 경기에서는 아르헨티나 골에 들어가는 공을 선수가 손으로 쳐냈으나 퇴장을 당하지 않았고, 페루와의 경기에서는 다득점승이 필요하였는데 6-0으로 이겼다. 이 경기의 대가로 페루에 곡물원조와 차관을 제공하였다는 소문이 있었다. 그리고 결승전에서는 네덜란드팀을 맞아 경기 전날 네덜란드 선수들이 투숙한 호텔에 사람들이 몰려가 소리를 질러대어 선수들이 잠을 제대로 자지 못하게 함으로써 우승을 차지하였다. 최우수 선수, 최다득점 선수 모두 아르헨티나 선수에게 돌아갔으며, 심지어 아르헨티나팀은 페어플레이 상까지 받았다.

그런데 아르헨티나의 팀의 승리는 한 팀을 이길 때마다 독재권력은 강화되어 가고 있었고, 한 골을 넣을 때마다 독재권력에 반항하는 사람들이 죽어가고 있었다. 사람들이 경기에 취해서 열광하고 있는 동안 경기장과 멀지 않은 한 장소에서는 사람들을 고문하고 있었다. 죽은 사람들의 시체는 돌을 매달아서 강물에 버리거나 비행기로 실어 바다에 버렸다.[165] 이렇게 하여 1976년에서 1983년 사이의 군사독재기간에 사라진 사람의 숫자가 약 30,000명에 이르는 것으로 알려져 있다.[166]

---

[165] 1978 FIFA World Cup, n.d.

[166] Argentina Dirty War: Torture and baby theft trial under way, 2020

스포츠 행사

올림픽이나 월드컵 축구와 같은 대형 스포츠 행사는 세계사람들의 이목을 집중시킨다. 여기에 이를 개최하는 국가 사람들의 관심은 말할 필요가 없다. 스포츠 행사는 선수들만의 일이 아니다. 운동선수보다 수백 배 수천 배 더 많은 사람들로서 이루어지는 일이다. 관중도 있어야 하고, 행사를 진행하는 사람도 있어야 하며, 이러한 행사를 기획하고 추진하는 사람도 있어야 한다. 또 이런 행사를 개최하기 위해서는 엄청난 재원을 쏟아부어야 한다. 경기장과 선수촌도 짓고 주변 기간시설도 마련해야 하기 때문이다. 수많은 사람이 참여하고 많은 자원이 동원될 뿐만 아니라 국제적인 협력도 있어야 되기 때문에 국가적인 차원에서 행사를 하게 된다. 온 국민이 관심을 갖고 온 국가의 자원을 모아서 치르게 되는 국가적인 행사이기 때문에 이러한 행사는 당연히 정치적인 것으로 될 수밖에 없다.

이런 행사를 유치할 때 정부는 국민들의 호응을 얻기 위해서 보랏빛 청사진을 제시한다. 이 행사를 하게 되면 인프라건설, 관광의 증가, 투자가 증가함으로써 남는 장사라느니 국가발전에 큰 계기가 된다느니 하면서 홍보한다. 얼마의 경제적 효과를 거두고 얼마의 이익을 남길 것이라고 하지만 정부가 말한 대로 효과를 거두는 경우는 드물다. 대개 비용은 작게, 수입은 크게 계상하여 사업성을 과대포장하기 때문이다. 올림픽개최와 관련하여 사업진행과정을 보면 1960년 이래 실제 발생한 비용은 항상 예상했던 비용보다 증가하였으며, 그 비용증가 규모는 평균 172%나 되었다.[167]

---

[167] Is hosting the Olympics Games worth the investment? 2021

그런데다 변화무상한 세계 상황으로 사업에 대한 불확실성도 매우 높다. 2004 아테네하계올림픽은 911테러사태로 인하여 경호와 안전을 위해 예기치 못한 큰 비용을 지출하지 않으면 안 되었고, 2016 리우하계올림픽은 지카바이러스 발생으로 관광객이 오지 않았고, 2020 도쿄하계올림픽은 코로나바이러스로 무관중 경기를 치러야만 하였다. 여기에 국가 간에 알력이 생겨 국가들이 보이콧을 하게 되면 반쪽짜리 경기가 될 수도 있다.

천문학적 액수의 자금이 투입하여 경기장과 시설을 건설하지만, 이는 불과 며칠 동안의 올림픽기간이 지나고 나면 투자의 댓가를 뽑을 수 있을 정도로 쓸모 있게 사용할 데가 없다. 경기 전에 토목건설 산업에서는 활기를 주지만 연관효과가 크지 않아 이 건설이 끝나고 나면 경제적 효과는 거의 미미하다. 그래서 대부분의 올림픽은 개최국에 경제적인 부담으로 돌아왔고, 지금까지 흑자 올림픽은 이전의 올림픽경기장을 사용하여 올림픽을 치렀던 1984 로스앤젤레스하계올림픽이 유일한 것으로 알려져 있다.

국제경기를 하게 되면 개최국은 이 행사를 계기로 다른 나라들이 부러워할 정도로 좋은 모습을 보여주고자 한다. 이 행사를 계기로 국가와 도시를 한층 더 좋게 정비하고 성숙된 모습의 문화로 업그레이드시킬 수 있고, 대개 이런 것이 행사유치 목적의 주요한 한 부분이 된다. 그러기 위해서는 행사와 관련된 기간시설들을 건설하기 위해 기존의 건물이나 삶의 터전은 철거되어야 하는데 대단위의 영역에서 짧은 시간 내에 이런 일이 일어나게 된다. 또한 좋은 모습으로 보이기 위하여 빈민촌은 철거되고, 길거리의 노숙자는 강제로 수용되거나 퇴거된다. 이 과정에서 주로 사회적 약자들이 희생을 당하게 된다. 있어도 되고 없어도 되는 화려한 국가 행사를 위하여 사회적 약자들이 치르는 희생은 반드시 있어야 할 삶의 터전을 잃게 되는 것과 같이 치명적인 것이다. 뿐만 아니라 행사기간 동안 외국인들에 대한 배려나 안전문제와 같은 부대적인 여러 일들로 많은 인력이 동원되어야 하고 국민들은 많은 불편을 감수해야 한다.

그러다 보니 이런 행사를 반대하는 사람들이 나오게 되고 국가는 행사를 위하여 공권력으로 이들의 저항을 제거하지 않으면 안 되는 상황이 발생하게 된다. 이와 같은 일로 인하여 1968년 멕시코시티하계올림픽에서는 약 1,000명이 사망하였다.[168] 멕시코시티하계올림픽은 극단적인 경우이긴 하지만 올림픽을 개최하는 대부분의 나라에서 이와 비슷한 일을 겪게 된다. 다만 정도의 차이가 있을 뿐이다. 1980 모스크바하계올림픽에서 훌리건, 알코올중독자, 반정부자 등 외국기자들에게 사진 찍힐 만한 사람들은 모두 수용소로 데려갔다가 올림픽이 끝나고 풀어주었다. 1984 로스앤젤레스하계올림픽에서도 흑인, 게이, 페미니스트, 올림픽 반대 시위자 등이 경기장 주변에 나타나거나 매스컴에 오르내리거나 텔레비전 화면에 나오는 일이 없도록 조치를 취하였다.

그런데도 많은 국가들에서 올림픽을 개최하려고 하는 이유는 무엇인가? 엄청난 비용과 희생을 감내하지 않으면 안 되는 데도 불구하고 올림픽을 개최하는 것은 그만큼 돌아오는 이익이 있기 때문이고, 이는 경제적인 것보다는 주로 정치적인 것이다. 올림픽은 앞에서 본 대로 그 시작에서부터 정치적인 타산에서 시작되었다. 스포츠 행사는 권력정치(power politics)의 장이다. 올림픽 개최로 가져오는 이익은 국가의 대외적인 측면과 대내적인 측면으로

---

[168] Whannel, 2008, p. 43

나누어 볼 수 있다.

먼저 국가 대외적인 측면에서 국가이미지의 제고와 이에 파생되는 제반 이익이다. 올림픽을 개최한다는 것은 전 세계 사람들의 잔치를 주관하는 것이므로 그만큼 자국이 세계의 중심에 있다는 것을 인식케 하는 상징성을 갖는다. 우선 전 세계 사람들을 불러 모아 스포츠 잔치를 열 정도로 그만큼 역량 있고 앞서있는 나라라는 것이다. 그리고 올림픽을 개최하게 되면 전 세계의 이목을 집중시킬 수 있고, 이렇게 전 세계의 이목을 집중시킨 상태에서 자국의 산업, 기술, 문화, 관광 등 많은 분야에서 자국의 우수성과 선진성을 알릴 수 있다. 여기에 그치지 아니하고 올림픽을 개최하는 국가들은 이 행사를 통하여 전 세계 사람들에게 메시지를 줄 수 있다. 나치독일이 패전국가가 아니고 아리안의 우수 민족의 국가라는 것을 보여주고자 했던 1936 베를린하계올림픽만 그런 것이 아니고, 메시지를 전달하고자 하는 것은 다른 올림픽에서도 마찬가지이다. 예를 들면, 2008 베이징하계올림픽에서는 경제적으로 발전된 강국 중국이 중화의 이름으로 세계의 중심에 나선다는 것을 알리고자 하였고, 2014 소치동계올림픽은 옛 소련의 영광을 회복하는 강국 러시아의 모습을 보여주고자 하였고, 2018 평창동계올림픽에서 한국은 번영과 함께 남북한 통일에 대한 의지를 알리고자 하였으며, 2020 도쿄하계올림픽에서 일본은 경제침체에서 벗어나 번영을 구가하는 자유세계의 주도국으로서의 모습을 보여주려 하였다.

다음으로 국가 대내적인 측면에서 국민적 자존심의 고양과 국가의 정치적 안정이다. 스포츠가 갖는 단합력과 국제경기에서 나오는 자국주의의 단합력을 합치면 국민들의 단합력은 배가되기 때문에 국제 스포츠 행사는 국가체제와 정치체제를 안정시키고 강화하는 데 매우 유용하다. 국제 스포츠 행사는 정치 지도자들에게 있어서 권위를 높이고 위세를 펼쳐 보이는데 더없이 좋은 기회이다. 어느 나라가 국제 스포츠 행사를 하게 되면 다른 나라 지도자들은 이 나라의 지도자가 원하는 바, 국민들 앞에서 위엄을 보이는 일을 도와주게 된다. 그 나라에 선수를 보내 행사가 잘 되도록 해주고, 그리고 국가 정상이나 고위지도자들이 현지로 가서 행사국 지도자 옆에 서서 그의 위신을 세워주기도 한다. 이렇게 외국의 지도자들이 와서 자리를 빛내주면 행사국 지도자는 그만큼 국민들 앞에서 자신의 위엄을 과시할 수 있고, 이는 결국 정권을 안정적으로 이끌어가는데 도움이 된다. 다른 나라에 이렇게 협조해주는 것은 다음에 자국이 이러한 행사를 하게 될 때 다른 나라로부터 협조를 받을 것을 생각해서이다. 이렇게 국제 스포츠 행사는 국가 지도자들이 돌아가면서 서로를 도와주는 일종의 품앗이다. 그런데 국가 관계가 나빠지게 되었을 때 이런 일에 협조하지 않을 뿐만 아니라 반대로 방해에 나서게 된다. 대표적인 것이 올림픽 보이콧이다.

    2020 도쿄하계올림픽은 원래 2020년 7월 23일 열릴 예정이었으나 코로나바이러스 사태로 인하여 1년 연기되었다. 1년 연기한다고 할지라도 코로나바이러스 사태가 해소된다는 보장이 없었고, 여기에다 연기를 하게 되면 경기장 재임대, 숙박 재예약, 추가인건비 등이 발생하게 되어 추가비용만 해도 약 28억 달러에 달하는 것으로 알려졌다. 그래서 개최를 취소해야 한다는 여론이 많았다. 2021년 5월 10일, 요미우리신문이 일본 유권자를 대상으로 올림픽 개최에 대한 여론조사를 한 결과 응답자의 59%가 취소해야

한다고 답하였다.[169] 그럼에도 불구하고 끝끝내 올림픽은 치러졌으며, 이렇게 하여 124년 올림픽 역사상 처음으로 올림픽을 한 해 연기하여 2021년에 개최되었다.[170]

　　전 세계 수많은 사람들이 목숨을 잃고 일상이 파괴된 팬데믹의 비상상황에서도 올림픽을 치른 것을 보더라도 국가들이 이런 행사에 대한 집착이 간단치 않음을 짐작할 수 있다. 이런 상황에서도 포기하지 못하는 것은 그만큼 이 스포츠 행사가 국가에 큰 의미를 갖고 있다는 것을 말해주는 것이다. 이런 행사에 강한 집착을 보이는 사람들은 주로 자국주의 의식이 강한 사람들이다. 특히 국가를 앞세우는 정치가들이 이런 데 큰 역할을 한다. 이들 정치가들에 있어서는 국가의 위세를 보여주는 것이 무엇보다 중요하다. 2021년 7월, 아베 신조 전 일본총리는 도쿄올림픽 개최와 관련하여 "올림픽의 의의가 감동을 공유함으로써 일본인끼리의 유대를 서로 확인하는 것에 있다"며 "같은 체험을 하는 것은 정체성을 마주하고, 일본인으로서 자부심을 형성해 나가는 데 있어서도 빠뜨릴 수 없는 매우 중요한 요소"라 주장하였다. 또한, "자유와 민주주의를 받드는 일본이 올림픽을 성공시키는 것은 역사적인 의미가 있고, 일본에는 그럴 책임이 있다"고 하였다. 아베는 도쿄올림픽 개최를 반대하는 이들을 반일본 세력이라고 비난하였다.[171] 이러한 아베의 말은 한 마디 한 마디가 자국주의 교과서와 같은 말이다.

　　이러한 사정을 잘 알고서 사업을 하는 사람들이 국제올림픽

---

[169] 도쿄올림픽 개최 반대 여론에 스가 "국민 안전이 먼저," 2021
[170] 도쿄하계올림픽은 2021년에 열렸지만, 명칭은 2020 도쿄하계올림픽으로 하기로 하였다.
[171] 아베 "도쿄올림픽 개최 반대는 反日행위," 2021

위원회이다. 국제올림픽위원회는 국가가 원하는 것을 제공하고 자신들의 이익을 챙긴다. 국제올림픽위원회는 스스로 세계의 올림픽 개최를 적극 지원한다고 하지만 이는 생색내기에 불과하다. 도쿄올림픽만 하더라도 이 행사를 위하여 154억 달러가 들었지만 국제올림픽위원회가 지원한 것은 17억 달러에 불과하였다.[172] 국제올림픽위원회의 수입은 방송중계권료만 해도 30～40억 달러에 달한다. 이러한 수입들은 올림픽을 개최해야 거두어들일 수 있는 것이다. 그래서 코로나바이러스 문제로 일본이 올림픽 개최를 망설이게 되자 국제올림픽위원회는 끊임없이 개최할 것을 부추긴 것으로 알려지고 있다.

이런 것을 보면 국제올림픽위원회는 비난받아 마땅하다. 2019년부터 시작된 코로나바이러스 사태로 세계는 비상상황에 있었다. 사람 간의 접촉을 막아야 했기 때문에 사람이 한데 모이는 것은 금하고 있었고, 국가간에 사람 이동의 거의 차단되고 있었다. 이러한 상황에서 전 세계의 사람들이 대규모로 한데 모인다는 것은 위험천만한 일이었다. 또 전염을 막기위해 마스크를 착용해야만 하는데 마스크를 쓰고 경기를 할 수 없다. 그럼에도 올림픽을 한다는 것은 건강을 위해서 운동을 하는 것이 아니라 오히려 올림픽의 이름으로 운동으로 건강에 위협을 가하는 자가당착의 일을 하는 것이다. 전염병 확산으로 세계의 사람들이 큰 위험에 내몰릴 수도 있는 데도 국제올림픽위원회는 사람들의 생명과 건강 같은 것은 안중에도 없다. 그들은 국가의 정치지도자나 정치세력의 이해를 맞춰주면서 오로지 자기 이익에 충실한 집단으로서의 역할을 다하고 있는 것이다.

---

[172] International Olympic Committee, n.d.

이렇게 도쿄올림픽은 치러졌고, 일본은 올림픽을 개최한 여느 국가들과 마찬가지로 엄청난 적자의 부담을 안게 되었다. 그렇다면 도쿄올림픽은 무엇을 위하여 열렸는가? 일본은 금메달 획득 수에서 3위를 하여 국가의 위세를 높였고, 국제올림픽위원회는 이익을 챙겼다. 국제올림픽위원회가 일본인들에게 내셔널리즘의 마음을 채워주고 돈을 번 것이다.

2022 베이징동계올림픽 또한 순탄하지 않았다. 많은 국가들이 외교적 보이콧을 하거나 공식적인 대표를 보내지 않고 선수들만 보냈다. 중국의 국제관계와 중국 내의 민족문제라는 정치적인 문제가 올림픽 문제와 한데 엉키게 된 것이다. 지금 중국은 더 대국이 되기 위해서 홍콩은 물론이고 대만까지도 중국에 편입시키려하고 있으며, 장차 세계의 중심국가로서 패권국가가 되고자 하고 있다. 이런 가운데 중국은 대외적으로는 미국을 비롯한 기존세력 국가들과 마찰을 빚고 있고, 대내적으로는 위구르와 티베트와 같이 독립을 원하는 지역에서 강압통치와 인권탄압의 문제가 일어나고 있다.

이런 상황에서 2022 베이징동계올림픽을 하게 된 것이다. 중국은 올림픽을 통하여 발전된 중국의 모습을 세계에 보여줌으로써 중국의 위상을 드높이고 안으로는 국가적인 통합을 이루고자 한다. 중국이라는 나라가 세계 한가운데에 서서 강하고 위대한 면모를 보여줌으로써 국가 내의 모든 사람들이 중국이라는 이 위대한 나라의 국민인 것을 자랑스럽게 여기면서 중국 국민으로서의 정체성을 뚜렷이 새기게 되고, 이러한 가운데 자신들의 민족적인 정체성을 잊어버리기를 바라는 것이다.

그렇다면 중국 내 독립을 원하는 민족들에서는 이 올림픽이 반길만 한 일이 아니다. 자신들이 중국의 일부인 것을 기정사실화 시켜서 전 세계에 알리게 되며, 이에 더 나아가 중국 내에서 자신들이 마냥 행복해하는 것처럼 연출되는 이 행사에 즐거워할 수 없는 것이다. 현재 세계의 주도국인 미국의 입장에서도 중국이 이렇게 세계에 그 능력을 과시하면서 힘을 확대해나가려 하고 있는 것이 좋게 보일 리 없다. 2008 베이징하계올림픽 때만 하더라도 중국이 패권국가로의 의도를 노골적으로 드러내지 않았으므로 올림픽을 중국의 세계무대 참여라는 의미로서의 좋은 쪽으로 해석하였다. 그래서 당시에는 미국 대통령 부시도 개막식에 참석하여 함께 축하해주었던 것이다. 그런데 지금은 사정이 완전히 달라졌다. 중국은 과거 냉전시대의 소련처럼 모든 분야에서 미국과 갈등하고 경쟁하는 관계가 되었다.

2019년 중국 신장지역에 대한 인권탄압실태가 알려지고 홍콩에서의 반중시위가 일어나면서 많은 인권단체들은 인권문제를 도외시하는 국제올림픽위원회를 비난하고 나섰고, 2022 베이징동계올림픽을 보이콧해야 한다는 여론이 일게 된다. 이에 국가에 따라서는 올림픽을 보이콧해야 한다는 의견도 있었으나, 2021년 12월, 미국과 서방 주요 국가들은 베이징올림픽에 대하여 외교적 보이콧을 하거나 공식적인 대표를 보내지 않고 선수들만 보내기로 하였다. 이렇게 한 것은 올림픽에 대비해서 훈련해온 선수들을 생각해서 선수들의 참가를 막지는 않는다는 취지도 있고, 또 일방적으로 보이콧을 하게 되면 다음 대회에 출전 제재를 당하는 불이익을 받을 수 있기 때문이었다.

위구르 인권문제와 관련하여, 2021년 10월, 국제올림픽위원회 부회장 코터스(John Coates)는 이는 국제올림픽위원회의 권한 밖의 문제라고 하였다. 이러한 문제에 있어서 국제올림픽위원회의 입장은 분명하다. 올림픽은 정치문제에 개입하지 않는다라는 것이다. 그 근거는 "올림픽 중에 어떠한 종류이든 시위나, 정치적, 종교적, 인종적 선전은 금한다"라고 규정한 올림픽 헌장 제50조다. 올림픽 행사 중에 정치적인 시위를 하거나 종교적인 선전을 하게 되면 경기가 제대로 진행되기가 어려운 것은 당연하다. 그렇다면 이는 올림픽행사의 순조로운 진행을 위한 규정이다. 그런데 문제는 올림픽행사 자체가 정치적인 성격을 갖는 데 있다. 중국과 같은 나라에 올림픽을 한다는 것 자체가 중국이라는 국가의 통합을 위한 행사여서 그 속에 있는 민족의 독립운동 기운을 약화시키는 일을 하는 것이 되기 때문이다. 이것은 국제올림픽위원회가 중국을 돕게 되는 것이고 그만큼 티벳, 위구르, 홍콩 등의 사람들 이해를 해치는 것이 된다. 티벳, 위구르, 홍콩 등과 같이 독자적인 국가를 원하는 국인들로 하여금 국인자결의 의지를 꺾는데 일조하게 되는 것이다.

올림픽의 효익은 모든 사람에 동일하지 아니하다. 특정 정치세력이나 특정 계층의 사람들은 올림픽을 더 잘 활용할 수 있다. 정치지도자는 스포츠를 통하여 국가체제와 정치체제를 안정시키고 강화할 수 있다. 그래서 그들에게 있어서 이러한 행사의 효익은 매우 크다. 그들은 국가 전체의 영광을 위해서 국민들이 경제적인 부담을 지게 되거나 하층민이 어려움을 겪게 된다고 하더라도 그건 어쩔 수 없는 일이라고 생각한다.

야심 많은 정치가들은 자국의 영광을 보여주고 싶어한다. 그래서 국제 스포츠 행사를 자국에서 치르면서 자국의 영광을 보여주고 싶어 한다. 근래에 중국과 러시아에서 올림픽과 월드컵 같은 스포츠 행사가 많았다. 서방언론들은 심심찮게 이들 국가에서의 스포츠 행사를 히틀러의 1936 베를린하계올림픽에 비유하였다. 히틀러의 과도한 야망과 패망이 이 베를린올림픽을 기이하고 잘못된 올림픽으로 기억하게 할 뿐이다. 이 올림픽이 조금 유별났을 뿐 다른 올림픽이라고 해서 전혀 달랐다고 할 수는 없다. 어느 올림픽이나 이러한 성격이 있고 다만 정도의 차이가 있을 뿐이다.

그래서 독재 국가 또는 권위주의 국가이거나 힘을 추구하는 정치지도자일 때 이러한 행사를 유치하는 것을 더 좋아한다. 국민의 의사가 제대로 반영되는 민주주의 국가일수록 이러한 정치행사로서의 스포츠가 높게 평가되지 않는다. 2018년 동계올림픽개최를 두고 대한민국 평창과 경쟁했던 독일의 뮌헨은 시민들의 절반도 유치에 찬성하지 않았고, 2024년 하계올림픽 유치경쟁에서 보스톤은 시민들의 반대로 올림픽 유치신청을 철회하였다.

사실 2022 베이징동계올림픽도 원래 노르웨이 오슬로에서 개최될 가능성이 높았으나 국민들의 반대로 개최지가 바뀌게 되었다. 원래 노르웨이 올림픽위원회에서 개최하기를 원하였고 국제올림픽위원회도 노르웨이가 개최하기를 기대하였다. 2014년 7월, 국제올림픽위원회는 2022년 동계올림픽 개최 후보지로 노르웨이의 오슬로, 중국의 베이징, 카자흐스탄의 알마티, 세 개의 시를 선정하였다. 이중에서 오슬로가 기술점수에서 가장 높았다. 그런데 노르웨이에서 정부는 개최를 긍정적으로 검토하고 있었지만 국민들이 이를 달가워하지 않았다. 2014년 7월에 실시된 투표결과 올림픽 개최 찬성비율이 29%에 불과하였다. 그래서 노르웨이는 개최의사를 철회하였고, 이에 2015년 7월, 올림픽위원회는 베이징과 알마티 중에서 베이징을 개최지로 선정하게 된 것이다.

여기서 특히 문제가 되었던 것은 국제올림픽위원회였다. 국제올림픽위원회가 자신들에 대한 특별한 대우를 요구하고, 오슬로 전역에 국제올림픽위원회의 후원사의 광고를 요구하는 등 평등과 자유를 기치로 하는 서구 민주주의의 가치에 맞지 않는 짓을 하는 것을 보고 노르웨이 사람들이 질려버린 것이다. 노르웨이의 어느 일간지는 다음과 같이 썼다. "노르웨이는 부자나라다. 하지만 우리는 국제올림픽 패거리의 미친 요구를 만족시켜주는 그런 잘못된 곳에 돈을 쓰기 원치 않는다."[173]

이렇게 올림픽 행사가 갖는 문제뿐만 아니라 국제올림픽위원회가 갖는 문제도 간단치 않아서 이에 대한 국제사회의 비판이 적지 않다. 국제올림픽위원회는 세계 스포츠계를 지배한다. 위원회의 위원은 2022년 현재 105명인데, 이들은 모든 나라를 대표하는 것도 아니고 국제올림픽위원회에서 그들 스스로 뽑는다. 국제올림픽위원회는 비민주적이며, 불투명하고, 외부적인 감사도 없는 상태에서 외부의 비판을 듣지 않는 가운데 자신들끼리 운영하는 폐쇄적인 집단이다. 위원들은 귀족처럼 행세하면서 사치하고 낭비하며 부패한 것으로 널리 알려져 있다. 세계 어느 나라로 가더라도 위원이 투숙한 호텔에는 그의 나라의 국기가 게양되는 등 국제적으로 최고의 귀빈으로서 대접을 받으며 사치를 누린다. 국가들이 서로 올림픽을 개최하려고 올림픽위원회의 비위를 맞추려다 보니 올림픽위원회의 사람들은 이렇게 큰 권력을 누리고 있는 것이다.

올림픽개최지를 선정할 때 개최를 희망하는 도시들에 대하여 경쟁입찰을 하는 방식으로 하기 때문에 여기서 도시들이 경쟁하

---

[173] Oslo bid for the 2022 Winter Olympics, n.d.

면서 과다지출하는 폐해가 발생한다. 국제올림픽위원회는 정치적인 구조, 사회적 환경, 인권 등과 같은 문제는 고려하지 않는다. 그저 경기하는데 좋도록 잘 차려 놓고 자신들에게 이익만 많이 생기게 해주면 되는 것이다. 국제올림픽위원회의 입장으로 보면 인권이니 환경이니 하면서 다양한 가치를 중시하는 민주주의 국가는 골치 아픈 고객이다. 이에 반하여 국민들의 뜻과 상관없이 통치하는 권위주의 정부는 잡음이나 복잡한 문제없이 일이 잘 진행되기 때문에 일하기 좋은 고객이다. 그래서 국제올림픽위원회에 있어서 우수고객은 권위주의 국가이며, 또한 국제올림픽위원회가 제공하는 내셔널리즘의 장을 가장 원하는 정부 또한 권위주의 정부이어서 권위주의 정부와 국제올림픽위원회는 서로 좋은 파트너가 된다.

국제 스포츠 행사의 찬란한 모습 이면에는 지배세력의 허영, 사회적인 부담, 약자들의 희생 등을 비롯한 많은 부정적 요인들이 있다. 이런 점을 생각하면 국민들의 입장에서 이런 행사가 무조건 좋은 일이라고만 받아들여지기 어려운 것이다. 그럼에도 불구하고 이런 행사가 대부분의 국민들로부터 환영받고 큰 저항없이 진행되는 것은 국민들도 내셔널리즘을 갖고 있기 때문이다. 이러한 내셔널리즘의 많은 부분은 국가에 의하여 끊임없이 교육받고 이끌려져서 갖게 된 것이다. 이렇게 형성되는 내셔널리즘은 권위주의 사회일수록 저발전 사회일수록 강하다. 그래서 이런 사회일수록 이 같은 스포츠 행사에 더 열광하는 것은 자연스러운 일이다.

승자만을 위한 축제

경기는 승자를 가리는 일이고, 기쁨과 영광은 승자의 몫이다.

경기에서 자국의 선수가 승리할 때 사람들은 자국을 자랑스럽게 생각하게 되고 애국심도 생긴다. 이러한 가운데 사람들은 선수와 자신을 같은 나라 사람으로서 일치시키면서 그 나라 국인으로서 정체성도 강화된다.

1993년 치앨디니(Robert B. Cialdini)는 경기에서의 승패가 사람들의 심리에 어떤 영향을 주는지를 연구하였다. 미국의 대학에서 학교 미식축구팀이 다른 학교팀과 시합을 한 이후에 자기 학교팀이 이겼을 때와 졌을 때, 학생들의 행동에 차이가 있는지를 조사하였다. 조사결과, 자기 학교팀이 이겼을 때 다음날 학교에 올 때 학교로고 표시가 있는 옷을 입고 오는 학생수가 증가하였다.[174] 그리고 시합 다음날 학생들에게 전화를 하여 시합에 대한 이야기를 해보았다. 학교팀이 이겼을 때 학생들은 학교팀과 선수들을 지칭하는 말로 우리(we, our)라는 말을 많이 사용하고, 그들(they. their)이라는 말을 적게 사용하는 반면, 학교팀이 졌을 때는 우리라는 말을 적게 사용하고 그들이라는 말을 많이 사용하였다.

이렇게 사람들은 집단이 잘되면 거기에 자신을 편입시키고, 못되면 자신을 편입시키려 하지 않는다. 이런 선택적인 편입은 개인의 행복을 증가시키는 하나의 방법이기도 하다. 잘되는 집단에는 자신을 편입시키고 못되는 집단에는 자신을 뺌으로써 삶에서의 기쁨은 늘리고 슬픔은 줄이는 방법이 되는 것이다.

이는 사람에 있어서 자기 집단 팀이 이기면 자신과 자기 집단과의 일체감이 증가됨을 의미한다. 같은 원리로 국제경기에서의 승리는 국민들로 하여금 국가와 자신 간에 일체감을 증가시키게 하고 애국자로 만든다. 이기면 국민들의 마음은 고무되고 관대해

---

[174] Cialdini, 1993, pp.199~200

지고 긍정적으로 되는 반면에, 지면 우울해지고 각박해지고 부정적으로 된다. 이기면 선수와 체육계 임원에 대하여 칭찬하고 싶고, 노고를 치하하고 싶고, 국가지도자를 따르고 싶고, 문제가 있더라도 문제삼고 싶지 않다. 그러나 지면 완전히 그 반대이다. 정치가들이 이를 모를 리 없다. 그래서 이런 것을 잘 활용하는 것도 국민을 다스리는 하나의 기술이다. 국민이 우울하면 국가지도자의 위상도 흔들리고 국민이 즐거워하면 그의 위상도 공고해진다. 중요한 시합에서 자국의 선수가 승리했을 때 정치지도자도 꼭 등장하여 치하했다는 등의 뉴스를 내보낸다. 국가적 스포츠 행사가 갖는 국민감정에서의 영향력이 크기 때문에 정치지도자들은 이런 기회를 최대한 활용하여 자신의 이익을 도모하는 것이다. 그러기 위해서는 자국 선수들이 이겨야 한다. 자국 선수들이 이기도록 하는 좋은 방법 중의 하나는 자국에서 경기를 하는 것이다. 자국에서 경기를 하게 되면 이기기도 쉬울 뿐 아니라 국민들의 관심이 더 집중되기 때문에 효과 또한 더 커진다.

2014년 2월, 김연아가 소치 올림픽에서 은메달을 따던 날은 한국국민들에게 씁쓸한 기억을 남긴 날이었다. 경기를 지켜본 국민들은 여느 때와 다름없이 김연아가 경기를 잘했기 때문에 당연히 금메달일 것으로 생각하고 있었다. 그러나 어이없게도 금메달은 러시아의 무명 신인 소트니코바(Adelina Sotnikova)에게 돌아갔다. 사람들은 러시아가 동계올림픽 개최국이고 푸틴 대통령의 성향을 보아 불리하리라고 예상은 하고 있었지만 그렇다고 분하지 않은 것은 아니었다. 이런 운동은 전문적인 것이어서 일반인들 눈에는 누가 잘했는지 판단하기가 쉽지 않다. 그만큼 심판들의 재량적인 범위는 넓어져 불순한 요인이 작용하기 쉬운 셈이다. 심판 9명 중에는 러시아 스케이트연맹회장의 부인 세코프세바(Alla Shekhovtseva)를 비롯하여 러시아와 가까운 심판들로 구성되어 있었다. 한국 사람들 중에 심판이 공정하였다고 믿는 사람은 거의 없었다. 국제적으로도 미국의 전 피겨 챔피언을 포함하여 여러 전문가들도 판정이 잘못되었다고 한국편을 들었다.[175]

소트니코바는 올림픽 이전에는 무명선수나 다름없었다. 소트니코바는 프리스케이팅에서 149.95를 받았다. 그런데 이 경기 전에 그녀가 받았던 최고 점수는 131.63이었다. 전문가들도 어떻게 한두 달 만에 이렇게 실력이 느는 것이 가능한 일이냐고 반문하였다.[176] 올림픽 이전에도 이후에도 그런 일이 없었는데 이 올림픽에서만 그렇게 높은 점수를 받았다. 올림픽 이후 그녀는 2014년 세계선수권대회에 불참하였고, 2020년 은퇴를 선언하기까지 주요 국제대회에 한 번도 우승은 고사하고 제대로 된 성적조차 내본 적이 없었다. 부상을 이유로 출전하지 않거나 중간에 포기하기도 하였다. 이는 올림픽에서의 성과가 부담스러웠다는 추론이 충분이 가능하고, 이런 것 또한 올림픽에서의 판정이 잘못되었다는 것을 사후적으로 다시 한번 입증하는 것이 되었다.

당시 한국 국민들은 격앙했다. 한국 언론들은 금메달을 도둑

---

[175] Sochi scandal as Putin blamed for bias judging, 2014
[176] Macur, 2014

맞은 것으로 표현했다. 이를 시정해야 한다는 인터넷 청원이 쇄도하여 12시간 만에 120만 명이 서명하는 신기록을 세우기도 하였다. 하지만 강국인 러시아를 너무 자극하지 않는 것이 좋다는 생각과 다음 올림픽을 한국의 평창에서 개최하는 것을 고려해서 곧 자제하는 분위기로 돌아섰다.

푸틴은 2014년 2월 24일, 러시아 선수들을 치하하기 위하여 올림픽촌을 방문하였다. 물론 이 행사에서 소트니코바와 기쁨을 나누고 정답게 사진을 찍는 일도 빠지지 않았다. 그리고 다음과 같은 연설을 하였다.

소치동계올림픽 후의 러시아

여러분들은 우리나라가 눈부신 기량의 강한 선수들을 끊임없이 배출하는 나라라는 것을 세상에 보여주었다.

여러분들은 우리 인민들을 기쁘게 해주었고, 수백만 인민들의 가슴을 하나로 뛰게 만들었으며, 인민들에게 조국에 대한 자부심을 가득 채워주었다.[177]

---

[177] Meeting with medallists at the XXII 2014 Winter Olympics, 2014

러시아는 소치올림픽을 통하여 소기의 목적을 달성하였다. 소련이 해체되고 러시아로 된 이후 국가의 위상이 크게 추락하였고, 러시아가 약한 모습을 보이는 동안 구소련 독립국가들은 러시아 세력권으로부터 점점 이탈해가고 있다. 이러한 시점에서 푸틴은 어떻게 해서든 러시아를 다시 강하게 되돌려 놓겠다는 생각을 하고 있었다. 그래서 소치동계올림픽에서도 러시아의 강한 면모를 보임으로써 대내적으로는 국가적인 통합을 기하고 대외적으로는 국가위상을 제고하려 하였다. 러시아는 2010 밴쿠버동계올림픽에서는 금메달 3개를 따서 메달 국가순위 11위였지만 소치올림픽에서는 금메달 13개로 국가순위 1위를 차지하였다.

미국은 금메달 순위에서 4위를 하였다. 피겨스케이팅에서 미국은 1936년 이래 처음으로 남, 녀, 페어 모든 종목에서 하나의 메달도 따지 못하였다. 한국은 이 올림픽에서는 금메달 순위에서 13위를 하였다. 안현수마저 러시아로 귀화하여 러시아에 금메달을 세 개나 안겨주는 등 러시아의 집념어린 메달모으기 덕분에 한국은 금메달을 놓치게 되었고, 이렇게 금메달 4개를 잃지 않았더라면 메달 순위 종합 7위가 될 수 있었지만 13위로 주저앉은 것이다.

그런데 스포츠에 있어서 개최국 독식 현상은 어느 나라나 마찬가지이다. 2008 베이징하계올림픽에서 중국은 금메달 51개로 36개를 획득한 미국을 제치고 사상 처음으로 1위를 차지하였다. 2020 도쿄하계올림픽에서는 일본은 금 27, 은 14, 동 17, 메달합계 58개로 3위를 하였다. 2012 런던하계올림픽에서 금메달 7개로 11위 한 나라가 자국에서 개최한 대회에서는 금메달 27개로 무려 20개나 더 딴 것이다. 1964 도쿄하계올림픽에서도 일본은 금 16개로 3위를 하였고, 1998 나가노동계올림픽에서 일본은 금 5개로 국가순위 7위였지만, 다음 회 2002 솔트레이크동계올림픽에서는 금, 은, 동 통틀어 하나의 메달도 따지 못하였다. 한국이라고 해서 다를 것 없다. 1988 서울올림픽에서는 금메달 12개로 4위를 하였다. 한국에서 개최된 2002 월드컵에서는 한국이 4강까지 올라갔다.

자국에서 경기를 하게 되면 이렇게 좋은 성과를 내게 되니 국가들이 국제 스포츠 행사를 자국에서 개최하려 하는 것이다. 국제 스포츠 행사를 하는 데 엄청난 비용이 들지만, 경기에서의 좋은 성과를 낼 수 있고 이를 통하여 국민들의 자부심과 애국심을 늘릴 수 있다. 국민들의 애국심을 늘리는 일은 쉬운 일이 아니고 그 방법도 많지 않기 때문에 국가들은 능력만 된다면 이런 일을 하려고 하는 것이다.

한편 경기를 개최하지 않는 국가의 입장에서는 상황이 반대로 된다. 개최국이 좋은 성적을 내고 메달을 많이 가져간 만큼 개최하지 않는 국가는 그만큼 나쁜 성적과 적은 수의 메달을 갖게 되는 것이다. 치앨디니의 연구를 바탕으로 생각하면 시합에서 지고 메달을 따지 못하는 나라의 국민들은 그만큼 자국에 대한 자부심과 애국심이 약해지는 것이 된다. 2014 소치올림픽에서의 한국의 경우를 예로서 생각해 보자. 한국이 러시아에 많은 메달을 빼앗기고 실제 받아야 할 만큼 메달을 받지 못하는 것을 보고 국민들에게 어떤 영향을 주었을까? 분한 마음에 일부 국민들은 더 애국심이 커지기도 하였겠지만 적지 않은 국민들은 허탈한 마음에 나라에 대한 기대가 약해졌을 수도 있다. 선수의 입장에서도 자신을 우승하게 해주는 나라가 좋은 나라이다. 운동에 그 인생을 건 선수들의 입장에서는 자신의 노력을 지켜주지 못하는 국가가 원망스러울 수도 있다. 그래서 경기에서 우승할 기회를 찾아서 조국을 버리고 개최국으로 국적을 바꾸는 경우도 발생하게 되는 것이다. 한국인의 입장에서 이 올림픽의 결과를 두고 한 선수는 주최국의 농간에 의하여 금메달을 빼앗기고 다른 한 선수는 한국을 등지고 메달을 4개나 주최국에 갖다 주었으니 마음이 쓰라리지 않을 수 없다. 생각할수록 한편으로는 국력이 약한 것에 대한 한탄이요, 한편으로는 동포에 대한 원망이 생기게 되는 것이다. 나라에 대한 한탄과 동포에 대한 원망은 결국 자국에 대한 자부심의 저하이고 자국주의의 약화이며 이는 바로 국력의 약화로 연결되는 것이다.

그래서 모든 국가는 국제경기행사를 할 수만 있으면 자국에서 개최하려고 한다. 하지만 잘 사는 국가들은 국제경기를 개최할 수 있지만 못사는 국가는 그럴 수 없다. 이렇게 보면 국민들의 애국심에 있어서 국제경기행사는 잘 사는 나라에 유리하게 하고 못사는 나라에 불리하게 한다. 애국심이 국력의 중요한 한 요인이라면 이러한 국제 스포츠 행사의 존재가 강국은 더 강하게 하고 약국은 더 약하게 하는 인자로서 기능하고 있는 것이다.

여기서 개최국에서 메달을 많이 따는 것을 전제로 하여 논의를 하였다. 그런데 개최국에서 실제 메달을 많이 따는지에 대해서는 몇몇 예를 들었을 뿐이다. 이러한 논의의 기초이자 이 논의가 의미있기 위해서는 개최국이 실제 메달을 많이 딴다는 것이 틀림없는 사실이어야 한다. 그래서 이 부분을 별도로 떼어내어 정확하게 분석 검증해 보기로 하자.

개최국 프리미엄

국제경기에서 개최국의 선수들은 외국에서 경기를 할 때보다 더 좋은 성적을 내는가? 이를 알아보기 위하여 실증분석을 해보았다. 모든 국제경기를 다 분석하기는 어려우므로 대표적인 국제 스포츠 행사인 하계올림픽을 대상으로 그 국가별 메달획득분포를 중심으로 분석하였다. 동계올림픽도 분석할 수 있으나 동계올림픽은 참가하는 국가나 개최하는 국가가 모두 편중되어 있다. 동계올림픽은 얼음과 눈위에서 하는 경기인데 열대지역이나 아열대지역 국가들처럼 지구상에는 얼음과 눈이 없는 나라들도 많기 때문이다. 그래서 참가국가나 개최할 수 있는 국가가 더 넓게 분포하는 하계올림픽만을 대상으로 하는 것이 더 객관적인 결과를 얻을 수 있다는 판단하에 하계올림픽만을 대상으로 하였다.

올림픽은 1896년 제1회 아테네올림픽에서부터 2021년 32회 도쿄올림픽에 이르기까지 총 29회 열렸다. 올림픽은 매 4년마다 열리게 되어 있지만, 제1차 세계대전으로 1회, 제2차 세계대전으로 2회, 총 3회 열리지 않았다. 그런데 이 중 1980 모스크바하계올림픽과 1984 로스앤젤레스하계올림픽의 두 대회는 분석에서 제외하였다. 1980 모스크바하계올림픽은 미국을 중심으로 하는 자유주의 진영에서 불참하고, 1984 로스앤젤레스하계올림픽은 소련을 비롯한 공산주의 국가들이 불참한 반쪽대회였다. 많은 수의 국가들이 불참하였고, 양 진영의 국가들이 서로 불참하였기 때문에 개최국의 메달경쟁국이 불참하게 되어 이 두 대회는 메달획득에 있어서 개최국에 더 집중될 수밖에 없었다. 그래서 두 대회를 포함하게 되면 개최국 메달 집중 효과가 실제 이상으로 부풀려지는 결과를 가져올 수 있기 때문에 제외한 것이다.

그리고 매회의 경기마다 경기종목수에 변화가 있었고 이에 따라 전체 메달의 수가 다르다는 점을 고려하여 전체 메달에 대한 각국이 획득한 메달의 점유비(%)를 기준으로 조사하였다. 구체적으로 설명하자면 올림픽은 시간이 갈수록 종목이 많아지고 이에 따라 메달 수도 늘었다. 예를 들면 제1회 아테네올림픽에서는 금메달 43개, 메달전체 122개에 불과하였지만, 제32회 도쿄올림픽에서는 금메달 339개, 메달전체 1,080개로 늘었다. 이는 어느 나라가 1개의 금메달을 획득했다고 했을 때 제1회 아테네올림픽에서 획득한 것과 제32회 도쿄올림픽에서 획득했을 때의 의미는 같지 않다. 예를 들어 만약 어느 나라가 25개의 금메달을 획득하였다고 가정한다면, 이것이 제1회 아테네올림픽에서라면 이 나라가 전체 금메달 절반을 넘게 획득한 것이 되고, 제32회 도쿄올림픽에서라면 전체 금메달의 10%도 안 되는 수를 획득한 것이다. 그래서 개최 시기를 가로질러 객관적인 비교를 하기 위해서는 어느 대회에서 개별국가가 획득한 메달개수가 아니라 그 대회 메달총수에 대한 개별국가가 획득한 개수의 점유비를 기준으로 삼지 않으면 안 된다.

[표 5-1]은 올림픽 개최국들의 개최 시와 비개최 시의 메달획득 현황을 보여주고 있다. 메달획득에 대한 수치들을 맨눈으로 보더라도 자국에서 올림픽을 할 때의 메달획득 비율과 다른 나라에서 올림픽을 할 때의 메달획득 비율에서 그 차이가 뚜렷함을 알 수 있다. 그렇지만 일단 정말 차이가 있는지 통계적 방법으로 분석해 보았다. [표 5-2]는 국가들이 자국에서 개최하였을 경우에 메달획득 비율의 평균치와 타국에서 개최하는 경우, 즉 자국에서 개최하지 않았을 경우에 메달획득 비율의 평균치를 쌍체검정으로 t-검정으로 분석하였다. 분석결과 자국에서 올림픽을 개최할 때와 그렇지 않을 때 유의미한 차이가 있었다.

표 5-1 **자국개최시와 타국개최시의 메달획득**

국가	개최 회수	금메달 자국개최시 (A)	금메달 타국개최시 (B)	A-B	A/B
미국	3	44.28	20.10	24.18	2.20
독일	2	21.15	7.10	14.05	2.98
영국	3	20.92	4.78	16.13	4.37
프랑스	2	19.60	4.17	15.43	4.70
오스트레일리아	2	6.92	2.41	4.51	2.87
네덜란드	1	5.45	1.67	3.78	3.26
이탈리아	1	8.55	4.02	4.53	2.13
스웨덴	1	23.30	3.04	20.26	7.67
벨기에	1	8.97	0.79	8.19	11.42
핀란드	1	4.03	2.78	1.25	1.45
캐나다	1	0.00	1.35	-1.35	0.00
한국	1	4.98	1.67	3.31	2.98
중국	1	16.89	7.38	9.50	2.29
일본	2	8.89	2.80	6.09	3.17
멕시코	1	1.72	0.19	1.54	9.20
그리스	2	12.62	0.31	12.31	40.38
스페인	1	5.00	0.58	4.42	8.68
브라질	1	2.28	0.50	1.78	4.57
합계	27				
평균				8.33	6.35

참고: 1. 하계올림픽 29회 중, 1980 모스크바올림픽, 1984 로스앤젤레스올림픽은 제외하고 총 27회의 올림픽을 대상으로 함.

2. 타국개최 시와 자국개최 시 수치는 메달획득 평균점유백분율(%)임.

국가	개최 회수	메달전체 자국개최시 (A)	타국개최시 (B)	A-B	A/B
미국	3	42.37	15.75	26.62	2.69
독일	2	20.30	7.55	12.75	2.69
영국	3	19.14	4.94	14.20	3.87
프랑스	2	23.87	4.29	19.58	5.56
오스트레일리아	2	6.86	2.58	4.28	2.66
네덜란드	1	5.81	1.90	3.91	3.06
이탈리아	1	7.81	3.75	4.06	2.08
스웨덴	1	20.97	3.52	17.45	5.96
벨기에	1	8.20	1.08	7.12	7.57
핀란드	1	4.79	2.77	2.02	1.73
캐나다	1	1.79	1.85	−0.05	0.97
한국	1	4.47	1.78	2.69	2.51
중국	1	10.45	5.99	4.46	1.74
일본	2	5.56	2.93	2.63	1.90
멕시코	1	1.71	0.38	1.33	4.48
그리스	2	19.72	0.32	19.39	60.69
스페인	1	2.70	0.71	1.98	3.78
브라질	1	1.95	0.72	1.23	2.69
합계	27				
평균				8.09	6.48

참고: 1. 하계올림픽 29회 중, 1980 모스크바올림픽, 1984 로스앤젤레스올림픽은 제외하고 총 27회의 올림픽을 대상으로 함.
2. 타국개최 시와 자국개최 시 수치는 메달획득 평균점유백분율(%)임.

표 5-2　　　t-검정(쌍체 비교) 결과

	금메달	
	자국개최시	타국개최시
평균	0.119756	0.036464
분산	0.011884	0.002149
관측수	18	
피어슨 상관 계수	0.874476	
가설 평균차	0	
자유도	17	
t 통계량	-4.90292	
P(T<=t) 단측 검정	6.72E-05	
t 기각치 단측 검정	3.645767	
P(T<=t) 양측 검정	0.000134	
t 기각치 양측 검정	3.965126	

	메달합계	
	자국개최시	타국개최시
평균	0.115819	0.034904
분산	0.011571	0.001332
관측수	18	
피어슨 상관 계수	0.81582	
가설 평균차	0	
자유도	17	
t 통계량	-4.25907	
P(T<=t) 단측 검정	0.000265	

t 기각치 단측 검정	3.645767
P(T<=t) 양측 검정	0.00053
t 기각치 양측 검정	3.965126

　　t-검증 결과 금메달과 메달전체 모두에서 개최 때의 메달획득과 비개최 때의 메달획득에 차이가 있음이 통계적으로 신뢰도 99.9%수준에서 확인되고 있다. 이는 올림픽을 자국에서 개최했을 때와 개최하지 않았을 때의 메달획득 비율 수준이 확실히 다름을 확인시켜주는 것이다.

　　[표 5-1]에서 타국개최 시와 자국개최 시의 수치를 보면 거의 모든 경우에 자국개최 시에 많은 메달을 획득하였음을 보여주고 있다. 자국개최의 경우에 자국에서 개최하지 않을 때보다 항상 많은 메달을 획득한다. 그런데 자국개최에서 더 많은 메달을 획득하지 못한 경우가 딱 한 번 있었는데 1976 몬트리올하계올림픽에서 캐나다였다. 이때 캐나다는 다른 때보다 메달획득이 부진하였는데, 하계올림픽 역사상 개최국으로서 금메달을 따지 못한 유일한 경우이다.

　　어느 국가가 자국에서 올림픽을 개최했을 경우에는 자국에서 개최하지 않을 때보다 금메달의 경우에는 평균 8.33%를 더 획득하고, 메달전체에서는 8.09%를 더 획득하고 있었다. 이를 개수로 환산하면, 금메달 339개, 메달전체 1,080개를 놓고 시합을 벌였던 2020 도쿄하계올림픽을 기준하면 금메달의 경우는 약 28개를 더 따고, 메달전체로는 약 87개를 더 따는 결과로 된다. 다소 숫자가 많지만 이는 올림픽 초기에 워낙 개최국이 메달을 많이 가져갔기 때문이다. 예를 들자면, 1904년 제3회 세인트루이스올림픽에서는

96개의 금메달 중 미국이 78개(81.25%)를 가져가고, 1908년 제4회 런던올림픽에서는 110개의 금메달 중 영국이 56개(50.91%)를 가져갔다. 또한 다른 나라에서 개최할 때는 금메달을 한 개도 따지 못하거나 소수의 금메달을 따는 나라들도 개최국이 되었을 때는 많은 메달을 가져갔다. 1896년 제1회 아테네올림픽에서는 금메달 43개 중 그리스가 10개(23.26%)를 가져가고, 1912년 스톡홀름올림픽에서는 금메달 103개 중 스웨덴이 24개(23.30%)를 가져갔다. 올림픽 초기에는 개최국의 잔치로서의 성격이 더 강했던 것이다.

비율로 보자면 자국에서 올림픽을 개최할 때 자국에서 개최하지 않을 때보다 평균적으로 금메달에 있어서는 6.35배 더 획득하였고, 메달전체에서는 6.48배 더 획득하였다. 이로써 자국에서 올림픽을 개최할 때와 자국에서 개최하지 않을 때에서의 메달획득의 차이는 일반적으로 상상하는 수준 이상으로 크다는 것을 확인할 수 있다.

이상의 분석결과로 일단 올림픽을 개최할 때 메달을 더 많이 딴다는 것은 확인되었다. 그렇다면 더 많이 따는 이유가 무엇인가? 스포츠계에서는 개최국효과라고 해서 개최국의 선수들이 유리하다는 것은 일반적으로 인정되고 있다. 그리고 그 이유는 대개 다음과 같다. 첫째, 경기장이나 숙소 등에서 적응문제에서 유리하다. 타국에서 온 선수들은 경기장도 덜 익숙할 뿐만 아니라 낯선 숙소나 음식 등 생활환경에서 적응해야 하는 어려움을 극복해야 하기 때문이다. 둘째, 여행과 시차문제가 있다. 타국에서 오는 선수들은 여행과 시차로 인하여 힘을 소진하고 피로하게 된다. 셋째, 관중들의 응원이다. 연구에 의하면 선수들이 원정경기를 할 때보다 홈경기를 할 때에 테스토스테론의 분비가 많아진다는 것이 밝혀졌다. 축구의 경우 특히 골키퍼의 경우에 더 많이 분비된 다는 것도 보고되었다. 동물에서 보면 일반적으로 수컷은 암컷과 새끼가 있는 상태에서는 훨씬 더 공격적으로 된다. 자신이 나서서 지켜야 한다는 본능이 작동하는 것이다. 같은 원리로 홈경기는 가족들이 보고 있는 상황이므로 더 힘내서 싸우게 되는 것이다.

위의 요인들을 현실에 대입해 보면 이러한 요인들이 간헐적으로 영향을 주기는 하겠지만 견고하게 영향을 준다고 하기는 어렵다는 사실을 알게 된다. 비근한 예를 들어 보더라도 한국은 금메달획득 순위에서 2012 런던하계올림픽에서는 5위의 성적을 거둔 반면, 2020 도쿄하계올림픽에서는 15위의 저조한 성적을 거두었다. 일본은 한국과 가까워 영국에 비해 여행이나 시차문제가 작았음에도 불구하고 성적은 훨씬 나빴다. 위의 두 번째 이유가 이 경우에는 설명력이 없는 것이다. 또한 숙소나 생활환경의 적응면에서 보더라도 영국이 일본보다 더 유리했다고 보기는 어려우므로 첫 번째 이유도 설명력이 없다. 그리고 2020 도쿄올림픽에서는 무관중으로 치렀음에도 불구하고 일본은 3위라는 매우 좋은 성적을 거두었다. 위의 세 번째 이유도 타당성이 약한 것이다.

그렇다고 한다면 무슨 이유가 있을까? 또 다른 하나의 이유로서 심판의 공정성 문제를 생각할 수 있다. 심판의 공정성은 경기 때마다 자주 거론되는 문제이고 나중에 오심으로 드러나는 경우도 많다. 하지만 심판의 공정성이 무너지면 경기시스템 자체가 무너지므로 이 부분에 대해서는 명확하게 단정 지어 말하기는 어렵다. 그러나 확실히 드러나는 결과를 두고 다른 뚜렷한 원인이 없는 상태에서 그에 대한 원인을 찾아야 한다면 이 부분도 의심해볼 수밖에 없다. 심판 개개인의 의도로 편파적인 판정을 해서 그렇게 된다기보다 전체적인 분위기가 그렇게 기울어져 있음으로 인해서 이것이 전체적으로 기울어진 결과를 가져오는 것으로 보는 것이 합리적일 것이다.

어쨌든 개최국 영향력이 작용하는 것은 틀림없고, 이것은 정치적인 성격의 것이다. 국제경기행사를 개최하기 위해서는 많은 인력과 자원을 투입해야 한다. 이러한 노고와 지출에 대하여 어느 정도이든 대가를 배려하는 것이 공평하다고 생각할 수도 있는 것이다. 국제스포츠위원회를 운영하는 사람들도 이러한 면을 알고 있다. 힘들게 행사를 치르는 국가에 비협조적일 수 없다. 이들은 국가가 의도한 소기의 목적을 달성할 수 있도록 도와준다. 그리고 다른 나라들도 개최국에 유리하게 경기가 운영되는 것에 크게 문제 삼지 않는다. 어차피 자국에서 개최하면 자국도 그렇게 할 수 있을 것이고 그때는 자국 국민들 앞에서 더 큰 효과를 볼 수 있기 때문이다.

이렇게 개최국에 메달을 몰아주는 것이 국가나 통치자의 입장에서 유리하다. 메달의 개수에 있어서 외국에서 개최하면 적게 따고 자국에서 개최하면 많이 따게 된다. 그리고 외국에서 개최하는 경우가 자국에서 개최하는 경우보다 많지만 외국에서 적게 따게 되는 것은 비개최국 모두가 나누어서 조금씩 적게 따게 되는 반면 자국에서 많이 따는 것은 그 규모가 크기 때문에 전체로서 따게 되는 메달 숫자로는 영합(zero-sum)이다. 하지만 외국에서 개최된 경기 결과에 비하여 자국에서 개최된 경기의 결과는 국민들에게 훨씬 더 큰 영향을 주기 때문에 경기가 주는 효과측면에서 보면 외국에서 적게 따고 자국에서 많이 따는 것이 이익이 되는 (positive-sum) 것이다. 물론 이런 논리는 모든 국가가 동등하게 개최할 기회를 갖는다는 가정 위에 있다. 그런데 현실에서는 강대국들이 더 자주 개최하는데, 그렇다고 해서 이 논리의 설명력이 약해지는 것이 아니다. 왜냐하면 강대국이 더 자주 개최한다는 것은 강대국에 더욱더 유리하다는 것을 의미하고, 국제사회의 시스템은 주로 강대국의 이해에 의하여 결정되기 때문이다.

그래서 국가들이나 국제스포츠조직 간에 이런 식으로 운영되는 것에 일종의 묵시적인 담합이 형성되어 있다고 보는 것이 타당할 것이다. 이런 방식으로 국제스포츠행사는 존속 유지되는 것이다.

2. 국가를 위한 스포츠

지난 2022 베이징동계올림픽에서 영국의 여자 컬링팀의 라이트(Vicky Wright)선수가 화제가 되었다. 여자 컬링경기에서 금메달을 딴 영국팀 선수 중의 한 명인 라이트가 원래 본업이 의사였던 것을 알고 사람들은 찬사를 아끼지 않았다. 운동만 해도 금메달을 따기 어려운데 어떻게 의사까지 하면서 선수가 되고 금메달까지 따냐는 것이었다. 이렇게 직업을 가진 선수라 하여 세간의 관심의 대상이 되는 것을 보면 오늘날의 올림픽에 출전하는 사람들은 대부분이 운동을 직업으로 하는 사람들임을 알 수 있다.

그런데 원래 올림픽은 그런 것이 아니었다. 1912년 스톡홀름 올림픽에서 도프(James Francis Thorpe)는 10종경기와 5종경기에서 우승하여 세계에서 가장 위대한 선수라는 찬사를 받았다. 그런데 그가 야구를 하면서 약간의 월급을 받았던 사실이 밝혀지면서 그의 메달은 박탈되었다. 원래 올림픽은 아마추어들만이 출전할 수 있었다. 지금 운동으로 돈을 벌지 않는다 하더라도 과거에 운동으로 돈을 받은 적이 있다면 그것만으로도 올림픽에 출전할 자격이 없었던 것이다.

올림픽이 이렇게 바뀌었다. 1970년대 이전까지만 해도 올림픽에서 메달을 따는 사람들은 모두가 라이트와 같이 운동을 직업으로 하는 것이 아니라 다른 일을 하는 사람들이었다. 그래야만 출전할 수 있는 자격이 주어졌다. 초기의 올림픽은 아마추어 정신을 중요하게 여겼다. 쿠베르탱도 아마추어 정신이 철저하였다. 그는 이렇게 말했다.

"삶에서 가장 중요한 것은 정복하는 데 있는 것이 아니라 잘 싸우는 데에 있듯이, 올림픽경기에서 가장 중요한 것은 이기는 것이 아니라 참가하는 데 있다."

올림픽의 성격이 이렇게 완전히 바뀌게 된 데는 여러 요인이 있지만 중요한 요인 중의 하나는 국가 간의 경쟁이었다. 제2차 세계대전 후에 소련을 비롯한 사회주의 국가에서 올림픽에 출전하게 되었다. 이들 국가들은 올림픽에서 자본주의 국가들의 자존심을 꺾어놓고 사회주의 체제의 우수성을 과시하고자 하였다. 그런데 사회주의 국가에서 출전한 선수들은 학생, 군인, 근로자 등의 본업을 가진 선수라 하였지만 사실 이들은 전업으로 운동만 하는 선수들이었다. 자본주의 국가에서는 아무리 운동이 좋아도 자기 스스로 경제생활을 지탱해야 하므로 운동에만 전념할 수가 없다. 운동에만 전념하려면 이 운동하는 것을 직업으로 삼고 여기서 돈을 벌어야 하는데 이렇게 하면 올림픽출전 자격은 없어지게 되는 것이다. 하지만 사회주의 국가에서는 다르다. 사회주의 국가에서는 사람들의 경제생활은 국가에 의존하므로 돈 벌 필요 없이 국가에서 운동만 하라고 하면 온종일 운동만 할 수 있는 것이다. 그래서 사회주의 국가에서 선수를 학생, 군인 혹은 어디 협동조합의 근로자로 등록해 놓고 운동만 시키는 것이다. 여기에서 국가가 선수들을 관리하면서 특별 훈련이나 약물 같은 것을 사용하는 등 수단 방법을 가리지 않고 메달을 따겠다고 국가가 나서게 되니 개인의 아마추어선수들이 당해내지 못하는 것은 당연하였다.

이러한 현실은 [표 5-3]을 보면 그대로 드러나고 있다. 사회주의 국가에서 올림픽에 적극 참여하기 시작한 1952 헬싱키하계올림픽부터 사회주의가 해체되는 시기의 1992 바르셀로나하계올림픽까지 소련, 동독, 헝가리, 불가리아, 루마니아, 쿠바 등과 같은 사회주의 국가들이 상위를 점하고 있음을 알 수 있다. 이에 자본주의 국가들에서도 대응을 하게 되는데, 그래서 나타난 것이 샤마추어(shamateur), 즉 사이비 아마추어선수의 등장이다. 사이비 아마추어선수는 겉으로는 아마추어인 것처럼 하지만 실제는 국가에서 지원을 받는 선수들을 말한다. 국가가 자국을 위해서 싸워줄 선수들은 암암리에 육성하는 것이다. 선수들은 회사나 기관에 소속되어 근로자로 등록되어 있지만 실제로는 그 조직에서 하는 일을 하는 것이 아니라 운동만 하는 것이다. 많은 국가들은 좋은 성적을 내기 위하여 이러한 방식으로 선수들을 올림픽에서 내보냈다.

이렇게 되다 보니 올림픽은 더 이상 아마추어리즘(amateurism)을 지탱하기 어려워지게 되었다. 1970년대 1980년대에 올림픽은 아마추어체제에서 프로체제로 바뀌게 된다. 그래서 많은 국가들에서 프로선수들을 육성하고 이들을 중심으로 올림픽경기에 내보내게 된 것이다. 올림픽에서의 이러한 변화는 각국의 스포츠에 큰

표 5-3　　**하계올림픽 스포츠 강국**

회 (연도)	개최지	1위	2위	3위	4위	5위
1회 (1896)	아테네	미국 (11)	그리스 (10)	독일 (6)	프랑스 (5)	영국 (2)
2회 (1900)	파리	프랑스 (27)	미국 (19)	영국 (15)	혼합팀 (8)	벨기에 (6)
3회 (1904)	세인트루이스	미국 (76)	독일 (4)	캐나다 (4)	쿠바 (3)	헝가리 (2)
4회 (1908)	런던	영국 (56)	미국 (23)	스웨덴 (8)	프랑스 (5)	독일 (3)
5회 (1912)	스톡홀름	미국 (26)	스웨덴 (24)	영국 (10)	핀란드 (9)	프랑스 (7)
7회 (1920)	앤트워프	미국 (41)	스웨덴 (19)	벨기에 (16)	핀란드 (15)	영국 (14)
8회 (1924)	파리	미국 (45)	프랑스 (14)	핀란드 (14)	영국 (9)	이탈리아 (8)
9회 (1928)	암스테르담	미국 (22)	독일 (11)	네덜란드 (8)	핀란드 (8)	프랑스 (7)
10회 (1932)	로스앤젤레스	미국 (44)	이탈리아 (12)	프랑스 (11)	스웨덴 (10)	일본 (7)
11회 (1936)	베를린	독일 (38)	미국 (24)	헝가리 (10)	이탈리아 (9)	핀란드 (8)
14회 (1948)	런던	미국 (38)	스웨덴 (17)	프랑스 (11)	핀란드 (10)	헝가리 (10)
15회 (1952)	헬싱키	미국 (40)	소련 (22)	헝가리 (16)	스웨덴 (12)	이탈리아 (8)
16회 (1956)	멜버른	소련 (37)	미국 (32)	호주 (13)	헝가리 (9)	이탈리아 (8)
17회 (1960)	로마	소련 (43)	미국 (34)	이탈리아 (13)	독일 (12)	호주 (8)

18회 (1964)	도쿄	미국 (36)	소련 (30)	일본 (16)	독일 (10)	이탈리아 (10)
19회 (1968)	멕시코시티	미국 (45)	소련 (29)	일본 (11)	헝가리 (10)	동독 (9)
20회 (1972)	뮌헨	소련 (50)	미국 (33)	동독 (20)	서독 (13)	일본 (13)
21회 (1976)	몬트리올	소련 (49)	동독 (40)	미국 (34)	서독 (10)	일본 (9)
22회 (1980)	모스크바	소련 (80)	동독 (47)	불가리아 (8)	쿠바 (8)	이탈리아 (8)
23회 (1984)	로스앤젤레스	미국 (83)	루마니아 (20)	서독 (17)	중국 (15)	이탈리아 (14)
24회 (1988)	서울	소련 (55)	동독 (37)	미국 (36)	한국 (12)	서독 (11)
25회 (1992)	바르셀로나	구소련 (45)	미국 (37)	독일 (33)	중국 (16)	쿠바 (14)
26회 (1996)	애틀랜타	미국 (44)	러시아 (26)	독일 (20)	중국 (16)	프랑스 (15)
27회 (2000)	시드니	미국 (37)	러시아 (32)	중국 (28)	호주 (16)	독일 (13)
28회 (2004)	아테네	미국 (36)	중국 (32)	러시아 (28)	호주 (17)	일본 (16)
29회 (2008)	베이징	중국 (48)	미국 (36)	러시아 (24)	영국 (19)	독일 (16)
30회 (2012)	런던	미국 (47)	중국 (38)	영국 (29)	러시아 (19)	한국 (13)
31회 (2016)	리우데자네이루	미국 (46)	영국 (27)	중국 (27)	러시아 (19)	독일 (17)
32회 (2020)	도쿄	미국 (39)	중국 (38)	일본 (27)	영국 (22)	러시아 (20)

참고: 1. ( ) 속은 금메달 개수.
2. 6회는 제1차 세계대전, 12회, 13회는 제2차 세계대전으로 개최되지 않음.
3. 17회, 18회 독일은 동서독단일팀 임.

영향을 주었다. 영국은 비교적 늦게까지 아마추어체제를 고수하였다. 그 결과 1996년 애틀랜타올림픽에서 영국은 금메달 1개로 36위를 하였다. 이는 금메달을 2개 딴 이디오피아보다도 낮은 순위였다. 이런 상황이 되자 결국 영국도 세계추세를 따를 수밖에 없었다. 영국도 프로체제로 바꾸어서 선수들을 적극 육성해 나갔고, 그 결과 영국은 2016 리우하계올림픽에서는 금메달 27개로 2위로 올라섰다. 올림픽은 순전히 국가 간의 경기인 것이다. 국가가 정책적으로 어떻게 하느냐에 따라 선수들은 메달을 딸 수도 있고 못딸 수도 있는 것이다.

이렇게 초기의 올림픽 정신은 많이 퇴색되었다. 근대 스포츠는 원래 사람들이 생활에서의 여유를 활용하여 즐거움을 갖는 것이었다. 그런데 스포츠가 국가와 정치에 도움을 줄 수 있음을 알고 국가가 이러한 점을 이용하기 위하여 개입하게 된 것이다. 자국의 선수가 이기도록 하기 위해서 국가가 선수들을 지원하고 훈련시키고 양성하게 된 것이다. 이렇게 해서 등장한 것이 소위 엘리트 체육이다.

국가가 이렇게 적극 개입하면서 스포츠 영역에 많은 변화를 가져왔다. 스포츠 엘리트는 고도의 전문적인 훈련을 받고 그 분야에 특화된 사람들이 되어 그 능력에서 일반인과 다르다. 이들이 하는 스포츠와 일반인들이 하는 스포츠는 완전히 분리되어 스포츠는 이원화된다.

국가가 엘리트 체육에 많은 자원을 투입하다 보니 일반인들의 스포츠에서는 그만큼 투입되는 자원이 줄어들 수밖에 없다. 일반인들은 그만큼 스포츠를 즐기기 어렵게 되는 것이다. 그리고 국가가 엘리트 스포츠에 치우치게 되면 사람들에게 있어서 스포츠는 자신이 직접 하는 것이 아니라 구경의 대상이 된다. 그래서 스포츠가 하나의 구경거리로서의 영화나 서커스 공연과 같아진다. 그리고 일반인한테는 이겼느냐 졌느냐만 중요하기 때문에 스포츠는 하나의 도박이 되고, 이러한 분위기는 과정보다 결과를 중시하는 사람들로 이끄는 역할을 하게 된다.

이와 같은 엘리트 스포츠의 폐해는 이미 널리 알려져 있다. 우수한 선수를 양성하기 위하여 재능있는 아이들을 어릴 때부터 훈련을 시켜서 운동선수로 특화된 사람들을 만들어 내게 된다. 선수로 특화된 사람이 되면 운동을 하느라 일반인들이 받는 교육을 받지 못하여 전인교육에서 멀어지게 된다. 사회를 살아가는 데에 다양한 배움이 필요하지만 워낙 전문적인 신체적인 활동에 매진하다 보니 이런 다양한 배움을 가질 틈이 없다. 그래서 이런 요인으로 인하여 선수로 성공한 사람조차도 선수 이후의 삶에 있어서 큰 고통을 받고 살아가는 경우가 많다.

그리고 엘리트 스포츠계 내에서도 끊임없이 문제가 발생한다. 문제들은 다양하지만 많은 부분 경쟁과 관련되어 있다. 스포츠 엘리트들은 해당분야에서 경쟁을 거쳐 선발된 국가 내 최고의 능력을 지닌 사람들의 집단이다. 운동경기에 인생을 건 사람들이기 때문에 이 속에서의 경쟁은 치열할 수밖에 없다. 게다가 선수로의 최상의 기량은 젊었을 때 몇 년 내의 짧은 기간에 한정된다. 인생의 전 기간을 두고 경쟁할 수 있는 여유있는 상황이 아니다. 이런 치열한 경쟁상황 속에서 부정, 부패, 파벌, 비윤리적인 행위 등과 같은 바람직하지 못한 일들이 일어나기 좋은 환경이 조성되는 것이다.

이 같은 상황은 국가가 그의 이기적인 목적을 위해서 만들어

낸 것이다. 특히 국가주의, 권위주의 국가에서 이런 현상이 두드러지는 것은 자연스러운 일이다. 이런 국가에서 선수들은 국가를 위해서 존재하는 전사나 다름없다. 국가의 존재를 배제하고 나면 이들이 감내한 극한의 고통과 노고는 무의미한 것이 되고 마는 것이다.

또한 국가를 위해서 나가 싸우는 선수들이 별도로 존재하는 그런 사회가 바람직한가의 문제가 있다. 국가가 스포츠 경쟁에서 이기기 위하여 이런 엘리트 선수라는 별도의 영역이 생기게 되는 것이다. 국가사회가 생기고 난 이후 국가 내 모든 사람들이 분업하게 된 것을 생각하면 국가사회가 원래 그런 것이기는 하다. 어떤 사람은 근로자로서 제품생산을 하고, 어떤 사람은 공무원으로서 국민들에게 행정서비스를 하고, 어떤 사람은 교사로서 아이들을 가르치고, 어떤 사람은 군인으로서 외적으로부터 나라를 지킨다. 모든 사람이 그 맡은 분야에서 기능인이 되는 것이다. 같은 형태로 국가대표 선수들도 국가를 위해서 시합에 나서는 것을 자신이 분담하는 하나의 업으로 삼아 살아 가게 되는 것이다. 그런데 이는 결코 바람직하다고 할 수 없다. 이는 전쟁의 위협이 있으므로 해서 군인을 두고 있는 것과 마찬가지다. 전쟁이 없다면 군인들은 다른 생산적인 일을 할 수 있을 것이다. 마찬가지로 스포츠에서 국가 간의 경쟁이 없다면 그럴 필요가 없는데 국가 간의 경쟁 때문에 선수들이 피땀을 흘려야 하는 부질없는 짓을 하게 되는 것이다.

국가를 중심으로 볼 때 국가 내에서 국민들이 역할을 분담하여 살아갈 수밖에 없지만, 사람을 중심으로 볼 때 이것이 반드시 좋은 것은 아니다. 왜냐하면 사람이 국가 속의 하나의 부품처럼 되기 때문이다. 그래서 이런 식의 기능분담은 가급적 적을수록 좋다. 스포츠까지 모든 사람이 하는 것이 아니라 이를 전담하는 사람만이 하는 것은 좋지 않다. 이렇게 되면 이때의 스포츠는 국가를 위한 것으로밖에 되지 않기 때문이다.

3. 스포츠 정신의 파괴

수아레스의 반칙

2010 남아프리카공화국월드컵 8강전 우루과이와 가나의 경기, 1대1 상황에서 연장전이 끝날 무렵 우루과이 문전에서 가나선수가 골문으로 헤딩한 공을 우루과이의 수아레스(Luis Suarez) 선수가 두 손으로 막았다. 단순히 손에 닿은 것이 아니고 두 손으로 확실하게 고의적으로 반칙을 하였다. 이 반칙이 없었다면 골이 되었고, 시합은 가나의 승리로 끝났을 것이다. 수아레스는 반칙으로 퇴장당하고 가나에 페널티 킥이 주어졌으나 여기서 골을 넣지 못해 승부차기로 갔다. 그리고 승부차기에서 가나는 4-2로 지고 말았다.

경기 후의 수아레스

이 비신사적인 행동으로 수아레스는 일약 우루과이의 국민적인 영웅이 되었다. 우루과이 사람들은 그를 영웅으로 칭송하였고, 한 나라의 국민들이 모두 영웅이라고 하는 그에게 비신사적인 행동이었다고 나무라는 사람은 없었다. 팀이 승리하자 그는 기뻐서 날뛰었으며, 그런 상황이 다시 온다면 또다시 그렇게 하겠다고 자랑스럽게 말하였다.

만약 반칙없이 공을 막아냈다면 그를 그렇게 영웅시하지 않았을 것이다. 오히려 반칙을 하였기 때문에 사람들은 어려운 여건에서 반칙을 불사하고 수단과 방법을 가리지 않고 조국을 구했다고 생각하고 더욱 찬사를 보내는 것이다. 이렇게 국가에 대한 것에서는 모든 것을 덮어버리는 절대성이 작동한다.

축구의 슈퍼스타 마라도나(Diego Maradona)도 비슷한 일을 하였다. 1986 멕시코월드컵에서 8강전 아르헨티나와 잉글랜드의 경기에서 후반 6분에 영국의 골문 앞에서 공중볼을 골키퍼와 경합하던 마라도나는 손으로 공을 쳐서 골에 넣었다. 그 순간 심판이 이를 제대로 보지 못하였다. 이 반칙에 힘입어 아르헨티나는 영국에 2-1로 이겼다. 경기 후 마라도나는 자신의 반칙을 인정하지 않고, 골을 넣은 손은 신의 손이라고 하였다. 이후 이 일은 "신의 손"이라는 말로 널리 알려지게 되었다. 그런데 이 일을 두고 마라

제5장 스포츠 자국주의의 부작용 245

도나를 비난하는 사람은 거의 없이 재미로 이야기할 뿐이다. 영국 사람들을 제외하고는. 국가 간의 이해가 모든 것을 덮어버려서 잘한 것인지 잘못한 것인지에 대한 가치판단이 없는 것이다.

축구에서 이런 일이 드문 일이 아니다. 2007년 6월, 메시(Lionel Messi)도 마라도나와 똑같은 형태로 골을 넣었고, 이런 골이 나오면 보통 "신의 손"의 골이라고 하고 넘어간다. 메시뿐만 아니라 많은 선수들이 그렇게 하지만 이야깃거리도 되지 않는다. 국제경기의 큰 경기에서 형성된 이러한 분위기는 축구 전반에 나쁜 영향을 준다. 국익을 앞세우는 상황에서 압도되어버린 페어플레이 정신은 국제경기뿐만 아니라 축구 전반에 페어플레이 같은 것은 중요하지 않다는 분위기를 만들어 놓는 것이다. 선수들은 심판이 보지만 않는다면 온갖 반칙들을 다 저질러도 괜찮다는 식이다. 관중들은 이것을 즐기며, 이런 것이 있어야 더 재미있다고 생각하는 사람들도 있다. 이렇게 스포츠에서의 도덕적인 의식은 상당히 낮다. 제1장에서 본 1994 미국월드컵에서 콜롬비아 에스코바르(Andrés Escobar)에 대한 총격사건에서 보듯이 자국주의가 넘치는 사람들이 무조건 승리를 가져오기만을 요구하는 스포츠 환경에서는 선수들에게 스포츠맨십을 기대할 수가 없다. 관중들이 이쪽 편과 저쪽 편으로 나뉘어서 이기고 지는 데만 감정을 싣고 있기 때문에 행위자체에서의 옳고 그름에 대한 판단 같은 것은 들어설 자리가 없는 것이다. 이는 선수들에게도 불행한 일이고, 관객들에게도 불행한 일이다. 국가 간의 경기는 승리의 결과에 집착하는 강도가 강하기 때문에 그 과정은 그만큼 소홀해질 수밖에 없는 것이다. 사실 그 과정은 소홀을 넘어서 혼란스럽기까지 하다. 선수가 승리를 위하여 반칙을 하였다고 해도 이것이 반칙으로서의 나쁜 행위인지 애국으로서의 좋은 행위인지 구분조차 안 되는 것이다.

이러한 상태에서 국제경기에서는 반칙행위도 많고 심판의 공정성 시비도 많다. 국가 내에서의 경기는 같은 법적, 윤리적 테두리 내에 있기 때문에 도덕적, 윤리적인 면이 부과될 수 있다. 그러나 국제 스포츠는 국경을 넘는 활동에서의 무통제적인 성격과 무조건 이겨야 한다는 자국주의로 인하여 도덕적, 윤리적인 측면은 도외시되고 있는 것이다.

4. 국가 간 갈등 증폭

국가 간의 경기는 사람들의 자국주의를 강화시켜서 국가 간에 더 배타적이게 하고 국가 간의 갈등을 더 증폭시킬 수 있다. 흔히들 올림픽을 평화의 제전이라고 말한다. 말로는 평화의 제전이라고 하지만 실제로 올림픽이 평화를 증진시키는 역할을 하고 있는지에 대해서는 논란의 여지가 있다.

올림픽 관련 정치가들은 올림픽과 세계평화를 연결시키고자 한다. 올림픽과 세계평화를 직접적으로 연결시키는 이야기 중의 하나가 올림픽 기간의 휴전이다. 국제연합(United Nations)에서도 올림픽을 할 때면 올림픽정신에 입각하여 전쟁을 하지 않도록 결의를 하거나 사무총장이 성명을 내기도 한다.

올림픽 휴전 이야기는 고대 그리스 올림픽에서 유래한다. 고대 그리스에서 올림피아 주변에 있는 엘리스(Elis)의 왕 이피토스(Iphitos)가 올림픽을 복원하라는 델피의 신탁을 받아 피사탄(Pisatan)의 클레오메네스(Cleomenes)왕과 스파르타(Spartan)의 라이

커거스(Lycurgus)왕과 올림픽을 개최하기로 하고 이 기간 30일 동안 휴전협약을 맺었다는 것이다.[178] 올림픽을 하는 곳 주변에서 전쟁을 하고 있으면 다른 도시국가 사람들의 올림픽 참가가 어려워져서 제대로 올림픽을 하기 어렵기 때문이다. 그런데 이렇게 알려진 것과 달리 실제 고대 그리스에서는 올림픽 기간 중 휴전이 실행되지 않았다. 올림픽을 계기로 삼아 전쟁을 멀리하고 평화를 촉진하자는 그 의도는 나무랄 데가 없다. 하지만 올림픽 휴전이 실제보다 부풀려졌듯이 국제 스포츠를 주관하는 사람들이 이와 관련하여 바람과 현실을 혼동하도록 호도하는 것은 문제가 있다. 올림픽이 평화를 가져온다는 것은 스포츠정치의 선전구호의 하나에 불과하며 이러한 것에 의하여 사람들의 판단이 흐려질 수 있는 것이다.

올림픽이 전쟁방지와 아무 관련 없음은 근대올림픽에서도 마찬가지이다. 1912 스톡홀름하계올림픽 이후에 제1차 세계대전이 일어났고, 1936 베를린하계올림픽 이후에 제2차 세계대전이 일어났다. 제2차 세계대전 이후에 올림픽은 재개됐지만 미국과 소련을 주축으로 하는 냉전은 계속되었다. 2008 베이징하계올림픽에서는 미국, 중국, 러시아, 등 강대국 정상들이 모인 가운데 좋은 분위기에서 치러졌지만, 곧 중국과 미국 간의 대립이 시작되었다. 전쟁으로 인하여 올림픽이 개최되지 못하는 일은 많았지만, 올림픽으로 전쟁이 멈추는 일은 없었던 것이다.

2022 베이징동계올림픽도 올림픽의 전쟁방지 기능과 관련하여 이야기가 되기도 하였다. 러시아의 우크라이나 침공이 이 올림픽으로 인하여 일정 기간 저지되었다는 것이다. 원래 러시아는 올

---

[178] Young, 2004, p.13

림픽 이전부터 우크라이나를 침략할 조짐을 보여왔다. 그런데 러시아는 올림픽기간 중 우크라이나를 공격하지 않았다. 러시아가 우크라이나를 침략하는 데 있어서는 시간이 중요하였고 시간을 늦출수록 불리하였다. 평지가 대부분인 우크라이나를 공격하려면 기갑전력이 중요한데 우크라이나는 습기찬 진흙땅이 많아서 해빙기 이후에는 땅이 진창이 되어 탱크들이 수렁에 빠지게 되기 때문이다. 그럼에도 불구하고 러시아는 베이징동계올림픽 기간 동안에 공격하지 않고 있다가 올림픽이 끝난 지 나흘 후인 2월 24일에 공격을 한 것이다.

혹자는 이를 두고 올림픽 휴전의 정신이 작동한 것이라고 한다. 하지만 이것은 오해다. 러시아가 올림픽 기간 중에 우크라이나를 공격하지 않은 것은 올림픽정신에 따라서 그렇게 한 것이 아니라 러시아의 우호국인 개최국 중국의 요청에 의해서 그랬던 것이다. 중국은 베이징동계올림픽에 대한 서방국가들의 올림픽 보이콧 움직임으로 어려움을 겪고 있던 차에 전쟁까지 일어나게 된다면 올림픽은 완전히 망치게 될 상황에 있었다. 그래서 시진핑 주석은 푸틴 대통령에게 특별하게 요청하였고, 푸틴 대통령은 세계의 주요 국가 정상들이 외면하는 베이징동계올림픽에 특별히 참석하기까지 했던 것이다. 이렇게 전쟁을 미룬 것은 올림픽개최국이 우호국이었기 때문에 그랬던 것이지 만약 개최국이 그 반대의 위치에 있었다면 오히려 일부러라도 그 기간에 전쟁을 했을 수도 있는 것이다. 예를 들자면 1980 모스크바하계올림픽에서는 서방진영 국가들이 함께 보이콧을 했고, 1984 로스앤젤레스하계올림픽에서는 공산진영 국가들이 보이콧했다. 올림픽은 전쟁을 막는 장치가 아니라 오히려 상대국을 공격하는 하나의 수단으로 기능하기도 하는 것이다.

한편 2022년 베이징동계올림픽을 앞두고 유엔 총회에서는 올림픽 기간 중 휴전에 대한 결의(UN Resolution 76/13)가 채택되었다. 원래 이 결의는 베이징동계올림픽(2022. 2. 4 ~ 2022. 2. 20)이 시작되기 7일 전부터 베이징동계패럴림픽(2022. 3. 4 ~ 2022. 3. 13)이 끝난 후 7일까지 전쟁을 금지하기로 되어 있었다. 2월 24일 러시아가 우크라이나를 침공하였으니, 이 결의는 아무 의미가 없었던 것이다. 이렇게 올림픽이라는 것은 국제정치에서 이용될 수 있는 하나의 대상일 뿐이다.

이런 측면을 볼 때 올림픽이 평화를 증진시키는 것으로 명확히 판단할 만한 근거를 찾기란 쉽지 않다. 사람들 중에서 이 같은 스포츠가 있기 때문에 전쟁 대용으로 적개심을 풀어서 전쟁과 갈등을 줄인다고 하기도 하고, 스포츠로의 만남이 평화를 증진시킨다고 주장하기도 한다. 하지만 보다 실제적으로는 국제 스포츠는 국가의 자국주의를 강화시키는 면이 더 크다. 이에 관련된 연구에서도 국제 스포츠가 국가 간의 갈등을 증폭시킨다는 연구가 많다.[179] 친선경기라고 하더라도 말만 그렇지 경기의 속성상 경기자 체에서 친선이 이루어지기는 쉽지 않은 것이다. 물론 경기를 위해 서로 만나게 되는 것이 상호 간 친선을 증진시킬 수도 있을 것이지만 이것은 부대적인 것이다.

외국팀과의 경기는 자국 내의 사람들을 단합시킨다. 국내 사람들 간에 단합될수록 국외 사람들에게는 그만큼 배타적이 될 수 있다. 국제경기에서 자국이 이기고자 하는 마음에서 상대에 대해 적개심을 불태울수록 그만큼 우호적인 감정이 줄어들 수 있다. 이러한 과정으로 결국 국제경기가 국가 간의 관계를 악화시키는 방

---

[179] Bertoli, 2017, p.837

향으로 작용하게 되는 것이다.

스포츠경기로 인해서 국가 간에 갈등이 생기는 것은 엘살바도르와 온두라스 간의 축구전쟁에서와 같이 바로 드러나는 것도 있지만 바로 드러나지 않는 것이 대부분이다. 이는 사람들의 내면적인 의식의 변화에 따른 것이기 때문에 관찰하기 어렵다. 그래서 그 과정은 추적하기도 어렵고 지표로서 측정하기도 어려워 연구하기도 쉽지 않다. 그렇지만 어느 스포츠경기가 국가 간의 관계에 큰 파장을 일으키고 영향을 준 사건이었음을 인지하는 것은 그리 어려운 일이 아니다. 지금까지 국가 간 갈등을 유발시킨 스포츠경기들은 수없이 많으며, 그 중 널리 알려진 것으로는 다음과 같은 사건들이 있다.[180]

1. 1932년 바디라인(Bodyline)사건: 영국과 오스트리아 간의 갈등을 야기한 크리켓 경기이다.

2. 1932년 이탈리아월드컵(Italian World Cup): 이탈리아 파시즘 정권이 국가단합에 활용하였다.

3. 1936년 베를린하계올림픽(Berlin Summer Olympics): 독일 나치정권이 아리안 민족의 우수성을 과시하고 국가단합에 활용하였다.

4. 1945년 다이나모팀 영국 원정경기(Moscow Dynamo Soccer Trip to Britain): 소련 다이나모팀이 영국에 원정 가서 벌인 경기였다. 오웰(George Orwell)은 이 경기를 보고 스포츠를 총성없는 전쟁이라고 하였다.

5. 1969년 축구전쟁(Football War): 엘살바도르와 온두라스 간에

---

[180] Bertoli, 2017, p.839

축구경기로 전쟁이 일어난 사건이다.

6. 1991년 크로아티아와 세르비아 간 축구 분쟁 (Croatian War of Independence): 크로아티아 독립에 영향을 준 축구경기장 폭동이다.

7. 2009년 이집트와 알제리아 간 월드컵경기 분쟁(Egyptian-Algerian World Cup Dispute (2009): 월드컵 예선 중에 양국 간에 생긴 분쟁이다.

8. 2014년 세르비아와 알바니아 간 축구경기에서의 드론분쟁(Serbian-Albanian Drone Conflict): 세르비아와 알바니아 간의 축구경기에서 알바니아 국기를 매단 드론을 경기장 선수들 바로 위에 띄워 발생한 분쟁이다.

9. 2016년 영국과 러시아 간 축구경기에서의 난동(English-Russian Euro Riots): 프랑스에 있었던 유로축구선수권대회에서 영국 팬과 러시아 훌리건 사이의 유혈 충돌 사건이다.

스포츠에서의 갈등은 일반 국민들의 감정을 자극하는 것이기 때문에 나쁜 감정을 축적시키면서 국가 간의 갈등을 심화시킨다. 스포츠에서의 국가 간 갈등은 처음에는 감정이 실리지 않은 상태에서 경기를 하다가 경기를 보다보니 갑자기 격렬한 감정으로 진전되는 경우는 많지 않다. 이보다는 어느 정도 감정의 씨앗이 있는 상태에서 경기가 진행되면서 격렬한 감정으로 발전하는 경우가 더 많다. 예를 들어서 한국과 일본과의 경기에서 한국이 일본에 억울하게 졌다면 일본에 대한 감정이 악화될 수 있다. 하지만 한국과 우즈베키스탄 간의 축구경기에서 한국이 억울하게 졌다면 이러한 일이 누적되지 않는 한 그냥 넘어가는 것이 일반적이다.

졌다고 해서 우즈베키스탄에 감정을 축적하거나 폭발시키는 그런 상태로 발전될 가능성은 작은 것이다. 그래서 위의 스포츠경기로 인하여 국가 간 갈등이 발생된 것으로 꼽은 주요 사건들을 보더라도 대부분 이미 대립적인 감정이 있는 국가 간에 일어나고 있음을 알 수 있다.

그리고 국가 간의 갈등이 어느 정도 무르익은 상태에서는 스포츠경기가 이러한 갈등관계를 폭발시키는 도화선의 역할을 하기도 한다. 앞에서 본 축구전쟁의 예를 보더라도 축구를 하다가 바로 운동장에서 싸움이 붙어서 전쟁까지 하게 된 것은 아니다. 축구 이전에 이미 전쟁을 할 수 있는 상황으로의 많은 사태진전이 있었고, 이러한 상태에서 축구의 열기가 전쟁의 불을 붙인 것이다. 스포츠는 불행의 발생으로 가는 원초적인 상황을 만들어 내기보다는 사태를 순식간에 악화시키거나 이러한 일에서 방아쇠를 당기는 역할을 하게 되는 것이다. 많은 군중이 운집된 상황이나 많은 사람들의 관심이 한 곳에 몰입된 상황에서는 사람들의 행동은 예측하기도 어렵고 통제하기도 어렵다. 이것이 바로 스포츠가 만들어내는 상황이다.

5. 부정 부패

2019년 3월, 일본 올림픽위원장 다케다 츠네카즈가 사임하였다. 츠네카즈는 일본 메이지왕의 증손자로서 2001년부터 일본 올림픽위원장직을 맡아 왔으며, 2020 도쿄하계올림픽을 성공적으로 유치하였다. 그런 그가 올림픽을 1년 앞두고 사직을 한 데에는 국제올림픽위원회 내의 사정과 무관하지 않은 것으로 추측되었다. 사임하기 몇 개월 전인 2018년 12월에 그는 프랑스 사법당국으로부터 기소되었는데, 2013년 아르헨티나에서 열린 2020 하계올림픽 개최지선정 총회에서 일본의 하계올림픽 유치를 위하여 여러 올림픽위원회 위원들을 상대로 불법 로비를 했다는 혐의였다. 도쿄올림픽위원회 이사 하루유키 타카하시는 올림픽을 따내기 위하여 IOC 위원들을 매수하는데 820만 달러(한화 약97억 원)를 썼다고 하였다. 타카하시가 고가의 카메라와 세이코 시계 등을 당시 국제올림픽위원회 위원이었던 라민 디악(Lamine Diack) 전 국제육상경기연맹(IAAF) 회장에게 선물로 건넨 사실이 밝혀졌고, 그는 "선물 전달은 상식적인 일이다. 관례에 따른 것"이라고 항변했지만, 이에 그치지 아니하고 더 많은 자금이 흘러들어갔을 가능성이 계속해서 제기되었다.[181] 디악 회장은 올림픽 유치를 돕는 대가로 230만 달러(약 28억 원) 상당의 뇌물을 받았다는 혐의로 2020년 4년 징역형을 선고받았기 때문이다.

이러한 국제행사유치를 위한 추문은 낯선 이야기가 아니다. 그 이전의 올림픽인 리우하계올림픽도 마찬가지였다. 2009년에 있은 2016년 하계올림픽 개최지선정을 위한 1차 투표에서 리우데자네이루는 26표를 얻어 28표를 얻은 스페인 마드리드에 뒤졌다. 하지만 최종 3차 투표에서는 뒤집기에 성공하여 66표를 얻어 32표를 얻은 마드리드를 제치고 올림픽 유치에 성공하였다. 그런데 여기에 표의 매수행위가 있었다. 이후 브라질올림픽위원회 임원들은 올림픽위원들에게 뇌물을 주고 표를 매수한 혐의로 기소되었다. 브라질 올림픽위원회위원장 누즈만(Carlos Nuzman)은 2021년 재판

---

[181] 이어지는 日올림픽 유치 의혹⋯나가노 대회 매수설까지, 2020

에서 30년 11개월 징역형을 선고받았다. 올림픽을 주관했던 리우데자네이루 시장 카브랄(Sérgio Cabral)은 이미 징역 200년을 선고받았고,[182] 리우올림픽조직위원회 운영을 맡았던 사업가 소아레스(Arthur Soares)와 그라이너(Leonardo Gryner) 역시 유죄를 선고받았다. 이러한 불법행위는 국제올림픽위원회와 친분 있는 올림픽위원, 행사를 집행할 국가공무원, 그리고 뇌물자금을 마련하는 기업가 등이 연계하여 조직적으로 행하게 되는데, 국가를 위하여 국가적인 차원에서 힘을 합쳐 목적을 달성하는 것이다.

하계올림픽뿐만 아니라 동계올림픽에서도 마찬가지다. 1998 나가노동계올림픽 유치에서도 뇌물추문이 있었다. 올림픽을 유치하기 위해 일본은 국제올림픽위원회 위원 62명에게 각각 2만 2,000달러(한화 약 26,000만 원) 상당의 선물 등을 건넨 것으로 알려졌다. 당시 이런 문제가 불거지자 국제올림픽위원회에서는 1991년 일인당 200불 이상의 선물을 할 수 없도록 규정을 만들었다.[183] 하지만 이런 규정도 별로 소용이 없었다. 4년 후인 2002년 솔트레이크동계올림픽에서도 뇌물추문은 사라지지 않았다. 미국의 솔트레이크시는 올림픽을 유치하고자 네 번이나 지원하였으나 매번 실패하고, 드디어 2002년 개최에 지원할 때는 선물공세에 나섰고 이렇게 하자 바로 개최에 성공하였던 것이다.[184]

이런 뇌물추문은 아프리카 위원들에서 특히 심한데 솔트레이크동계올림픽의 경우, 개최지 선정투표에서 표를 주는 대가로 자동차 선물, 창녀촌 접대, 호화관광 접대, 위원 친척의 유타대학 입

---

[182] Panja, 2021
[183] Zirin & Boykoff, 2020
[184] 2002 Winter Olympic bid scandal, n.d.

학¹⁸⁵, 위원 친지의 취직, 병원치료 제공, NBA 티켓제공, 고급권총 선물, 바이올린 선물, 가재도구 선물 등 다양한 형태의 뇌물이 제공되었으며,¹⁸⁶ 이런 비용으로 약 300만 달러를 지출한 것으로 알려졌다.¹⁸⁷ 올림픽유치에서부터 이러한 비리가 일어나고 올림픽 조직의 최상층 지도자들에서부터 이러니 그 다음 단계나 아래에 있는 사람들이 하는 일에서는 무슨 일이 일어나더라도 이상할 것이 없다.

2002 솔트레이크동계올림픽에서는 시상식을 두 번하는 사상 초유의 일이 일어났다. 메달시상식이 있고 나서 그 순위에 문제가 제기되자 이에 대한 해결책으로 은메달리스트에게 다시 금메달을 수여하여 금메달을 두 팀에서 받게 된 것이다.

피겨스케이팅 페어에서 원래 러시아의 베레자냐(Yelena Berezhnaya)-시카루리제(Anton Sikharulidze)조가 1위, 캐나다의 세일(Jamie Sale)-펠리티에(David Pelletier)조가 2위를 하였다. 심판 9명 중 5대 4로 러시아가 1위를 하였다. 러시아 선수를 1위로 점수 준 심판은 러시아, 중국, 폴란드, 우크라이나, 프랑스 국적이었고, 캐나다 선수를 1위로 점수를 준 심판은 미국, 캐나다, 독일, 일본 국적이었다.¹⁸⁸ 심판판정은 완전히 양 진영으로 나뉘어져 있었는데, 프랑스가 좀 이상하다 싶었다.

그런데 미국과 캐나다의 언론들이 캐나다 팀이 잘했는데 채점이 잘못되었다고 들고 일어났다. 곧 프랑스 심판이 점수거래를

---

¹⁸⁵ 솔트레이크시는 미국 유타주에 있다.

¹⁸⁶ List of Olympic Games scandals and controversies, n.d.

¹⁸⁷ Zirin & Boykoff, 2020

¹⁸⁸ 2002 Winter Olympics figure skating scandal, n.d.

한 것으로 드러나게 되었다. 러시아팀에서 프랑스 심판에게 러시아 피겨스케이팅 페어팀에 점수를 높여주는 대신 아이스댄싱에서 러시아 심판들이 프랑스 팀에 점수를 높여주는 비밀거래가 있었다는 것이다. 이 거래를 주선한 사람은 러시아의 토크타코우노프(Alimzhan Tokhtakhounov)이고, 프랑스 빙상연맹회장 젤러게(Didier Gailhaguet)가 이 거래를 하여 프랑스 심판인 구네(Marie-Reine Le Gougne)를 시켜서 러시아의 우승을 도운 것으로 발표되었다.[189] 이 사건으로 젤러게와 구네는 3년간 자격정지 처분을 받았다. 하지만 이 스캔들에 대하여 확실하게 진실을 밝혀내지는 못하였다. 사건 당시에는 구네가 자신의 행위를 실토하였다고 언론에서 보도하였지만, 나중에 자신은 양심에 의해서 판단하였다고 하면서 지금 다시 하더라도 같은 판정을 하겠다고 하였기 때문이다.[190] 사건은 이렇게 흐지부지 끝났다. 국적을 달리하는 사람들이 일시적으로 모여서 하는 경기에서 생긴 일이고 국가 사이에 이해를 달리하기 때문에 이를 확실하게 수사하여 징벌하기는 어려웠던 것이다. 이러한 일들은 개인의 비행에다 국가적인 이해가 겹쳐서 각국이 자국 사람을 보호하려 하기 때문에 대개 확실하게 처리되는 일 없이 이런 식으로 끝나고 마는 경우가 대부분이다. 벌을 주는 것은 고사하고 진실을 밝히는 것조차 어려울 수밖에 없는 이유는 개별 국가가 법을 실행하는 최고의 기관이기 때문이다.

그래서 국제경기와 관련하여 부정과 부패의 행위가 종종 일어난다. 앞에서 본 대로 개최지 선정 시에 국제올림픽위원회 위원에 대한 매수 행위, 심판 매수, 고의적인 오심, 선수들끼리 짜고

---

[189] Shipley, 2002
[190] Tetrault-Farber, 2018

상대방을 봐주는 경기, 전략적으로 상대방을 봐주기, 약물 투여 등등, 열거하기도 어려울 정도이다.

사실 좀 더 길게 보면 스포츠에서의 이러한 부정 부패는 현대에만 있는 것은 아니고 항상 있어 온 것이다. 고대 그리스 올림픽에서도 마찬가지였다. 운동시합이라는 것은 항상 부정과 눈속임의 유혹이 함께한다. 경기는 이기는 것이 목표인데 이기기 위한 수단으로 눈속임과 부정행위만큼 효과적인 수단도 없기 때문이다. 이렇게 볼때 경기는 생래적으로 부정으로부터 벗어나기 어려운 특성을 갖고 있는 것이다.

그래서 경기 전에 선수나 심판은 정직하게 시합에 임하겠다고 선서를 한다. 고대에도 마찬가지였다. 고대 올림픽에서는 경기에서 죄를 짓지 않겠다는 맹세를 하였다. 고대에도 이렇게 선서를 한 것은 그 이전부터 그만큼 이와 관련된 사고들이 많았기 때문이었다. 그리고 고대 올림픽에서는 부정을 저지른 선수에 대해서는 올림픽경기장 입구에 있는 제우스상 아래에 그의 이름을 새겨서 그 수치가 영원히 기억되도록 하였다. 이렇게 선서를 하고 이를 어기는 행위에 대해서는 엄하게 벌했음에도 불구하고 이러한 일들은 없어지지 않았다.

이에 대한 기록의 예를 들자면, 기원전 388년 권투선수 유폴루스(Eupolus)는 세 명의 상대에 뇌물로 매수한 것이 발각되어 준 자와 받은 자 모두 벌을 받았다. 그리고 기원전 322년에는 오종경기 선수 칼리푸스(Callippus)도 경쟁자에게 돈을 주어 매수했다가 발각되었다. 그 시대 트레이너들은 선수에게 매수에 사용할 수 있도록 높은 고금리로 돈을 빌려주기도 한 것으로 알려지고 있다. 선수들의 비리행위를 원활하게 하기 위한 제도조차 갖추어져 있었던 셈이다.

그리고 고대 올림픽도 도시국가 간의 시합이었으므로 도시 간의 경쟁도 치열하였다. 기원전 5세기에 당시 부유한 시였던 시라큐스시에서 크로톤시의 아스틸루스(Astylus)를 꾀어서 시라큐스 선수로 뛰도록 하였다. 이에 크로톤시의 사람들이 분개하여 아스틸루스의 집을 감옥으로 만들고 그의 조각상을 부수었다.

오늘날에도 국가들은 외국의 선수들을 영입한다. 특히 국제대회 개최국은 자국에서의 행사에 자국 국민들에 더 많은 기쁨을 주기 위하여 외국의 선수들을 영입하는 경우가 많다. 개인 또한 다른 나라의 대표로 출전해서라도 올림픽에서 출전의 기회를 갖거나 우승의 가능성을 높이기 위하여 그렇게 국적을 바꾸는 것이다. 데일리 텔레그라프에 의하면 지난 2012 런던하계올림픽에서 영국 대표선수 중 11%가 해외에서 태어난 선수였다고 하였다.[191]

6. 도핑

도핑은 운동경기에서 선수가 좋은 성적을 내기 위하여 부정하게 약물을 복용하는 행위를 말한다. 원래 도핑(doping)이란 말은 화란어 "dop"에서 유래되었다. 돕(dop)은 남아프리카에서 원주민 줄루족(Zulu) 전사들이 싸움에 나가기 전에 마시던 포도껍질로 만든 술의 일종이었다.

중요한 일을 앞두고 힘과 정신을 집중시키기 위하여 좋은 것을 먹는 것은 예나 지금이나 사람들이 흔히 하는 일이다. 고대 그

---

[191] London 2012 Olympics: 60 of the 542 'home' Team GB members were born abroad, 2012

리스 올림픽에서도 선수들이 경기에 이기기 위하여 알코올, 향료, 각성제, 아편, 버섯, 고기 등 갖가지 물질을 사용한 것으로 알려져 있다. 그리고 근대 올림픽에서도 초창기에 카페인, 코카인, 알코올 등의 물질이 많이 사용되었다. 근대올림픽 초대 마라톤 우승자도 술을 마시고 우승하였다. 1896년 제1회 아테네올림픽에서 마라톤 대회에 참가하였던 루이스(Spyridon Louis)는 중간까지 선두로 나서지 못하였는데, 달리는 도중 술[192] 한잔 마시고 힘을 내어 달려 우승하였다.

그러다가 1960년 로마하계올림픽 사이클경기에서 흥분제를 사용했던 덴마크 선수 크누드 옌센이 경기도중에 사망한 것을 계기로 선수들의 약물복용에 대한 경각심이 높아지게 된다. 그래서 올림픽에서는 1968 그르노블동계올림픽과 1968 멕시코시티하계올림픽에서 처음으로 도핑검사를 실시하였다. 그리고 1999년 세계반도핑기구(World Anti-Doping Agency)라는 도핑전담기구를 두고 보다 적극적으로 도핑의 제어에 나서게 되었다.

선수가 약물을 사용하게 되면 경기에서의 공정성을 기할 수 없을 뿐만 아니라 스포츠가 선수들의 건강을 해치는 것으로 기능하게 된다. 그래서 스포츠계에서는 이 약물사용문제를 심각하게 생각하고 이를 근절하기 위한 노력을 하고 있다. 그나마 최근에 과학 발전으로 도핑테스트의 정확성이 높아지면서 선수들의 약물복용이 크게 줄었다. 수십 년 전만 하더라도 도핑테스트가 정확하지 못하여 약물을 복용한 선수를 제대로 찾아내지 못했던 것이다. 그래서 지금 스포츠 기록을 보면 수십 년이 지나도록 그 기록이 전혀 깨어지지 않고 있는 종목들이 많이 있다. 경기여건이 좋아지

---

[192] 포도주라고들 하나 꼬냑이라고 하는 사람도 있다.

고 훈련방법과 기술발전이 있었음에도 불구하고 그 이후의 기록들이 수십 년 전에 세워진 기록에 한참 못미치고 있는 것이다. 그리고 이렇게 탁월한 기록을 세운 선수들 중에서는 젊은 나이에 석연찮은 이유로 죽은 사람들도 많다. 이런 사실들을 미루어 보면 당시에 약물을 복용하지 않았을까 하는 의심을 갖게 된다.

그런데 오늘에 와서도 약물사용을 근절하는 것은 쉽지 않은 도전이 되고 있다. 우선 약물사용을 알아내는 데에 상당한 어려움이 있다. 약물들은 체내에 들어가면 대부분 대사물질로 전환되기 때문에 검출해 내는 것이 쉽지 않다. 과학기술이 발달하면서 검출기술이 나날이 향상되고 있지만, 과학기술의 발전과 함께 기존의 방법으로 검출되지 않는 새로운 약물과 방법들 또한 끊임없이 개발되고 있는 것이다. 그래서 도핑에 대한 통제는 금지약물을 검출해 내려는 측과 검출을 피하려는 측의 대결이다. 이 창과 방패의 대결은 끝나지 않는 게임이며 이런 식으로는 해결이 되지 않는다.

그렇다면 외부의 통제에만 의존해서는 안 되고 자율적인 억제가 필요하다. 보다 근본적이고 효과적인 해결방법은 선수 스스로 제어하는 것이다. 그런데 선수 스스로의 제어를 어렵게 하는 요인은 승리에 대한 욕망이다. 승리에 대한 갈망이 워낙 크기 때문에 수단 방법을 가리지 않고 어떻게 해서든지 승리를 하고자 하는 것이다.

미국의 스포츠 전문의사 골드만(Bob Goldman)은 선수들에게 다음과 같은 질문을 하였다. "여기 탁월한 경기력을 발휘할 수 있는 새로운 약물이 나왔습니다. 이 약물을 먹으면 경기에 우승할 수 있지만, 약물을 사용한 지 5년 후면 죽게 됩니다. 당신은 이 약물을 사용하겠습니까?" 이에 선수 중 52%가 사용하겠다고 답하였다.[193] 이 조사는 1982년에서 시작하여 1995년까지 계속 조사하였는데, 거의 일관성 있게 약 절반가량의 선수들은 그렇게 하겠다고 답한 것이다.[194] 이를 골드만딜레마(Goldman's dilemma)라고 한다. 골드만딜레마는 선수들의 우승을 향한 집념이 얼마나 강한지를 보여 준다.

여기서 선수들의 우승에 대한 집착을 약화시켜주어야 할 필요가 있다. 여기에는 사회적 평가나 가치관 등 선수에게 영향을 주는 주변적인 여건이 중요하다. 그런데 이러한 필요에 역행해서 선수들의 우승에 대한 집착을 더욱 부추기는 주체가 있는데, 바로 국가이다. 오늘날 선수들이 그렇게 승부에 집착하는 데에는 국가의 내셔널리즘이 작지 않게 역할을 하고 있는 것이다. 국가는 끊임없이 자국 선수의 승부욕을 자극하고 이것에 의미를 부여해 왔다. 이러한 가운데 국가가 자국의 승리를 위해 약물사용을 방조하거나 심지어 국가가 나서서 선수들에게 약물을 복용시키는 경우도 일어나기도 한다.

2013년 8월, 독일 훔볼트대학 연구진은 전후 서독에서 국제경기에서 국가대표들의 도핑을 서독정부가 주도한 사실을 폭로한 연구보고서를 발표하였다.[195] 서독의 연구소들이 수십 년 동안 정부의 지원을 받아 선수들의 약물사용에 대한 연구, 개발, 투약을 체계적으로 해온 것이다. 이러한 결과로 서독은 1954 스위스월드컵에서 정상에 올랐고, 1966 잉글랜드월드컵에서 준우승했다. 서독

---

[193] Pisk, 2012, p. 5

[194] 이에 대하여 코너 외(Connor et al.)는 골드만과 같은 조사를 한 결과 그렇게 하겠다고 한 선수는 6%밖에 되지 않았다고 하여, 골드만딜레마에 반대되는 연구결과를 발표하였다.

[195] "서독서 70년대까지 국가가 도핑 주도," 2013

은 1976 몬트리올하계올림픽에서 총 1천 200여 차례에 걸쳐 선수들에게 약물을 주사하였으며, 이렇게 하여 금메달 10개, 은메달 12개, 동메달 17개를 획득해 4위를 차지했다.

2011년 5월, 디에고 마라도나 선수는 1994 미국월드컵 예선 경기를 앞두고 아르헨티나 선수들이 금지약물을 복용했던 사실을 폭로하였다. 미국월드컵 플레이오프 호주와의 2차전 경기를 앞두고 대표팀 주치의가 선수들에게 금지약물을 넣은 커피를 마시게 했다고 하였다. 그리고 당시 훌리오 그론도나 국제축구연맹(FIFA) 부회장 겸 아르헨티나축구협회(AFA) 회장이 경기 후 약물검사가 없을 것이라고 알려주었다고 하였다.[196]

마라도나는 역대 최고의 축구 선수 중 한 명으로 꼽힌다. 하지만 그는 약물중독으로 인하여 그의 선수생활은 순탄치 않았고 인생자체가 파탄을 맞았다. 선수들이 이렇게 되는 데는 승리를 위해서 물불을 가리지 않는 국가의 역할이 적지 않았던 것으로 볼 수 있다.

2012 런던하계올림픽에 참가한 선수들의 도핑검사를 다시 해 본 결과 139명의 선수들이 금지약물을 사용한 것으로 드러났다. 이중에는 13명의 금메달리스트를 포함하여 39명의 메달리스트가 포함되어 있었다. 국가별로 많은 나라들이 포함되어 있었는데 대부분 한두 명이어서 개인적인 일탈로 볼 수 있다. 하지만 러시아 46명, 우크라이나 17명, 벨라루스 15명, 터키 14명 등 국가에 따라서 많은 선수들을 포함하고 있어서 국가적인 차원에서 이에 대한 제재가 제대로 되고 있지 않음을 보여준다.[197] 세계적인 반도핑의

---

[196] 마라도나 "아르헨 대표팀, 월드컵 예선 때 약물복용," 2011
[197] Mackay, 2020

노력에 따라주지 않는 국가들이 많이 있는 것이다. 특히 러시아는 도핑문제가 매우 심각하다. 도핑의 방지를 위해서 설치된 국가 반도핑위원회가 오히려 어떻게 하면 선수들이 들키지 않고 약물복용을 할 수 있는지를 연구하고 이러한 방법을 마련하여 선수들의 약물복용을 돕는 일을 해온 것이다.

그리고 국제올림픽위원회는 이러한 문제를 예방하는데 무기력하고, 강대국이 저지르는 일탈에 대해서는 한없이 관대하다. 러시아의 도핑문제도 폭로자가 있었기 때문에 알려지게 된 것이다. 만약 폭로자가 없었더라면 지금도 모르고 있었을 것이다. 불법약물사용을 방지하기 위하여 국가의 적극적인 제지와 함께 국제적인 공조가 필요하지만 국가의 이해관계 때문에 실행되지 못하고 있고, 국가에 따라서는 국가의 영예를 위하여 오히려 조장되고 있는 것이 오늘날의 현실이다.

7. 자원의 낭비

국제 스포츠 행사는 돈이 많이 드는 사업이다. 특히 올림픽이나 월드컵과 같은 대형 행사에서는 막대한 재원을 투입하지 않으면 안 된다. 올림픽을 유치하게 되면 경기장과 선수촌을 마련해야 하고, 많은 사람들이 오는 것에 대비하여 도로, 공항, 철도, 숙박시설 등의 사회간접시설도 구비해야 한다. 그래서 그 비용은 새로 건설해야 하는 사회간접자본에 대한 규모에 따라 적게는 50억 달러에서 많게는 500억 달러에 이르게 된다.

2004 아테네하계올림픽은 약 150억 달러가 소요되었고, 2008

년 베이징하계올림픽은 약 430억 달러가 지출되었고, 2010 밴쿠버 동계올림픽에서는 약 76억 달러가 지출되었고, 2012 런던하계올림픽에서는 약 180억 달러가 지출되었다.[198] 2014 소치동계올림픽에서는 약 510억 달러가 소요되었고, 2016 리우하계올림픽은 약 131억 달러의 비용이 투입되었으며, 2018 평창동계올림픽에서는 약 129억 달러가 소요되었다.[199] 그리고 2020 도쿄하계올림픽은 약 154억 달러가 소요되었다.[200]

스포츠 행사를 통하여 수입이 들어오지만 대개 수입은 지출에 비하여 턱없이 작다. 2008 베이징하계올림픽은 약 36억 달러의 수입을 거두었고, 2010 밴쿠버동계올림픽에서는 약 28억 달러의 수입을 거두었으며, 2012 런던하계올림픽에서는 약 52억 달러의 수입을 거둔 것으로 알려졌다.[201]

그래서 대형 스포츠 행사를 하고 나면 개최국들은 대부분 경제적인 부담을 안게 된다. 1976 몬트리올하계올림픽은 이 행사에 진 부채를 30년이나 걸려 2006년에야 다 갚았다. 2004 아테네하계올림픽은 나라 안 각 가정에 50,000유로씩의 부담을 안겨주었고, 몇 년 후 국가부도의 사태를 맞았다. 2016 리우올림픽 또한 올림픽으로 진 빚으로 인해 리우시는 교사 및 병원 종사자의 월급과 연금도 제때 못줄 정도로 재정적인 어려움을 겪고 있으며, 이런 가운데 범죄율은 날로 높아져가고 있다.[202]

세상에 자원은 유한하고 그 한정된 자원을 유용하게 쓸 곳은

---

[198] Wills, 2021

[199] Settimi, 2018

[200] Tokyo Olympics cost $15.4 billion. What else could that money buy? 2021

[201] Wills, 2021

[202] Wills, 2021

많다. 500억 달러를 올림픽에 지출하는 대신에 600여 명 규모의 초등학교를 세운다면 3,125개나 세울 수 있다.[203] 그리고 비행기를 산다면 약 4억 달러 가격의 보잉 747 점보 여객기를 129대나 살 수 있다. 올림픽에 투자하는 그 돈은 이렇게 막대한 돈이다. 그런데 세계적으로 수많은 스포츠 행사가 쉴 새 없이 열린다. 올림픽만 하더라도 원래 4년마다 열리는 것이 올림픽이었는데 하계와 동계로 나누어 2년마다 올림픽이 열린다. 그리고 월드컵축구, 각 종목마다의 세계선수권대회 등 다양한 스포츠 행사가 끊임없이 열리는 가운데 많은 재원을 소모하고 있다. 이를 두고 냉정하게 생각해 보면 국제 스포츠 행사를 위하여 그렇게 많은 재원을 사용하는 것이 옳은지에 대한 의문이 생기지 않을 수 없다.

그리고 사회적 효용의 측면에서 생각해 보아도 그렇다. 어느 사회가 자원사용에서 그 효용을 극대화하려면 분야마다 한계효용이 균등하게 되도록 해야 한다. 그런데 올림픽과 같은 행사는 사회 상층의 엘리트들을 위한 것이다. 상층의 엘리트는 정치인일 수도 있고, 경제인일 수도 있고, 운동선수일 수도 있다. 이들은 이러한 행사가 없어도 이미 사회에서 많은 자원을 소비하고 있는 사람들이다. 올림픽과 같은 행사는 이미 많은 자원을 소비하고 있는 사람들을 위해서 또 많은 자원을 투입하는 것인데, 이것이 어떻게 자원을 잘 사용하는 것이 될 수가 있겠는가? 이렇게 국제 스포츠 행사는 어느 면에서 보더라도 자원의 낭비가 될 수밖에 없는 것이다.

하계올림픽이라면 수영과 보트경기들을 위해서 물을 대야 하

---

[203] 미국과 같은 선진국에서 600여명 규모의 초등학교를 짓는데 약 1천 6백만 달러 든다고 한다. 개발도상국에서는 이보다 훨씬 더 적게 들 것이다.

는데, 리우하계올림픽에서는 물과 관련된 경기에서 오염된 물에서 경기를 해야하는 수질오염의 문제가 있었다. 동계올림픽의 경우는 눈과 얼음이 있어야 한다. 베이징동계올림픽에서 경기장의 눈들은 모두 인공눈이었다. 베이징 북쪽에 눈비가 오지 않고 물이 귀한 건조지역에서 이 경기를 한다고 18,549만 리터의 물을 가져와서 사용하였고, 이는 1억 인구가 하루 마실 수 있는 양이었다.[204]

수많은 경기장과 시설을 건설하는데 천문학적 액수의 자금이 투입되지만 불과 며칠 동안의 올림픽기간이 지나고 나면 사용할 데가 없을 뿐만 아니라, 오히려 유지비용이 들게 된다. 시드니올림픽 주경기장은 올림픽 이후 유지비가 연간 3천만 달러가 소요되는 것으로 알려져 있다.[205] 2014년 소치동계올림픽은 많은 자연환경을 훼손하였고, 올림픽이 끝난 후 소치는 유령도시가 되었다. 2018 평창동계올림픽에서도 경기장을 만들기 위해 수백 년 된 수목들을 베어내고 산을 깎아내어 자연환경이 크게 훼손되었다.

카타르 알 두마마 월드컵 경기장

2022년 월드컵은 카타르에서 개최하기로 되어 있다. 중동의 뜨거운 기후에서 축구를 한다는 것이다. 섭씨 40도를 넘나드는 높은 기온과 높은 습도로 가만히 앉아 쉬기도 힘든 사막기후에서 축구를 한다

---

[204] 1억명 하루 식수 쏟아 '100% 인공눈' … 中 "친환경 올림픽" 자화자찬, 2022
[205] Wills, 2021

는 것은 일반적인 생각이 아니다. 그럼에도 불구하고 국제축구연맹(FIFA)에서는 이런 곳을 월드컵 개최지로 선정하였다. 더위에 대한 대책으로 경기장에 냉방시설을 설치하여 경기를 한다는 것이다. 그래서 카타르는 이 대회를 위해 무려 2,200억 달러를 투입하여 5개 도시에 8개의 경기장을 건설하고, 공항, 도로, 지하철, 도시 등을 건설하였다.[206] 2002 한일월드컵이 70억 달러 들었고, 가장 최근의 2018 러시아 월드컵이 116억 달러가 든 것에 비하면 보통의 월드컵에 비해 20~30배의 비용을 들인 것이다.

이런 재원이 나오는 것은 카타르가 산유국이기 때문이다. 이렇게 새롭게 공항을 만들고 도시를 만들기 위해 엄청난 공사를 하지만, 카타르 사람들이 하는 것은 거의 없고 일은 다 외국인 노동자들이 한다. 카타르에서 일하는 사람의 95%는 해외에서 들여온 사람들이다. 월드컵 경기장 건설현장에서 일하는 사람은 대부분 인디아, 방글라데시, 파키스탄, 네팔, 스리랑카 등지에서 온 노동자들이다. 이들은 매우 값싼 노임에 갖가지 인권유린을 당하면서 건설에 참여하고 있다. 카타르의 최저임금은 750리얄(약 24만 원)이다가 2020년 8월에 1,000리얄(약 32만 원)로 올랐다. 노동자들은 대부분 이만한 임금을 받으면서 일주일 6일 하루 12시간 이상을 엄청난 더위와 싸우면서 혹사당하고 있는 것이다. 카타르주재 네팔대사가 카타르의 공사 작업장을 가보고 이곳은 창살없는 감옥이라고 하였고, 국제노동조합연합(International Trade Union Confederation) 관계자는 이곳의 노동자는 현대판 노예라고 하였다. 영국의 가디안지는 2010년에서부터 2020년까지 카타르에서 공사

---

[206] Phillips, 2021

중 사망한 이주노동자 수가 약 6,500명에 이른다고 보도하였다.²⁰⁷ 고대 이집트나 바빌로니아에서 이방인 노예들이 성채를 세우던 그러한 상황이 현대에 재현되고 있는 것이다.

　세상에는 시원하고 맑은 공기 속에 축구차기 좋은 데가 한두 군데가 아니다. 이런 곳 다 두고 이 더운 사막에서 축구경기를 하겠다는 것은 무슨 일인가? 이렇게 억지로 축구를 하겠다고 공사를 하고 그 공사에 이렇게 많은 사람들이 희생당하는 일이 일어나는 것을 정상적인 것으로 보기 어렵다. 이렇게 비정상적인 일이 결정되었다는 것에서부터 그 과정에서 비정상적인 일들이 있었을 것이 예상되는 것이다. 2010년에 있었던 이 월드컵 개최지 선정과 관련하여 미국, 독일, 오스트레일리아, 영국, 프랑스 등지에서 금품제공 부패행위 폭로가 이어졌고, 일부 국가에서는 관련자가 체포되기도 하였다.²⁰⁸ 이렇게 이상한 일이 일어나는 것은 국제 스포츠 행사를 개최하고자 하는 국가 지도자들의 욕구 때문이다. 국가를 이끌고 가는 사람들의 마음이야 뜨거운 사막 위에서 동계올림픽도 개최하고 싶을 것이다.

　마찬가지로 동계올림픽에서는 노르웨이나 캐나다에 가면 눈이 지천으로 많은 데 눈도 얼음도 없는 건조지역에 수억톤의 물을 가져와서 인공눈을 뿌려놓고 경기를 한다는 것도 우스운 일이다. 스포츠 행사는 세계의 평화와 우의를 내세운다. 그런데 국가 간에 진정으로 우의가 있다면 굳이 이런 식으로 억지로 자국에서 개최하려고 하는 일은 일어나지 않을 것이다.

　운동을 좋아하는 사람들끼리 운동하기 좋은 곳에 가서 그냥

---

²⁰⁷ Revealed: 6,500 migrant workers have died in Qatar since World Cup awarded, n.d.
²⁰⁸ 2022 FIFA World Cup controversies, n.d.

소박하고 조용하게 경기를 하면 될 것인데 그러지 못하는 것은 스포츠가 국가에서 거창하게 행하는 정치행사로 되었기 때문이다. 그래서 이렇게 이상한 일을 벌이고 있는 것이다.

8. 불평등

국제 스포츠 행사에 있어서 국가 간의 불평등은 심각하다. 모든 나라가 골고루 참가하기도 어렵고 대우받기도 어렵다. 올림픽과 같은 국제대회에서 미국, 중국과 같은 나라는 거의 전종목에 걸쳐 많은 선수들이 참가하지만, 국가규모가 작거나 경제적으로 어려운 국가에서는 많은 선수들이 참가할 수 없다. 2020 도쿄하계 올림픽 참가현황을 보면 206개 각국 올림픽위원회에서 선수 11,326명이 참가하였다. 많이 참가한 국가 순으로 상위 14개국이 참가선수 중 약 절반을 차지하였고,[209] 나머지 192개국에서 절반을 차지하였다.

올림픽이 시작되자 매스컴을 장식하고, 경기가 끝나면 남는 것이 메달집계표다. 메달을 많이 획득한 국가순으로 위에서 아래로 목록이 작성된다. 메달에 있어서도 2020 도쿄올림픽을 보면, 339개 금메달 중 절반이 넘는 173개를 상위 6개국이 차지하였고, 나머지 166개를 200개 국가가 나누어 가졌다. 미국은 113개의 메달을 획득하였지만, 72개국은 단 한 개의 메달도 따지 못하였다.[210] 매스컴에서 발표하는 메달집계표에는 1위, 2위, 3위 … 순으로 내려

---

[209] Qian, 2021

[210] Reardon, 2021

가다가 10위 정도 내려가게 되면 이 정도에서 끝나고 마는 것이 보통이다. 수십 위권을 내려가면 도대체 그 나라가 어디에 있는지 목록에서 찾으래야 찾기조차 어렵다. 이렇게 이 올림픽의 자리에서 약소국들의 존재감은 작다.

이러한 가운데 미국과 중국같이 세계의 강대국들 간에 메달 경쟁이 치열하다. 이러한 메달 경쟁 속에 한국의 김연아나 김동성과 같이 실력에서 앞섬에도 불구하고 국력이 부족하여 설움을 당하게 되는 선수들이 한국에만 있는 것이 아니다. 약소국 선수들은 메달경쟁에서 불리할 뿐만 아니라 고래싸움에 새우 등 터지듯 강대국의 경쟁 속에 희생당하기도 하기 때문에 아예 메달에 대한 마음을 비우고 쿠베르탱의 말대로 참가하는데 의의를 찾으며 참가하게 된다.

대형 국제 스포츠 행사는 대국들의 잔치이다. 대국들은 많은 메달로서 자국의 위엄을 과시한다. 메달을 많이 따기 위해서는 많은 종목에서 많은 선수들을 양성해야 한다. 또 용병을 사기도 하고 약물사용을 하는 등 여러 편법이 동원되기도 한다. 이는 소국으로서는 어려운 일이다. 또 메달을 많이 따기 위해서는 자국에서 이러한 대회를 유치하는 것도 하나의 방법인데, 작고 가난한 나라에서는 막대한 비용을 들여서 개최하기가 쉽지 않다. 메달을 많이 따기도 쉽지 않고, 대회를 유치하기도 쉽지 않은 일인 것을 감안하면, 이런 일들을 해내는 나라들은 대단한 나라들인 것이다.

강대국들은 메달수로 나타난 자국의 높은 위상을 국내적으로 이용한다. 우리나라가 이렇게 강하고 좋은 나라라는 것이다. 그래서 "이런 좋은 나라의 국민인 것을 자랑스럽게 생각하고 불만없이 살아라"는 것이다. 어느 강대국 내에 독립을 원하는 국민들이 있어도 "우리가 이렇게 하나로 있으니 세계의 강대국으로서 이렇게 강하고 자랑스러운 나라로서 있는 것이 아니냐" "독립하여 약소국가 국민으로 사는 것보다 이렇게 강국 국민으로 당당하게 사는 것이 좋지 않으냐" 라고 설득할 수 있어서 국가통합으로 이끌기가 한결 수월해진다.

이렇게 국제올림픽위원회나 국제스포츠기구들이 그 행사의 결과로서 보여주는 메달수나 순위 같은 것은 큰 나라를 찬양하는 것밖에 되지 않는다. 사람들로 하여금 마치 큰 나라가 좋은 나라인양 착각하게 하는 것이다. 그런데 조금만 깊게 생각하면 올림픽의 결과로 내세우는 국가들의 메달집계가 의미 있는 것이 아니라는 것을 알 수 있다. 큰 나라가 메달을 많이 땄다고 해서 그 나라를 좋게 볼 수 있는 근거는 아무 데도 없다. 인구가 많고 큰 나라에서 메달을 많이 따는 것은 당연한 것이다. 별것 아닌 것을 대단한 것인양 내세워 사람들의 생각을 흐리게 하는 것이다. 이런 것에 가치를 두는 것은 큰 권력을 추구하고 이를 탐하는 사람들의 사고가 지배함으로써 세상을 이 같은 방향으로 이끌어가고 있기 때문이다. 큰 나라가 좋은 나라인가? 철없는 아이라면 큰 나라가 좋은 나라라고 답할 수도 있겠지만 큰 나라가 좋은 나라가 될 수 없다. 큰 나라가 좋은 나라라면 현대의 역사에서 소련이 가장 좋은 나라였다는 것이고, 역사적으로 몽고나 로마제국이 가장 좋은 나라였다고 해야 할 것이다. 그런데 이들을 좋은 나라라고 할 수 없는 것은 좋은 나라의 기준이 그 나라 전체가 아니라 그 나라 속의 사람이 되어야 하기 때문이다. 즉, 좋은 나라의 기준은 "그 나라 속의 사람들이 얼마나 자유롭고 행복하게 살고 있느냐?"이다.

표 5-4 도쿄하계올림픽 국가인구대비 금메달

국가	금메달	순위	인구	금메달 대비 인구	비고
미국	39	1	33,145	850	
중국	38	2	143,932	3,788	
네덜란드	10	7	1,714	171	
벨기에	3	29	1,149	383	

통계기준연도: 2020년
인구의 단위는 만 명임.

이를 국제 스포츠의 장에서 본다면 국가 안에서 개개인의 능력이 얼마만큼 발휘할 수 있느냐가 될 것이다. 메달수나 순위에서 내세우는 것은 나라일뿐 사람에 대한 것이 아니다. 국가를 두고 정말 비교해야 할 대상은 전체 메달획득수가 아니라 나라 안 한 사람당 메달을 딸 수 있는 가능성이다. 예를 들자면 2020 도쿄하계올림픽에서 중국은 전체 인구 143,932만 명에서 38개의 금메달을 획득하여, 3,787만 명당 1개의 금메달을 딴 반면에, 네덜란드는 전체 인구 1,713만 명에서 10개의 금메달을 획득하여, 인구 171만 명당 1개의 금메달을 땄다. 이는 네덜란드인으로 살아가는 것이 중국인으로 살아가는 것보다 금메달을 딸 수 있는 가능성이 22배 이상 높은 것이다.

이렇게 볼 때 이상적인 것은 경기를 국가단위로 하지 않고 개인단위로 하는 것이다. 하지만 이것은 현실성이 없다. 흥행에 성공할 수 없기 때문이다. 각국의 정치가들이 유치하려 하지 않을 것이고, 사람들의 관심이 줄어들어 국제스포츠기구들이 돈벌이를 할 수 없다. 국제 스포츠 행사들은 국가들의 내셔널리즘을 활용하여 이끌어가는 사업인 것이다. 국제스포츠기구들이 하는 일은 그들의 주요 고객인 자국의 위신을 높이려는 정치가들의 이해를 맞추어 주는 것이다. 그래서 경기 도중에 국가 간에 문제가 생기면 국제스포츠기구는 개최국이나 강대국의 편을 든다. 국제스포츠기구는 세계의 약소국들을 불러 모아 들러리 시키면서 강대국에게는 위용을 과시할 수 있는 장을 마련해주는 것이다. 이렇게 국제스포츠경기는 약자에게 강자를 인정하게 하고 강자와 약자 간의 불평등을 순순히 받아들이는 것을 길들이는 교육장인 것이다.

제 6 장

결 론

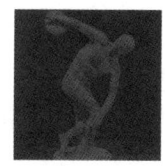

　기원전 490년 그리스와 페르시아가 마라톤 평원에서 대전을 치르게 된다. 아테네 사람들은 이 싸움에 대한 소식을 애타게 기다리고 있었다. 어떻게 되었을까? 이겼을까? 졌을까? 만약 졌다면 싸움에 나간 아들, 남편, 아빠가 죽었다는 것이고, 우리 또한 곧 죽게 될 것이다. 너무나 애타고 가슴 조이는 시간을 보내고 있었다. 이때 한 병사가 거친 숨을 몰아쉬며 죽을 힘을 다해서 뛰어왔다. "우리가 이겼다."소리친 뒤 그는 숨을 거두었다. 이 병사는 전령 필리피데스(Philippides)였다. 그는 이 소식을 애타게 기다리는 부모 형제들을 위하여 자신의 몸을 던져서 달린 것이다.

　이 역주는 단순한 뜀박질이 아니라 "이겼다"라는 승리의 장쾌함이 묻어 있다. 그리고 숭고한 사랑과 희생의 울림도 있다. 싸움에서 이기고 또 이렇게 순식간에 달려 걱정하는 부모형제들을 안심시킨 병사야말로 승리에 승리를 더하는 감동이 있지 않은가? 여기에 용감함이 있고, 강건함이 있고, 애국심이 있고, 동포애가 있고, 희생정신이 있다. 이 용사를 기리기 위하여 그리스 사람들은 올림픽에서 이 달리는 경기를 하게 되었고, 그렇게 마라톤은 시작되었다.

　마라톤으로 대표되는 스포츠, 스포츠는 그 전설에서부터 이미 자국주의적이다.

스포츠는 힘과 기량을 사용하는 활동이고 이는 옛날 무사들이 하는 일과 가깝다. 그런데 무사들이 주로 하는 일은 나라를 지키는 일이었다. 그래서 스포츠 하면 나라를 위하는 것을 생각케 한다. 그리고 오늘날 사람들은 자국이 외국과 경기를 하게 되면 큰 관심을 갖고 열렬히 자국 팀, 자국 선수를 응원한다. 이러한 마음이 애국심이라고도 할 수 있고, 보다 정확하게는 내셔널리즘이다.

내셔널리즘은 국가로 분할되어 살고 있는 오늘의 세계에서 모든 사람들이 갖고 있는 자국을 향하는 마음이다. 이 내셔널리즘은 국가발전의 원동력이 되기도 하고, 이것이 국가 간 전쟁의 주범이 되기도 한다. 따라서 내셔널리즘에 대한 연구는 사람과 국가를 연구하는 데 있어서 어느 분야에 못지않게 중요하다. 하지만 이러한 중요성만큼 연구가 제대로 이루어지지 못하는 것이 현실이다. 더구나 한국의 경우에는 이 분야에서의 연구가 특히 많이 부족하다. 그 원인으로는 여러 가지 요인이 있겠지만 용어의 탓이 가장 크다. 한국에서는 내셔널리즘을 민족주의라고 부르고 있기 때문이다. 내셔널리즘은 민족주의가 아니며 그렇게 하자고 해도 될 수가 없다. 민족주의가 아닌 것을 민족주의라고 하고 있으니 이런 용어로서는 연구가 제대로 될 수가 없다.

2022 베이징동계올림픽에서 중국이 자국의 위신을 높이기 위해서 수단 방법을 가리지 않고 메달을 긁어모았다. 이것은 영어로서는 내셔널리즘이다. 그렇다면 이것을 우리말로 무엇으로 불러야 할까? 이것이 애국주의인가? 아니다. 애국이란 어느 나라에서든 매우 숭고하게 받아들여지는 말이다. 이런 데까지 사용될 수 있을 정도로 불순한 말이 아니다. 그렇다면 이것이 민족주의인가? 국어

사전에서 민족주의를 찾아보면 "독립이나 통일을 위하여 민족의 독자성이나 우월성을 주장하는 사상"이라고 정의하고 있다.[211] 여기에 독립이나 통일이 무슨 관련 있는가? 그리고 중국은 한족, 회족, 등 공식적으로 인정된 민족만 해도 56개 민족이고, 그래서 중국이 제일 두려워하는 것이 민족의 독자성을 주장하는 것인데 무슨 민족주의인가?

또한 오늘날 스포츠의 현실을 보면, 세계에 수많은 스포츠경기가 벌어지고 있지만 민족을 단위로 하여 경기가 이루어지거나 민족을 앞세워서 사람들이 스포츠의 열정을 내뿜는 일은 없다. 이러한 일은 국가 간에 이루어진다. 우리가 스포츠를 두고 내셔널리즘이라 하면 나라를 대상으로 해서 하는 말이지 민족을 대상으로 하는 말일 수가 없다. 따라서 이를 스포츠 민족주의라고 해서는 말이 되지 않는 것이다.

그렇다면 내셔널리즘이 민족주의라는 말과 어떻게 잘못 연결되어 있는가? 먼저 내셔널리즘이라는 말의 뿌리가 되는 것이 네이션인데, 이 네이션의 번역에서부터 문제가 시작된다. 한국에서는 네이션을 민족이라고 하는데 네이션의 의미는 민족이 아니다. 민족이라는 말은 지난 세기 우리가 나라를 잃어가던 시기에 들어와 경황없는 역사 속에서 우리가 무심코 사용하게 되었지만, 그 말을 깊이 살펴보면 즐겨 사용할 만한 말이 아니며, 더구나 네이션을 대신할 만한 말이 아니다. 네이션은 정치적인 용어로서 국가와 관련된 말이지만, 민족은 사회적인 용어로서 국가와는 무관하다. 네이션이 민족이 아니니 내셔널리즘이 민족주의가 아닌 것은 당연하다. 위에서 본 대로 국어사전에서 민족주의를 "독립이나 통

---

[211] 민족주의, 미상

일을 위하여 민족의 독자성이나 우월성을 주장하는 사상"이라고 정의하고 있는데,[212] 이는 민족주의가 민족이라는 용어 위에서 나온 말이면서도 영어 내셔널리즘의 의미에 최대한 가까이 가도록 정의했기 때문에 나온 결과이다. 이 같은 사전적 정의는 우리가 일상에서 사용하는 민족주의라는 말의 의미와 동떨어져 있다. 현실에서 우리가 사용하는 민족주의의 의미는 민족을 앞세우는 이념이다. 같은 민족끼리 단합하는 가운데 자민족의 이익을 우선하는 이념이다. 예를 들자면 우리에게 있어서 민족이란 남한사람, 북한사람, 그리고 세계각지에 있는 동포다. 그리고 우리에게 있어서 민족주의란 남한사람, 북한사람, 그리고 세계각지에 있는 동포의 이익을 내세우는 것을 말하는 것이다.

　이렇게 스포츠 내셔널리즘을 두고 논의하는데 먼저 용어를 정리하지 않으면 안 되었다. 그래서 먼저 내셔널리즘에 대한 개념과 이를 표현할 적절한 용어부터 연구 검토하였다. 연구 검토 결과 네이션에 대한 우리말로서 가장 적절한 용어가 "국인"이고, 내셔널리즘에 가장 적절한 용어가 "국인주의" 혹은 "자국주의"였다. 국인주의, 자국주의 모두 좋은 용어이나 국인주의를 많이 사용한 저자의 다른 책과 달리 본서에서는 자국주의를 많이 사용하였다. 국인주의는 국인이라는 용어와의 연결성에서 좋은 점이 있지만, 자국주의는 쉽게 와닿는 점에서 좋고, 스포츠 영역에서는 국인이라는 말을 함께 사용되는 경우가 비교적 적기 때문에 자국주의라는 용어를 많이 사용하였다.

　신체활동으로서의 스포츠는 태곳적까지 거슬러 올라가지만, 오늘날 사람들이 하고 있는 스포츠는 대부분 근대기 유럽에서 형

---

[212] 민족주의, 미상

성되었다. 과학기술의 발전으로 산업생산이 기계화되고 자본주의 대량생산체제가 들어섬에 따라 노동으로부터 해방되는 사람이 점차 증가하게 되고, 사회적으로 중산층이 늘어나면서 시간적 물질적으로 여유를 갖게 된 사람들이 스포츠를 하게 된 것이다. 이후 자본주의의 발전과 함께 크게 발전하면서 스포츠는 개인의 일상에서뿐만 아니라 사회적으로도 중요한 한 영역으로 자리잡게 된다. 그래서 스포츠는 사회에서 직접적으로 중요한 역할을 할 뿐만 아니라 간접적으로도 국가, 사회계급, 자본주의, 정체성, 인종, 성, 세계화 등 여러 측면에 큰 영향을 주게 되었다.

이 중에서 국가와 관련해서 보자면 스포츠가 국가에 기여하는 바가 크다. 국가는 대내적으로는 안정을 갖기 원하고 대외적으로는 평판을 얻고자 하는데 스포츠는 이 모두에 있어서 국가에 기여할 수 있다. 먼저 대내적으로 스포츠를 통하여 국민들의 건강을 증진시키고 국민들을 단합하게 하여 강한 국가를 만드는데 역할을 한다. 그리고 대외적으로 스포츠를 통하여 다른 나라에 대해서 자국의 강함을 보이고 자국인의 우수함을 과시할 수 있다. 그래서 근대 이후 국가들은 앞다투어 스포츠를 보호 육성해온 것이다.

이렇게 스포츠가 국가를 위해서 기여하는 부분 중에서 특히 국제경기는 자국주의를 자극하여 국민을 단합시키고 국가를 통합하는 데 큰 역할을 한다. 올림픽이 출범된 것은 이러한 측면에서의 이해관계와 무관하지 않으며, 지금껏 발전해온 것 또한 이런 요인에 힘입은 바 크다.

스포츠경기는 이쪽의 우리와 저쪽의 상대가 있다. 그 상대는 개인일 수도 있고 팀일 수도 있다. 팀이라면 팀 내의 구성원이 함께 협력하고 단합하게 된다. 그리고 이를 보는 관중들도 응원을 하면서 선수들과 다름없는 일체감으로 단결하게 된다. 사람들이 이렇게 대립되는 집단으로 나누어질 때 자기 집단을 중심으로 똘똘 뭉치게 되는 이유는 사람에게는 내집단편향(in-group bias)이라는 타고난 본성이 있기 때문이다. 사람들은 자신을 자기 집단에 일치시키면서 자기 집단이 잘되기를 바라는 마음을 갖는다. 여기서의 집단응집은 어떠한 형태로서의 집단이든 모두에 해당되지만 그 집단이 국가일 때 특히 강하게 작동하게 된다. 그 이유는 개인에 있어서 국가는 다른 집단과 비교될 수 없을 만큼 그 이해관계가 클 뿐만 아니라, 태어나면서부터 죽을 때까지 국가와 사회로부터 끊임없이 조국을 사랑해야 한다고 교육받기 때문이다. 그런데 우리의 일상에서 자기 집단으로서의 국가의 존재를 의식하는 시간은 많지 않은데 이러한 계기를 만들어 주는 것이 국제경기이다. 다른 국가와 자국이 맞서고 있는 국제경기에서의 상황은 그 어느 때보다 자국의 존재를 강하게 확인케 해주는 것이다.

그래서 스포츠는 평화 시에 다른 어느 분야보다도 국민들로 하여금 국가에 대한 자부심을 갖게 하고 정체성을 갖게 하는 데 큰 힘을 발휘한다. 자국 선수와 외국 선수가 경기를 하게 되면 국민들은 손에 땀을 쥐고 자국을 응원하게 되는 데 이러한 사람들의 성향은 어디서 나오는 것일까? 그것은 아주 오랜 옛날에 투쟁하면서 살지 않으면 안 되었던 사람들의 삶의 양식과 관련되어 있다. 오랜 옛날부터 삶의 과정에서 형성된 감정이 굳어져 본능적인 의식으로 된 것이다. 옛날에는 전쟁을 하게 되면 먼저 장수끼리 싸우는 경우가 많았다. 그리고 그 싸움에서 장수가 지게 되면 대개 아군이 지게 되고 자신들도 죽는 상황으로 가는 것이 일반적이었다. 그래서 병사와 백성들은 자신의 목숨이 걸린 상황에서 자기편 장수가 이기기를 온 마음으로 염원하면서 바라보지 않으면 안 되었던 것이다. 그런데 오늘날 이와 비슷한 상황이 벌어지는 곳이 바로 자국의 선수와 외국의 선수가 겨루는 국제경기이다. 자국을 대표해 싸우는 선수는 그 옛날 전장에서 앞서 나가서 싸우는 장수와 같다. 이 순간 사람들의 마음에는 옛날에 형성해 놓은 자국 장수의 승리를 염원하는 본능이 자신도 모르게 발동하게 되는 것이다.

또한 현대에도 전쟁법상으로는 전시에 군인들끼리 싸워야 하고 민간인들에 피해 주는 것을 금지하고 있다. 이를 생각하면 군인 또한 선수와 다를 바 없다. 그래서 한국에서 국가대표선수들을 부르는 이름은 "태극전사"이다. 자국 군인이 이겨야 하듯이 자국 선수가 이겨야 하는 것이다.

이와 같이 오늘날 국제 스포츠에는 자국주의가 강하게 작용하고 있다. 그런데 문제는 국제 스포츠의 이러한 성격으로 인하여 많은 부작용이 일어나고 있다는 점이다.

첫째, 스포츠의 정치적인 이용이다. 국제경기는 국민들의 마음을 사로잡기 때문에 정치에서는 국가를 위해서, 혹은 통치자나 정치집단이 자신들의 이익을 위해서 이를 활용하게 된다. 국가들에서 활용할 것이 많기 때문에 세계에는 많은 국제경기단체들이 만들어져 활발하게 운영되고 있는 가운데, 그 대표격인 국제올림픽은 백수십 년이 넘게 발전되어 오고 있다. 국제경기에서 국민들은 자국의 강한 모습을 보고 싶어 한다. 국민들은 자국 선수들이 국제경기에서 이기거나 좋은 성적을 내면 자국에 대해서 자부심을 갖게 되고 국가에 대한 충성심도 커진다. 그래서 국가의 입장에서 국제경기에 이기거나 좋은 성적을 내는 것이 중요하다.

그런데 국제경기에서 이기거나 좋은 성적을 내는 데 가장 좋은 방법이 자국에서 경기를 하는 방법이다. 그래서 국가들은 자국에서 스포츠 행사를 개최하는 것을 좋아한다. 국제 스포츠 행사를 자국에서 하게 되면 자국 선수들이 이기거나 메달을 따는 데 유리할 뿐만 아니라 그 행사 자체에서 자국의 위엄을 과시할 수 있다. 세계의 선수들을 자국에 불러서 경기를 할 뿐만 아니라 세계 각국의 지도자나 인사들을 불러놓고 개폐막식과 같은 의전행사나 문화행사도 함께 함으로써 자국의 위세를 과시할 수 있는 것이다. 그래서 이러한 행사를 개최하기 위해서는 많은 재원과 인력을 투입해야 함에도 불구하고 국제 스포츠 행사를 개최하고 싶어 하는 국가들이 끊이지 않는다. 이런 국가들을 대상으로 국제올림픽위원회와 같은 국제스포츠기구들은 사업을 해나가게 되는 것이다. 국제스포츠기구들은 국제연합이나 세계무역기구와 같이 국가들의 합의로 생긴 기구가 아니라 민간단체이다. 이 같은 행사를 통하여 국가가 원하는 것은 국가의 위세를 높이는 것이고, 국제스포츠기구가 원하는 것은 돈과 특권이다. 국제올림픽이 백년이 넘도록 이어오고 있는 것은 행사 수요자인 국가와 공급자인 국제올림픽위원회가 서로가 원하는 것을 제공함으로써 거래 당사자 모두에 이익이 되는 사업을 해올 수 있었기 때문이다.

그래서 어느 국가가 국제 스포츠 행사를 개최하게 되면 국제스포츠기구의 지원으로 개최국은 좋은 성적을 거두게 된다. 실제 어느 국가가 스포츠경기를 개최하게 되면 그 국가는 당해 경기에서 좋은 성적을 거두게 되는가를 검증해 보았다. 전체 국제 스포츠경기를 대표하여 하계올림픽을 대상으로 분석하였고, 1896년 제1회 아테네하계올림픽부터 2021년 32회 도쿄하계올림픽까지 실제 개최되었고, 분석에 유의미한 올림픽 27개 대회를 대상으로 하여 자국에서 올림픽을 개최하는 경우와 개최하지 않는 경우의 메달 획득실적을 비교함으로써 행사개최와 메달획득의 관계를 통계적으로 분석하였다. 분석결과 어느 나라가 자국에서 올림픽을 개최할 때 통상의 메달획득 수준과 확연히 다르게 많은 메달을 획득한다는 사실이 99.9% 신뢰수준에서 확인되었다.

경기 개최국이 그 경기에서 좋은 성적을 거둔다는 사실은 이미 널리 알려져 있던 바이고, 이를 개최국 프리미엄이라고 불러왔다. 이렇게 막연하게 인지되어 오고 있던 개최국 프리미엄을 본 연구에서 계량적인 방법으로 확실하게 판단하게 된 것이다. 우리가 보통 개최국 프리미엄이라고 했을 때, 이것이 발생하는 이유로서, 첫째 경기장이나 숙소 등에서의 적응문제, 둘째 여행과 시차 문제, 셋째 관중들의 응원 등을 들 수 있다. 그런데 올림픽에서 개최국이 유리한 것은 이러한 이유들로 잘 설명되어지지 않는다. 또한 이런 요인들로 인해서 일어날 수 있는 정도 이상으로 매우 확실하고 큰 규모로 개최국이 많은 메달을 획득하고 있음이 드러나고 있다. 이를 설명하기 위해서는 추가적인 설명요인이 필요하다. 그래서 이러한 이유 외에 올림픽위원회, 개최국, 참가국 모두가 개최국에 유리하게 해주는 묵시적 합의가 있고, 이러한 합의하에 개최국에 유리하게 하는 보이지 않는 행위들이 있다고 볼 수밖에 없다. 그러지 않고서는 지금까지 올림픽 메달획득에서 개최국일 때와 비개최국일 때의 차이가 그렇게 크게 나는 것을 설명할 방법이 없기 때문이다.

이것이 가능한 것은 통치자나 정치집단의 입장에서 보면 개최국에 메달을 몰아주는 것이 국가들 모두에 유리한 결과를 가져다주기 때문이다. 타국에서 개최할 때 메달을 조금씩 적게 따고, 자국에서 개최할 때 한꺼번에 많이 따서 전체의 숫자에서는 같지만, 자국에서 개최할 때는 국민들의 관심이 훨씬 더 높아서 경기로 인한 정치적인 효과는 훨씬 더 크게 되기 때문이다. 그래서 국제 스포츠 행사에서 세계 각국이 개최국에 참가해주고 협조해 주는 것은 안정된 국정운영을 서로 간에 도와주는 일종의 품앗이인 것이다.

국제올림픽위원회는 이렇게 개최국의 국위를 과시하는 데 도와줌으로써 국제기구로서의 존재가치를 유지하고, 이러한 가운데 여기 소속된 사람들의 지위와 부를 누리게 되는 것이다. 예를 들면, 2014 소치동계올림픽은 그 개최지 선정에서부터 러시아 푸틴 대통령의 로비에 의하여 선정되었으며, 러시아의 영광과 푸틴 대통령의 권력강화를 위하여 러시아 경제에 부담을 주면서까지 무리하게 개최된 것으로[213] 알만한 사람들은 다 알고 있었다. 2014년 2월 소치올림픽이 끝나고, 국제올림픽위원회 위원장 바흐 (Thomas Bach)는 "러시아가 열성적인 팬들 앞에서 잘 해줘서 기쁘다"라고 말하였다. 이런 방식으로 국제 스포츠 행사는 존속 유지되는 것이다.

둘째, 스포츠가 국가를 위한 것으로 되어간다는 것이다. 스포츠는 원래 사람들이 생활에서 여유를 활용하여 즐거움을 갖는 것이었다. 국제올림픽도 원래 이 같은 순수한 정신에서 출발하였고 아마추어선수들만이 참가할 수 있었다. 그런데 사람들이 자국이 이기거나 좋은 성적을 내기를 바라고, 국가가 이러한 자국주의를 정치에 활용하면서 그 성격이 바뀌게 되었다. 국가들은 국제올림픽에서 좋은 성적을 내기 위하여 경기 전문의 선수들을 양성하게

---

[213] Rosenberg, 2014

되고, 결국 국제올림픽은 이런 전문선수들 간의 스포츠 행사가 되고 말았다. 이에 따라 국가에서는 이러한 국제경기에 출전하기 위한 소수 정예의 엘리트 스포츠 영역이 생겨나게 되었다. 자본주의 하에서 스포츠가 직업화되어 가고 있고, 여기에다 국가마저 엘리트 스포츠를 육성하게 되니 그만큼 아마추어스포츠는 위축될 수밖에 없다. 이러한 결과로 일반인들은 스포츠로부터 더 멀어지고 엘리트선수들의 영역에서도 많은 부작용들이 일어나고 있다.

셋째, 스포츠 정신의 파괴다. 국가 간의 경기에서는 자국이 이기고자 하는 마음이 워낙 강하기 때문에 이기고 지는 것이 중요하지 그 과정은 중요하지 않다. 그래서 선수들은 수단 방법을 가리지 않고 이기려고만 하고, 국민들도 이기기만 하면 된다고 생각한다. 그래서 반칙과 속임수는 대수롭지 않게 생각하고 이기면 영웅이 되고 지면 역적이 되는 것이다. 또한 국제경기에서는 국내 경기에서와 달리 같은 법적 윤리적 테두리 내에 있지 않기 때문에 이러한 요소가 약화될 수밖에 없다. 국제경기가 다른 경기보다 더 중요한 위치에 있기 때문에 국제경기에서의 이러한 분위기는 스포츠전반에 큰 영향을 준다.

넷째, 국가 간의 갈등증폭이다. 국제경기는 자국에 대한 충성심을 높이게 되는데, 이에 비례하여 외국에 대해서는 그만큼 배타적으로 될 수 있다. 실제로 국제 스포츠가 국가 간의 갈등을 증폭시킨다는 연구가 많다. 현실적인 경험으로 보더라도 사이가 좋지 않은 국가 간의 경기는 좋지 않은 관계를 재확인하는 시간이 되기 십상이다. 이렇게 국제경기는 국가 간의 갈등을 축적시키기도 하고, 경우에 따라서는 기존의 갈등 관계를 폭발시키는 도화선 역할을 하기도 한다.

다섯째, 부정 부패다. 국제 스포츠 행사 개최는 대내적으로 국가를 통합하고 대외적으로 국가의 위신을 세울 수 있는 수단이 된다. 그래서 많은 나라들이 행사를 서로 개최하겠다고 경쟁을 하게 되고, 이러한 과정에서 국제스포츠기구 관련자들에 대한 특별한 환대와 선물은 기본이고 뇌물을 주는 사태가 빈번하게 일어난다. 또한 성적에 집착하여 심판을 매수하거나 팀 간에 거래를 하는 등 부정 부패의 행위가 끊이지 않고 있다.

여섯째, 도핑 문제다. 선수들의 우승을 위한 집착은 상상하기 어려울 정도로 강하다. 그래서 선수들에게는 약물사용에 대한 유혹이 따른다. 선수가 약물을 사용하게 되면 공정한 경기가 될 수 없을 뿐만 아니라 선수 자신의 건강도 위협받게 된다. 그래서 스포츠계에서는 선수들의 약물사용을 도핑검사를 통해서 통제하려고 노력하고 있다. 도핑에 대한 문제를 해결하기 위해서는 선수 개개인이 우승에 대한 집착을 줄일 수 있도록 하는 방향으로의 사회적인 가치관이나 분위기의 변화가 필요하다. 하지만 국가는 선수들의 우승에 대한 집착을 오히려 부추기고 강화시키는 역할을 한다. 또한 선수들의 약물사용을 방지하기 위한 국가 차원에서의 노력이 중요한데도, 자국의 좋은 성적을 위한 열망이 워낙 크기 때문에 국가가 선수들의 약물사용에 대한 통제를 엄격하게 하지 않는 경우가 많고, 오히려 국가가 나서서 선수에게 약물을 사용하게 하고 도핑검사에서 발각되지 않도록 돕는 일도 일어나고 있다.

일곱째, 자원의 낭비다. 국제 스포츠 행사를 개최하기 위해서는 막대한 재원을 필요로 한다. 국가들은 자국에서 이러한 행사를 하고 싶은 욕심이 워낙 강하다 보니 이런 경제적 사회적 요인을 무시하고 행사를 치르는 경우가 많다. 올림픽의 경우 개최 후에 경제적인 부담을 안게 되는 경우가 거의 대부분이었다. 이러한 행사는 혜택은 사회적 강자에 돌아가고, 부담은 사회적 약자에게 돌아가는 경우가 많다. 그리고 환경과 여건에 상관없이 개최국의 열망에 따라 경기를 개최하게 되면서 경기는 오염된 공기나 나쁜 수질에서 치러지기도 하고, 인공눈을 뿌리고 경기를 하기도 하고, 사막에다 냉방경기장을 만들어 경기를 하기도 한다. 세상에는 시원하고 맑은 공기 속에서 운동하기 좋은 곳도 많고, 자연 그대로 그 운동에 적합한 환경이 되어 있는 곳도 많음에도 불구하고 이렇게 하는 이유는 무엇인가? 이는 국가가 정치적인 행사로서의 국제경기에 더 의미를 두어 자국에서 개최하려 하기 때문이다. 세계의 어느 좋은 환경에서 선수들끼리 조용하고 소박하게 경기를 하면 될 것이지만, 국가의 권력자들은 경기뿐만 아니라 개폐막식을 하고 세계의 정상들을 자국에 불러 모아놓고 거창하게 행사를 하고 싶어 하는 것이다. 그래서 국가주의 권위주의 국가들이 이러한 행사를 더 개최하고 싶어 한다. 이런 나라들이 자국의 여건이나 환경에 상관없이 행사를 하기 때문에 비용지출은 말할 것도 없고 자원의 낭비나 환경의 훼손도 더 심하게 일어나고 있다.

여덟째, 불평등의 문제다. 국제 스포츠 행사는 대국들을 위한 잔치이다. 약소국은 많은 선수가 참가하기도 어렵고, 대회를 유치하기도 어렵고, 메달을 따기도 어렵고, 억울한 일이 생겨도 하소연하기도 어렵다. 대국들 간에 더 많은 메달을 따기 위한 경쟁이 치열하다. 그리고 이렇게 딴 메달로써 대국들은 자국의 위엄을 과시한다. 세계의 약소국들을 불러 모아 들러리 시키면서 강대국에게 위용을 보일 수 있게 해주는 장으로서의 국제 스포츠경기는 약자에게 강자를 인정하게 하고 강자와 약자 간의 불평등을 순순히 받아들이는 것을 가르치는 교육의 장인 것이다.

원래 스포츠에서 약자를 위한 공간은 없다. 스포츠는 "더 빨리, 더 높이, 더 빠르게"에서 말하고 있듯이 강함을 추구하는 것이다. 스포츠는 이러한 성격에서 그 존재가치가 있는 것이다. 하지만 국가가 스포츠를 활용하여 정치적 강자가 자신의 힘을 더 늘리고 강한 국가가 더 위엄을 과시하는 수단으로 사용된다면 그것은 좋은 일이 아니다. 스포츠는 강자를 위한 것이지만 세상은 강자를 위한 것이어서는 안 되기 때문이다. 더구나 정정당당하지 않은 과정에서의 결과는 더더욱 그렇다. 강대국이 실제 능력 이상으로 더 많은 메달을 가져간다는 것은 약소국이 그만큼 빼앗기는 것이 된다. 이로써 강대국 국민들의 국가에 대한 자부심이 커지게 되는 만큼, 약소국 국민들의 국가에 대한 자부심이 작아지게 되고, 이는 강대국을 강하게 하고, 약소국을 약하게 하는 것이다. 국민의 자국에 대한 자부심은 곧 국력이기 때문이다.

국가들이 스포츠에서 경쟁하면서 선수들에게 제공하는 돈과 명예의 유혹이 작지 않다. 선수들은 이러한 유혹에서 벗어나기 어렵고, 국가를 대표하여 국위를 선양해야 한다는 부담을 갖게 된다. 그래서 많은 선수들이 운동으로 인하여 신체적, 정신적 병을 앓게 되고, 훈련의 속박된 환경에서 고통당한다. 그럼에도 노력한 결과가 나오면 좋겠지만 국가 정치권력의 농간에 의하여 자신의 노력에 대한 결과를 받지 못할 수도 있는 것이다.

스포츠 자국주의는 곳곳에 스며있다. 최근에는 세계화로 선수들의 국경을 넘는 이동도 많이 일어나고 있다. 축구, 야구와 같은 일부 종목에서는 유럽, 미국과 같은 선진국에서 뛰는 것이 세계 선수들의 꿈이 되고 있다. 그런데 선수들의 국경을 넘는 이동이 많아졌다고 해서 자국주의까지 희미해진 것은 아니다. 오히려 자국주의의 모습이 복잡하고 다양해졌다. 근래에 한국에서도 유럽이나 미국의 스포츠중계를 많이 시청한다. 이들 지역에 진출해 있는 한국 선수를 보기 위해서다. 사람들은 자국 선수가 뛰는 팀을 자기 팀인양 응원한다. 그러다 보니 유럽 축구구단 중에는 가급적 중국 선수를 영입하려는 구단들도 있다. 스페인의 스포츠전문지 마르카에 의하면, 2019년 중국 우레이 선수가 스페인 에스파뇰 구단에 들어가자 중국 축구팬들 중 89%가 에스파뇰 서포터스가 되었다고 보도하였다.[214] 우레이 데뷔전에는 중국인 4,000만명이 시청하고, 우레이의 에스파뇰 유니폼은 약 5,000장이 팔려 이는 메시를 능가하는 수준이었고, 중국 기업으로부터 1,000만 유로의 후원을 받는[215] 등 구단은 큰 수익을 올렸다. 구단이 목표로 하는 것은 해당 선수의 실력이 아니라 그 선수와 연결되어 있는 거대시장이다. 이렇게 자국 선수를 생각하는 중국사람들의 국인주의를 활용하여 수입을 올리는 것이다.

선수들이 외국에 진출하는 추세 속에 선수 중에는 올림픽에서도 메달을 따기 위하여 조국을 등지고 강대국이나 개최국으로 가기도 한다. 2014 소치동계올림픽에서는 한국 선수가 러시아로 귀화하여 러시아에 많은 메달을 안겨주었다. 그가 영입된 것은 러시아의 자국주의 때문이었고, 그 뒤에는 이를 이용한 권력자의 정치적인 목적이 있었다. 이로 인하여 한국 사람들은 상처받고 그에 대한 분노를 감추지 않았다. 한국 사람들의 자국주의가 작동한 것이다.

---

[214] 우레이 임팩트 놀랍다, 중국 축구팬 89%가 에스파뇰팬 변신, 2019
[215] 우레이, 131억 후원으로 힘주는 中 기업, 피할 수 없는 '마케팅용 선수', 2019

오늘날 선수들이 외국에서 활동하는 것이 쉬워졌다고 해서 그 국적성마저 쉽게 생각해서는 안 된다. 아직은 세계주의자(cosmopolitan)도 공존할 수 있을 만한 세상이 아니다. 세계는 국가로 나누어져 있고 이러한 국가들은 자국주의로 색칠되어 있다. 메달은 그 자체로서 의미를 갖는 것이 아니다. 올림픽은 국가의 이름으로 출전하는 것이다. 아무리 국제올림픽위원회가 그렇지 않다고 해도 대다수의 사람들에겐 자국 국적의 메달만 가치있고 반가울 뿐이다. 19세기 샤미소(Adelbert von Chamisso)는[216] 국가 정체성을 잃은 사람을 자신의 그림자를 팔아버린 사람으로 표현하였다. 가족의 품이 따뜻하듯이 세계에 나가서 싸우는 선수에게 조국의 품만 한 곳이 없는 것이다.

오늘날의 스포츠는 한편으로는 돈이 프로스포츠를 이끌고, 한편으로는 국가가 엘리트 스포츠를 이끄는 가운데 아마추어스포츠는 그 자리를 잃어가고 있다. 올림픽과 같은 국제 스포츠의 존재는 대다수 사람에게는 구경의 대상일 뿐이다. 사람들로 하여금 보게만 하는 스포츠는 로마시대 콜로세움의 경기에 불과하다. 우리가 지금 콜로세움의 경기에 대해 높게 평가하지 않듯이 별로 의미 없는 것에 너무 많은 의미를 부여하는 것은 잘못된 것이다.

어느 저명한 교수가 있었다. 그는 자신을 대우하는 세상의 태도에 불만이 많았다. 자신이 해외학술대회에 나가서 금메달 이상의 성과를 내고 돌아왔는데도 공항에 아무도 나와주는 사람이 없다는 것이다. 그리고 국가에서 상도 주지 않고 연금도 주지 않

---

[216] Adelbert von Chamisso (1781.1. 30 ~ 1838. 8. 21)는 프랑스에서 독일로 망명한 문인이다. 프랑스 귀족이었으나 프랑스 혁명으로 독일로 망명하여 군인이 되었다. 자신과 같은 국가 정체성을 상실한 사람의 모습을 1816년에 출간한 「피터 슐레밀의 기이한 이야기 (Peter Schlemihls wundersame Geschichte)」에서 묘사하고 있다.

는다고 불평하였다. 운동선수들은 올림픽에서 메달을 따고 돌아오면 공항에서부터 환영행사를 하고 국가에서 상도 주고 연금도 주는데 자기는 그보다 더한 일을 했는데도 대접도 해주지 않는다는 불평이다.

그렇다면 이런 생각이 받아들여질 수 없는 이유는 무엇인가? 일단 현실적으로 이러한 보상이 그 효과면에서 학자에게 그렇게 하는 것보다 운동선수에게 하는 것이 훨씬 낫다. 그리고 보다 근본적으로는 학문을 국가에서 평가해주고 사회에서 평가해주어야만 하는 것은 아니다. 학문은 그에 대한 사랑과 열정으로 하는 것이다. 국가의 평가를 받아야 한다면 그것은 이미 학문이 아니며, 그런 학문을 하겠다면 그는 이미 학자가 아니다. 스포츠 또한 특별히 다르지 않다. 그렇다면 문제는 세계적인 학자를 공항에서 영접하지 않는 데에 있는 것이 아니라 올림픽에서 금메달을 땄다고 해서 온 나라가 들썩이는 데에 있는 것이다.

근대 스포츠는 자신의 삶에서 여유를 찾아 삶을 의미있고 행복하게 보내기 위하여 시작되었다. 그래서 근대 스포츠에서 아마추어 정신은 중요한 가치이다. Amateur(아마추어)라는 말은 사랑이라는 의미를 갖고 있는 라틴어 "amare"에서 온 말이다. 아마추어는 사랑해서 하는 사람들인 것이다. 그 무엇에 대한 것이든 사랑과 열정은 고귀하다. 누구든 자기가 좋아하는 것을 하면 보람과 즐거움을 가질 수 있다. 이것을 자신의 범위를 넘어서 타인으로부터 축하받아야 하고 자신이 잘했으니 대가를 달라고 한다면 여기에 더 이상 즐거움은 없다. 그리고 자기 행동에 대한 결과를 남에게서 대가를 찾아야만 한다면 그는 더 이상 자유롭지 않다. 그는 남에게 구속될 수밖에 없는 것이다. 아무리 훌륭한 선수라 할지라도 그는 국가에 구속되고, 구단주에 구속되고, 코치에 구속되고, 팬들에 구속되는 것이다.

국가 속의 사람들은 분업을 하게 된다. 국가 내 엘리트 선수들은 외국과의 시합을 담당하는 사람들이다. 그래서 엘리트 선수들은 군인과 같다. 군인이 없어도 되는 상황이 더 좋듯이 엘리트 선수도 없는 상황이 더 좋다. 이렇게 좋지 않은 상황을 만드는 것이 자국주의를 활용하고자 하는 국가이고, 자국주의로 사업하는 국제스포츠기구이다. 국가 내의 분업은 효율성을 가져오지만 사람을 국가 속의 부품처럼 만든다. 국가가 존재하는 한 국가 내 사람들의 기능분담이 있을 수밖에 없지만, 사람을 중심으로 생각한다면 이러한 기능분담은 가급적 작을수록 좋다. 스포츠까지 스포츠를 전담하는 사람만이 하는 것은 좋지 않다. 더 많은 사람이 더 자유롭게 스포츠를 즐길 수 있는 것이 좋다. 사람이 중심이 되어야 한다. 우리의 삶이 개개인의 행복과 인격적인 완성에 목적하는 것이라면, 스포츠도 국가를 위한 것이 아니라 개개인의 행복과 인격적인 완성에 기여하는 것이어야 한다.

스포츠는 빠르고, 힘세고, 강해지려는 인간의 이상에서 비롯되었다. 이는 신으로 향하는 인간의 염원, 즉 더 완성된 존재가 되고자 하는 인간의 의지이다. 이 이상과 의지를 추구하는 것으로서의 스포츠는 순수해야 한다. 스포츠가 정치와 돈과 명예에 의해서 혼탁해져서는 안 된다. 스포츠가 순수성을 회복할 때 스포츠 자국주의를 둘러싸고 일어나고 있는 많은 부작용들은 없어지게 될 것이고, 스포츠 자국주의 또한 줄어들게 될 것이다.   -끝-

참고문헌

I. 동양문헌

'조선족' 윤동주·김연아? ... 김치 이어 역사 왜곡 나선 中 바이두. (2021. 2. 16). 아시아경제. https://www.asiae.co.kr/article/2021021611194874233

'대~한민국'의 승리. (2002. 6. 26). 조선일보.

'도핑'발리예바 앞세워 팀 1위...러시아는 '최고훈장'수여했다. (2022. 2. 26). 중앙일보. https://www.joongang.co.kr/article/ 25051358

'사과 없고' 크렘린궁 이어 발리예바도 '경의.' (2022. 2. 22). 데일리안. https://www.dailian.co.kr/news/view/1085789/?sc=Daum

"쓰레기는 쓰레기통에"...점차 드러나는 투트베리체의 민낯. (2022. 2. 20). 뉴스1. https://www.news1.kr/articles/?4590626

"한국 순수혈통주의 인종차별 소지 있다"유엔 보고서 지적. (2007. 8. 13). 경향신문.

"한국팀 16강 기원" 40대 분신자살 기도. (2002. 6. 14). 연합뉴스.

16세 발리예바의 도핑, 변하지 않은 러시아의 악행. (2022. 2. 21). 엑스포츠뉴스. https://www.xportsnews.com/article/1539775

1994년 월드컵 자살골 콜롬비아 선수 피살. (2011. 7. 1). 경향신문. http://news.khan.co.kr/kh_news/khan_art_view.html?artid=201107012153395

1억명 하루 식수 쏟아 '100% 인공눈'… 中 "친환경 올림픽"자화자찬. (2022. 2. 6). 세계일보. http://www.segye.com/newsView/20220206508415?OutUrl=daum

강동국. (2006). 근대 한국의 국민·인종·민족 개념. 한국동양정치사상사, *5*(1), 5~35.

강상중. (2004). 내셔널리즘 (임성모 역). 서울: 도서출판 이산.

거리응원 부상속출-78명 응급후송. (2002. 6. 15). 조선일보.

국민. (미상). 다음한국어사전. http://dic.daum.net/search.do?q=%EA%B5%AD%EB%AF%BC(2015/12/15)

김혜승. (1997). 한국 민족주의. 서울: 비봉출판사.

나관중. (2002). 삼국지 (이문열 평역). 서울: 민음사.

달라진 위상, 우리의 시선은? (2008. 8. 24). 오마이뉴스. https://sports.v.daum.net/v/20080824134710324?f=o

도쿄올림픽 개최 반대 여론에 스가 "국민 안전이 먼저." (2021. 5. 10). 아시아경제. https://www.asiae.co.kr/article/2021051014160335563

도쿄올림픽 조직위 "대한체육회와 IOC 무슨 합의했는지 몰라… 욱일기 반입 허용할 것." (2021. 7. 19). 세계일보. http://www.segye.com/newsView/20210719506267?OutUrl=daum

마라도나 "아르헨 대표팀, 월드컵 예선 때 약물복용." (2011. 5. 24). 경향신문. https://m.khan.co.kr/sports/football/article/201105241353241#c2b

문 대통령, 올림픽 선수단 응원…"5000만 국민이 함께 한다." (2021. 7. 22). dongA.com. https://www.donga.com/news/article/all/20210722/108099919/2

미 언론의 증폭되는 반한보도 어떻게 대처할까? (2003. 2. 13). 한국경제.

민족. (미상). 다음 한국어사전. http://dic.daum.net/search.do?q=%EB%AF%BC%EC%A1%B1(2015/12/15)

민족과 국민의 구별. (1908.7.30). 대한매일신보.

민족자결주의. (미상). 학습용어사전. https://100.daum.net/encyclopedia/view/24XXX

XX70379(2021/1/12)

민족주의. (미상). 다음 한국어사전. http://dic.daum.net/search.do?q=%EB%AF%BC%EC%A1%B1%EC%A3%BC%EC%9D%98(2015/12/15)

민족주의. (미상). 표준국어대사전. http://stdweb2.korean.go.kr/search/List_dic.Jsp (2015/12/15)

박양신. (2008). 근대일본에서의 '국민', '민족' 개념의 형성과 전개: nation 개념수용사. 동양사학연구, *104*, 235~265.

박찬승. (2011). 민족, 민족주의. 서울: 소화.

베이징올림픽 성적표는…대회운영 '성공', 판정시비 '눈살'. (2008. 8. 27). 세계일보. http://www.segye.com/newsView/20080826 002715

베이징올림픽은 대성공. (2008. 8. 24). 연합뉴스. https://news.v.daum.net/v/20080824103707022?f=o

서독서 70년대까지 국가가 도핑 주도. (2013. 8. 5). 연합뉴스. https://www.yna.co.kr/view/AKR20130805059000007

서로 껴안고 환호하고…월드컵이 연 마음의 문. (2002. 6. 25). 조선일보.

숨진 임원은 도쿄올림픽 회계책임자…조직위 '회계부정' 재주목. (2021. 6. 7). 아주경제. https://www.ajunews.com/view/20210607160809805

신용하. (1994). 한국민족주의의 형성과 전개. 서울: 서울대학교출판부.

씨름. (미상). 한국 민족문화 대백과사전. https://100.daum.net/encyclopedia/view/14XXE0034198(2022/2/25)

아베 "도쿄올림픽 개최 반대는 反日행위." (2021. 7. 5). 조선일보. https://biz.chosun.com/international/international_general/2021/07/05/F3XIHMEFEZEDNBZ7XG4XEAI2ZY/

오노 사건 겹쳐 비극 증폭…퍼펙트 스톰 같았다. (2012. 6. 13). 조선일보.

오사와 마사치. (2010). 내셔널리즘론의 명저 50 (김영작, 이이범 역). 서울: 일조각.

오타 타카코. (2003). 한국 내셔널리즘에 대한 고찰. 한일민족문제연구, 5, 3~35.

우레이 임팩트 놀랍다, 중국 축구팬 89%가 에스파뇰팬 변신. (2019. 6. 14). 조선일보.

우레이, 131억 후원으로 힘주는 中 기업, 피할 수 없는 '마케팅용 선수'. (2019. 7. 30). 스포츠서울.

우리 국민 '나라 사랑.' (2002. 6. 23). 조선일보.

유종하. (1999). "민족주의 이론연구: 근대주의적 민족주의 비판을 중심으로". 명지대학교 석사학위논문.

이상우. (1996). 국제관계이론. 서울: 박영사.

이선민. (2008). 민족주의 이제는 버려야 하나. 서울: 삼성경제연구소.

이어지는 日올림픽 유치 의혹-나가노 대회 매수설까지. (2020. 4. 3). 뉴스1.

자국서 환영받는 발리예바…러, 잇단 도핑 파문에도 타격감 0. (2022. 2. 21). 동아일보. https://www.donga.com/news/article/all/20220221/111963251/1

장문석. (2011). 민족주의. 서울: 책세상.

정경환. (2009). 민족주의 연구. 부산: 도서출판 이경.

정약용. (1981). 목민심서(이정섭 역). 민족문화추진회.

제국주의와 민족주의. (1909. 5. 28). 대한매일신보.

조민. (1994). 한국 민족주의 연구. 서울: 민족통일연구원.

조선왕조실록, 성종실록, 성종 1년, 7월 8일.

조선왕조실록, 세조실록, 세조 10년, 1월 2일.

조선왕조실록, 세종실록, 세종 15년, 6월 23일.

조선왕조실록, 세종실록, 세종 1년, 7월 6일.

조선왕조실록, 연산군일기, 연산군 3년, 9월 23일.

조선왕조실록, 영조실록, 영조 31년, 12월 22일.

조선왕조실록, 정조실록, 정조 7년, 10월 23일.

조선왕조실록, 태조실록, 총서 85번째 기사.

조선왕조실록, 태조실록, 태조 1년, 11월 29일.

조선왕조실록, 태조실록, 태조 2년, 1월 29일.

조선왕조실록, 태종실록, 태종 8년, 11월 11일.

조영정. (2016). 국인주의 이론. 서울: 박영사.

조영정. (2018). 미국의 내셔널리즘. 서울: 사회사상연구원.

조영정. (2019). 일본의 내셔널리즘. 서울: 사회사상연구원.

조영정. (2020). 중국의 내셔널리즘. 서울: 사회사상연구원.

조영정. (2021a). 민족주의와 내셔널리즘. 서울: 사회사상연구원.

조영정. (2021b). 내셔널리즘 이론. 서울: 사회사상연구원.

족. (미상). 다음 한국어사전. https://dic.daum.net/search.d o?q=%EC%A1%B1&dic=kor&search_first=Y (2021/2/25)

중의, 중에 의한, 중을 위한 축제. (2008. 8. 18). 세계일보. http://www.segye.com/newsView/20080817001474

지금 생각하면 정말 소름끼치는 노래. (2022. 3. 17). 생각의 힘으로 거친 파도 넘기. https://blog.naver.com/travis88(2022/ 5/ 11)

차기벽. (1984). 민족주의. 서울: 종로서적.

차기벽. (1991). 민족주의원론. 서울: 한길사.

최형식. (2007). 중국의 현대화와 민족주의. 시대와 철학, *18*(4), 105~137.

칼 마르크스. (1989). 마르크스-레닌주의 민족이론: 민족해방이론의 주체적 정립을 위하여 (나라사랑 편집부 편역). 서울: 나라사랑.

혐한·혐중·반일. (2008. 11. 28). 세계일보. http://www.segye. com/news View /20081128 00 3031

흥분한 여성들 탈진·실신많아. (2002. 6. 23). 조선일보.

II. 서양문헌

10 Things you may not know about Jesse Owenss. (n.d.). *History*. Retrieved March 1, 2022, from https://www.history.com/news/10-things-you-may-not-know-about-jesse-owenshings You May Not Know About Jesse Owens - HISTORY

1978 FIFA World Cup. (n.d.). In *Wikipedia*. Retrieved January 16, 2022, from https://en.wikipedia.org/wiki/1978_FIFA_World_Cup

2002 winter Olympic bid scandal. (n.d.). In *Wikipedia*. Retrieved January 11, 2022, from https://en.wikipedia.org/wiki/2002_Winter_Olympic_bid_scandal

2002 winter Olympics figure skating scandal. (n.d.). In *Wikipedia*. Retrieved January 8, 2022, from https://en.wikipedia.org/wiki/2002_Winter_Olympics_figure_skating_scandal

2022 FIFA World Cup controversies. (n.d.). In *Wikipedia*. Retrieved December 5, 2021, from https://en.wikipedia.org/wiki/2022_FIFA_World_Cup_controversies

Acton, J. E. E. D. A. (1862/2001). Nationality. In V. P. Pecora (Ed.), *Nation and identities*(pp.142~148). Oxford: Blackwell Publishers.

Alexander, R. D. (1979). *Darwinism and human affairs*. Seatle: University of Washington Press.

Allison, A. (Ed.). (2005). *The global politics of sport*. New York: Routledge.

Anderson, B. (2006). *Imagined communities: Reflections on the origin and spread of nationalism* (2nd ed.). London: Verso.

Argentina Dirty War: Torture and baby theft trial under way. (2020, October 28). *BBC News*. https://www.bbc.com/news/world-latin-america-54718440

Armstrong, J. (1976). Mobilised and proletarian diasporas. *American Political Science Review, 70*, 393~408.

Armstrong, J. (1982). *Nations before nationalism*. Chapel Hill, NC: University of North Carolina Press.

Armstrong, J. (1992). The autonomy of ethnic identity: historic cleavages and nationality relations in the USSR. In A. Motyl (Ed.), *Thinking theoretically about soviet nationalities* (pp. 23~44). New York: Columbia University Press.

Armstrong, J. (1995). Towards a theory of nationalism: consensus and dissensus. In S. Periwal (Ed.), *Notions of nationalism* (pp. 34~43). Budapest: Central European University Press.

Armstrong, J. (1997). Religious nationalism and collective violence. *Nations and Nationalism, 3*(4), 597~606.

Armstrong, J. A. (2001). Myth and symbolism theory of nationalism. In A. S. Leoussi (Ed.), *Encyclopedia of nationalism* (pp. 197~202). New Brunswick and London: Transaction Publishers.

Arnason, J. P. (1990). Nationalism, globalization and modernity. In M. Featherstone (Eds.), *Global Culture* (pp. 207~250). London: SAGE Publications.

Arnaud, P., & Riordan, J. (Eds.). (1998). *Sport and international politics*. London: E & FN Spon.

Balakrishnan, G. (Ed.). (1996). *Mapping the nation*. London: Verso.

Bale, J. (1986). Sport and national identity: A geographical view. *The

International Journal of the History of Sports, 3(1), 18~41.

Balibar, E., & Wallerstein, I. (1991). *Race, nation, class*. London: Verso.

Barnard, F. M. (1959). The Hebrews and Herder's political creed. *Modern Language Review, 54*(4), 533~546.

Barnard, F. M. (1984). Patriotism and citizenship in Rousseau: A dual theory of public willing? *The Review of Politics, 46*(2), 244~65.

Barreto, A. A. (2009). *Nationalism and logical foundations*. New York: Palgrave Macmillan.

Bases, A. (Ed.). (2005). *In the game: race, identity, and sports in the twentieth century*. New York: Palgrave Macmillan.

Bauer, O. (1996). The nation. In S. Woolf (Ed.), *Nationalism in Europe, 1815 to the present*(pp.61~84). London and New York: Routledge. (Original Work Published 1906)

Beiner, R. (Ed.). (1999). *Theorizing nationalism*. New York: State University of New York Press.

Berlin 1936. (n.d.). *International Olympic Committee*. Retrieved January 10, 2022, from https://olympics.com/en/olympic-games/berlin-1936

Bernhardt, P. C., Dabbs, J. M., Fielden, J. A., & Lutter, C. D. (1998, August). Testosterone changes during vicarious experiences of winning and losing among fans at sporting events. *Physiology & Behavior, 65*(1), 59~62.

Bertoli, A. D. (2017). Nationalism and conflict: Lessons from international sports. *International Studies Quarterly, 61*(4), 835~849.

Billig, M. (1995). *Banal nationalism*. London: SAGE Publications Ltd.

Booth, K. (1979). *Strategy and ethnocentrism*. Holmes & Meier Publishers, Inc.

Booth, T. (2021, November 5). Highest-paid athletes of all time: Michael

Jordan leads star-studded top-25 list. *Sportingnews*. https://www.sportingnews.com/us/nba/news/highest-paid-athletes-of-all-time-michael-jordan-leads-star-studded-top-25-list/111wewzd2j0gq1a5hddn1cqgkx

Brass, P. R. (1985). *Ethnic groups and the state*. London: Croom Helm.

Brass, P. R. (1991). *Ethnicity and nationalism: Theory and comparison*. New Delhi and Newbury Park: SAGE.

Brass, P. R. (1994). Elite competition and nation-formation. In J. Hutchinson, & A. D. Smith (Eds.), *Nationalism* (pp. 83~84). Oxford: Oxford University Press.

Brass, P. R. (1996). *Riots and pogroms*. London and New York: Macmillan and New York University Press.

Breuilly, J. (1985). Reflections on nationalism. *Philosophy of the Social Sciences, 15*, 65~75.

Breuilly, J. (1993a). *Nationalism and the State* (2nd ed.). Manchester: Manchester University Press.

Breuilly, J. (1993b). Nationalism and the state. In R. Michener (Ed.), *Nationality, patriotism and nationalism in liberal democratic societies* (pp. 19~48). Minnesota: Professors World Peace Academy.

Breuilly, J. (1996). Approaches to nationalism. In G. Balakrishnan (Ed.), *Mapping the nation*. London: Verso.

Breuilly, J. (2001). The state and nationalism. In M. Guibernau & J. Hutchinson (Eds.), *Understanding nationalism* (pp. 32~52). Cambridge: Polity.

Breuilly, J. (2005). Dating the nation: How old is an old nation? In A. Ichijo & G. Uzelac (Eds.), *When is the nation?* (pp. 15~39). London and New York: Routledge.

Brewer, M. B. (1999). The psychology of prejudice: Ingroup love or outgroup hate? *Journal of Social Issues*, 55, 429~444.

Brown, D. (1999). Are there good and bad nationalisms? *Nations and Nationalism*, 5(2), 281~302.

Brown, D. (2000). *Contemporary nationalism*. New York: Routledge.

Brownell, S. (2008). Introduction: Bodies before Boas, Sports before the laughter Left. In S. Brownell (Ed.), *The 1904 anthropology days and Olympic Game*. Lincoln: University of Nebraska press.

Brubaker, R. (1992). *Citizenship and nationhood in France and Germany*. Cambridge, MA: Harvard University Press.

Brubaker, R. (1998). Myths and misconceptions in the study of nationalism. In J. A. Hall (Ed.), *The state of the nation: Ernest Gellner and the theory of nationalism* (pp. 272~306). Cambridge: Cambridge University Press.

Brubaker, R., & Cooper, F. (2000). Beyond "identity." *Theory and Society*, 29, 1~47.

Buckel, B. A. (2008). Nationalism, mass politics, and sport: Cold war case studies at seven degrees. *Master Thesis of Arts in Security Studies*. Naval Postgraduate School.

Burke, C. (1975). *Aggression in man*. Syracuse, New York: Lyle Stuart.

Buss, M. D. (2008). *Evolutionary psychology* (3rd ed.). Boston: Pearson Education Inc.

Bustyn, V. (1999). *The rites of men: Manhood, politics, and the culture of sport*. Toronto: University of Toronto Press.

Calhoun, C. (1993). Nationalism and ethnicity. *Annual Review of Sociology*, 19, 211~39.

Calhoun, C. (1997). *Nationalism*. Buckingham: Open University Press.

Calhoun, C. (2003a). Nationalism and cosmopolitanism. In U. Özkırımlı (Ed.), *Nationalism and its futures* (pp. 93~126). Basingstoke & New

York: Palgrave Macmillan.

Calhoun, C. (2003b). "Belonging" in the cosmopolitan imaginary. *Ethnicities, 3*(4), 531~53.

Calhoun, C. (2008). Cosmopolitanism and nationalism. *Nations and Nationalism, 14*(3), 427~448.

Chan, J. (2008, August 8). Beijing olympics celebrate the capitalist market and nationalism. *World Socialist Web Site*. Retrieved August 7, 2019, from https://www.wsws.org/en/articles/2008/08/olym-a08.html

Chatterjee, P. (1993). *The nation and its fragments: Colonial and postcolonial histories*. Princeton: Princeton University Press.

Chatterjee, P. (1996). Whose imagined community? In G. Balakrishnan (Ed.), *Mapping the nation* (pp. 214~225). London: Verso.

Chatterjee, P. (1998). Beyond the nation? Or within? *Social Text, 56*, 57~69.

Chua, A. (2018). *Political tribes: Group instinct and the fate of nations*. UK: Bloomsbury.

Cialdini, R. B. (1993). *Influence: The psychology of persuasion*. New York: Quill Willi Morrow.

Citizenship. (n.d.). In *Enciclopedia britanica*. Retrieved January 3, 2017, from https://www.britannica.com/topic/citizenship

Citizenship. (n.d.). In *Wikipedia*. Retrieved December 17, 2015, from https://en.wikipedia.org/?title=Citizenship

Cocks, J. (2005). Fetishized nationalism? In T. Nairn & P. James (Eds.), *Global matrix: Nationalism, globalism and state-terrorism* (pp. 73~88). London and Ann Arbor: Pluto Press.

Connor, W. (1990). When is a nation? *Ethnic and Racial Studies, 13*(1), 92~103.

Connor, W. (1994). *Ethnonationalism: The quest for understanding*.

Princeton: Princeton University Press.

Connor, W. (2005). The dawning of nations. In A. Ichijo & G. Uzelac (Eds.), *When is the nation?* (pp. 40~46). London and New York: Routledge.

Conversi, D. (Ed.). (2002). *Ethnonationalism in the contemporary world: Walker Connor and the study of nationalism*. London and New York: Routledge.

Cronin, M., & Mayall, D. (Eds.). (1998). *Sporting nationalisms: Identity, ethnicity, immigration and assimilation*. London: Frank Cass Publishers.

Culpepper, J. (2020). Diversity in golf: Gen Z sees changes ahead for the future of the game. *Golfweek*. Retrieved March 2, 2022, from https://golfweek.usatoday.com/2020/12/28/diversity-in-golf-generation-z-future-of-golf/

Dahbour, O., & Ishay, M. R. (Eds.). (1999). *The Nationalism reader*. New York: Humanity Books.

Darnell, S. C., Field, R., & Kidd, B. (2019). *The history and politics of sport-for-development: Activists, ideologues and reformers*. New York: Palgrave Macmillan.

Davis, H. (1965). Nations, colonies and social classes: The position of Marx and Engels. *Science & Society, 29*(1), 26~43.

Delanty, G., & Kumar, K. (Eds.). (2006). *The SAGE handbook of nations and nationalism*. London: SAGE.

Delanty, G., & O'Mahony, P. (2002). *Nationalism and social theory*. London: SAGE Publication.

Deutsch, K. (1942). International affairs: The trend of European nationalism-the language aspect. *American Political Science Review, 36*(3), 533~541.

Deutsch, K. (1956). *An interdisciplinary bibliography on nationalism,*

1935~53. Cambridge, MA: MIT Press.

Deutsch, K. W. (1966). *Nationalism and social communication: An inquiry into the foundations of nationality* (2nd ed.). Cambridge: MIT Press. (Original work published 1953)

Dinamo–Red Star riot. (n.d.). In *Wikipedia*. Retrieved January 26, 2021, from https://en.wikipedia.org/wiki/Dinamo–Red_Star_riot

Druckman, D. (1994). Nationalism, patriotism, and group loyalty: A social psychological perspective. *Mershon International Studies Review, 38*, 45~46.

Duke Student Targeted for Mediating Tibet Protest. (2008, April 21). *NPR*. https://www.npr.org/templates/story/story.php?storyId=89803198

Edensor, T. (2002). *National identity, popular culture and everyday life*. New York: Berg.

Edwards, J. (1985). *Language, society, and identity*. Oxford: Blackwell.

Eley, G., & Suny, R. G. (1996a). Introduction: From the moment of social history to the work of cultural representation. In G. Eley & R. G. Suny (Eds.), *Becoming national: A reader* (pp. 3~38). Oxford: Oxford University Press.

Eley, G., & Suny, R. G. (Eds.). (1996b). *Becoming national*. London: Oxford University Press.

Eller, J. D., & Coughlan, R. M. (1993). The poverty of primordialism: The demystification of ethnic attachments. *Ethnic and Racial Studies, 16*(2), 183~201.

Evera, S. V. (1994). Hypotheses on nationalism and war. *International Security, 18*(4), 5~39.

Fishman, J. (1972). *Language and nationalism: Two integrative essays*. Rowley, MA: Newbury House.

Frey J. H., & Eitzen, D. S. (1991). Sport and society. *Annual Review of*

Sociology, 17, 503~522.

Gagnon, V. P. (1994~1995). Ethnic nationalism and international conflict. *International Security, 19*(3), 130~166.

Gat, A. & Yakobson, A. (2013). *Nations: The Long History and Deep Roots of Political Ethnicity and Nationalism.* NewYork: Cambridge University Press.

Geary, P. J. (2002). *The myth of nations: The medieval origins of Europe.* Princeton: Princeton University Press.

Geertz, C. (1993). *The interpretation of cultures: selected essays* (2nd ed.). London: Fontana.

Geertz, C. (Ed.). (1963). *Old societies and new states.* New York: Free Press.

Gellner, E. (1964). *Thought and change.* London: Weidenfeld & Nicolson.

Gellner, E. (1987). *Culture, identity and politics.* Cambridge: Cambridge University Press.

Gellner, E. (1994). *Encounters with nationalism.* Oxford: Blackwell.

Gellner, E. (1996a). The Coming of nationalism and its interpretation: The myths of nation and class. In G. Balakrishnan (Ed.), *Mapping the nation* (pp. 98~145). London: Verso.

Gellner, E. (1996b). Reply: Do Nations have navels? *Nations and Nationalism, 2*(3), 366~71.

Gellner, E. (1997). *Nationalism.* London: Weidenfeld & Nicolson.

Gellner, E. (2006). *Nations and nationalism* (2nd ed.). Oxford: Blackwell.

Gellner, E., & Smith, A. D. (1996). The nation: real or imagined? : The Warwick debates on nationalism. *Nations and Nationalism. 2*(3), 357~370.

Gems, G. R., Borish, L. J., & Pfister, G. (2008). *Sports in American history: From colonization to globalization.* Champaign: Human Kinetics.

Gerard, H. B. (1979). Funktion und Entwicklung von Vorurteilen In A. Heigl-Evers (Ed.), *Die psychologie des 20. jahrhunderts, 8*. Zurich: Kindler.

Giddens, A. (1985). *The nation-state and violence*. Cambridge: Polity Press.

Giddens, A. (1991). *The consequences of modernity*. Cambridge: Polity Press.

Girardet, R. (1965). Autour de l'idéologie nationaliste: perspectives de recherches. *Revue française de science politique, 15*(3), 423~445.

Green, E. (2016, July 28). Russian Olympic doping scandal: How it happened. *Rollinstone*. Retrieved March 1, 2022, from https://www.rollingstone.com/culture/culture-sports/russian-olympic-doping-scandal-how-it-happened-98340/

Greenfeld, L. (1992). *Nationalism: Five roads to modernity*. Cambridge, MA: Harvard University Press.

Greenfeld, L. (1993). Transcending the nation's worth. *Daedalus, 122*(3), 47~62.

Greenfeld, L. (2003). *The spirit of capitalism: Nationalism and economic growth*. Cambridge, MA: Harvard University Press.

Greenfeld, L. (2005). Nationalism and the mind. *Nations and Nationalism, 11*(3), 325~41.

Greenfeld, L. (2006). Modernity and nationalism. In G. Delanty & K. Kumar (Eds.), *The SAGE handbook of nations and nationalism* (pp. 157~168). London: SAGE.

Grosby, S. (1994). The verdict of history: the inexpungeable tie of primordiality-a reply to Eller, and Coughlan. *Ethnic and Racial Studies, 17*(1), 164~71.

Grosby, S. (1995). Territoriality: the transcendental, primordial feature of modern societies. *Nations and Nationalism, 1*(2), 143~62.

Grosby, S. (2001). Primordiality. In A. S. Leoussi (Ed.), *Encyclopedia of nationalism* (pp. 252~255). New Brunswick: Transaction Publishers.

Grosby, S. (2005a). *Nationalism: A very short introduction*. Oxford: Oxford University Press.

Grosby, S. (2005b). The primordial, kinship and nationality. In A. Ichijo and G. Uzelac (Eds.), *When is the nation?* (pp. 56~78). New York: Routledge.

Gruneau, R., & Horne, J. (Eds.). (2016). *Mega-events and globalization: Capital and spectacle in a changing world order*. New York: Routledge.

Guibernau, M. (1996). *Nationalisms: The nation-state and nationalism in the twentieth century*. Cambridge: Polity Press.

Guibernau, M., & Hutchinson, J. (Eds.). (2001). *Understanding nationalism*. Cambridge: Polity.

Hall, E. (1992). *Inventing the barbarian: Greek self-definition through tragedy*. Oxford: Clarendon Press.

Hall, J. A. (2006). Structural approaches to nations and nationalism. In G. Delanty and K. Kumar (Eds.), *The SAGE handbook of nations and nationalism* (pp. 33~43). London: SAGE.

Hargreaves, J. (2000). *Heroines of sport: The politics of difference and identity*. New York: Palgrave Macmillan.

Harris, L. J. (2015). *Britain and the Olympic game, 1908–1920*. United Kingdom: Palgrave Macmillan.

Hastings, A. (1997). *The construction of nationhood: Ethnicity, religion and nationalism*. Cambridge: Cambridge University Press.

Hayes, C. J. H. (1972). *Essays on nationalism*. New York: John Willy. (Original Work Published 1926)

Hayes, J. H. C. (1955). *The historical evolution of modern nationalism* (5th ed.). London and New York: Macmillan.

Hearn, J. (2006). *Rethinking nationalism*. New York: Palgrave Macmillan.

Hechter, M. (1975). *Internal colonialism: The Celtic fringe in British national development, 1536~1966*. London: Routledge & Kegan Paul.

Hechter, M. (1985). Internal colonialism, revisited. In E. A. Tiryakian & R. Rogowski (Eds.), *New nationalisms of the developed West* (pp. 17~26). Boston: Allen & Unwin.

Hechter, M. (1988). Rational choice theory and the study of ethnic and race relations. In J. Rex & D. Mason (Eds.), *Theories of ethnic and race relations* (pp. 264~279). Cambridge: Cambridge University Press.

Hechter, M. (1995). Explaining nationalist violence. *Nations and Nationalism*, *1*(1), 53~68.

Hechter, M. (2000a). Nationalism and rationality. *Studies in Comparative International Development*, *35*(1), 3~19.

Hechter, M. (2000b). *Containing nationalism*. Oxford: Oxford University Press.

Herodotus. (n.d.). *The Histories*, *8*(144), section 2.

Heywood, A. (2012). *Political ideologies* (5th ed.). NewYork: Palgrave Macmillan.

Hilvoorde, I., Elling, A., & Stokvis, R. (2010). How to influence national pride? The Olympic medal index as a unifying narrative. *International Review for the Sociology of Sport*, *45*(1), 87~102.

Hobsbawm, E. J. (1990). *Nations and nationalism since 1780: Programme, myth, reality*. Cambridge: Cambridge University Press.

Hobsbawm, E. J. (1994). *The age of extremes: The short twentieth century, 1914~1991*. London: Michael Joseph.

Hobsbawm, E. J. (1996). Ethnicity and nationalism in Europe today. In G. Balakrishnan (Ed.), *Mapping the nation* (pp. 255~266). London: Verso.

Hobsbawm, E. J. (2005). Comment on Steven Grosby: The primordial, kinship and nationality. In A. Ichijo & G. Uzelac (Eds.), *When is the nation?* (pp. 79~84). London: Routledge.

Hobsbawm, E. J. (2021). *On nationalism*. London: Little, Brown.

Homer. (n.d.). *The Iliad* (Translated by Butler, S.). San Diego: ICON Group International, Inc.

Horowitz, D. L. (1985). *Ethnic groups in conflict*. Berkeley: University of California Press.

Horowitz, D. L. (2002). The Primordialists. In D. Conversi (Ed.), *Ethnonationalism in the contemporary world: Walker Connor and the study of nationalism* (pp. 72~82). London: Routledge.

Hroch, M. (1996). Nationalism and national movements: Comparing the past and the present of Central and Eastern Europe. *Nations and Nationalism, 2*(1), 35~44.

Hroch, M. (2006). Modernization and communication as factors of nation formation. In G. Delanty & K. Kumar (Eds.), *The SAGE handbook of nations and nationalism* (pp. 21~32). London: SAGE.

Huang, Y. (2014). Perceptions of the barbarian in early Greece and China. *CHS Research Bulletin 2*(1). Retrieved February 1, 2019, from http://www.chs-fellows. org/2014/03/14/perceptions-of-the-barbarian-in-early-greece-and-china

Hughes, J. (2018). *Max Schmeling and the making of a national hero in twentieth-century Germany*. Switzerland: Palgrave Macmillan.

Hutchinson, J. (1987). *The Dynamics of cultural nationalism*. London: Unwin Hyman.

Hutchinson, J. (1994). *Modern nationalism*. London: Fontana.

Hutchinson, J. (2001). Nations and culture. In M. Guibernau, & J. Hutchinson (Eds.), *Understanding nationalism* (pp. 74~96). Cambridge:

Polity.

Hutchinson, J., & Smith, A. D. (Eds.). (1994). *Nationalism*. Oxford: Oxford University Press.

Ichijo, A., & Uzelac, G. (Eds.). (2005). *When is the nation? : Towards an understanding of theories of nationalism*. London: Routledge.

Ideology and sports. (n.d.). *iresearchnet.com*. Retrieved January 20, 2022, from http://sociology.iresearchnet.com/sociology-of-sport/ideology-and-sports/

Ignatieff, M. (1994). *Blood and belonging: Journeys into the new nationalism*. New York: Farrar, Straus & Giroux.

International Olympic Committee. (n.d.). *International Olympic committee funding*. Retrieved March 12, 2022, from https://olympics.com/ioc/funding

International Olympic Committee. (n.d.). *Tokyo 2020 facts and figures*. Retrieved January 23, 2022, from https://olympics.com/ioc/tokyo-2020-facts-and-figures

Irwin, C. J. (1987). A study in the evolution of ethnocentrism. In V. Reynolds, V. S. E. Falger & I. Vine (Eds.), *The sociobiology of ethnocentrism: Evolutionary dimensions of xenophobia, discrimination, racism and nationalism* (pp. 131~156). London: Croom Helm.

Is hosting the Olympics Games worth the investment? (2021, June 1). *Economics Strategy*. Retrieved February 1, 2022, from https://www.intheblack.com/articles/2021/06/01/hosting-olympics-games-worth-investment

Isaacs, H. L. (1975). *Idols of the tribe: Group identity and political change*. New York: Harper & Row.

Jacobson, B. (2003, June). The social psychology of the creation of a sports fan identity: A theoretical review of the literature. *Athletic Insight, 5*(2).

Jaffrelot, C. (2003). *For a theory of nationalism*. Centre d'etudes et de recherche internationales, Science Po.

Jalata, A. (2001). Ethno-nationalism and the global 'modernizing' project. *Nations and Nationalism, 7*(3), 385~405.

James, P. (2006). Theorizing nation formation in the context of imperialism and globalism. In G. Delanty & K. Kumar (Eds.), *The SAGE handbook of nations and nationalism* (pp. 369~81). London: SAGE.

Jones, S. (2008). 민족주의와 고고학 (이준정 & 한건수 역). 서울: 사회평론.

Judis, J. B. (2018). *The nationalist revival: Trade, immigration, and the revolt against globalization*. NewYork: Columbia Global Reports.

Kaldor, M. (2004). Nationalism and globalization. *Nations and Nationalism, 10*(1/2), 161~177.

Kamusella, T. (2017). *Civic and ethnic nationalism: A dichotomy*. Minority Policies in Central and Eastern Europe in Comparative Perspective. 15~33.

Kedoulie, E. (1961). *Nationalism* (Rev. ed.). Hutchinson & Co. LTD.

Kedourie, E. (Ed.). (1971). *Nationalism in Asia and Africa*. London: Weidenfeld and Nicolson.

Kellas, J. G. (1991). *The politics of Nationalism and ethnicity*. London: Macmillan.

Kelly, W., & Brownel, S. (2011). The olympics in east Asia: nationalism, regionalism, and globalism on the center stage of world sports. *Council on East Asian Studies, Yale University*.

Kim, M. (2014, March 4). The everyday psychology of nationalism. *The Atlantic*. https://www.theatlantic.com/world/

King, A. (2006). Nationalism and sport. In G. Delanty & K. Kumar (Eds.), *The SAGE handbook of nations and nationalism* (pp. 249~259). London: SAGE Publications.

Kitching, G. (1985). Nationalism: The instrumental passion. *Capital & Class*, *9*(1), 98~116.

Kohn, H. (1950). Romanticism and the rise of German nationalism. *The Review of Politics*, *12*(4), 443~72.

Kohn, H. (1955). *Nationalism, its meaning and history*. New York: Van Nostrand.

Kohn, H. (1961). *Prophets and peoples*. New York: Collier.

Kohn, H. (1982). *Nationalism: Its meaning and history* (revised ed.). Malabar: Robert E. Krieger Publishing Company.

Kohn, H. (1994). Western and eastern nationalism. In J. Hutchinson & A. D. Smith (Eds.), *Nationalism* (pp.162~165). Oxford: Oxford University Press.

Kohn, H. (2005). *The idea of nationalism: A study in its origins and background* (60th anniversary ed., with an introduction by C. Calhoun). New Brunswick: Transaction Publishers. (Original work published 1944)

Koreans lose speed skating appeal. (2002, February 23). *BBC*. http://news.bbc.co.uk/winterolympics2002/hi/english/skating/newsid_1833000/1833158.stm

Kumar, K. (2006). Nationalism and the historians. In G. Delanty & K. Kumar (Eds.), *The SAGE handbook of nations and nationalism* (pp. 7~20). London: SAGE.

Kuzio, T. (2002). The myth of the civic state: A critical survey of Hans Kohn's framework for understanding nationalism. *Ethnic and Racial Studies*, *25*(1), 20–39.

Laitin, D. D. (2007). *Nations, state, and violence*. Oxford: Oxford University Press.

Langman, L. (2006). The social psychology of nationalism: To die for the sake of strangers. In G. Delanty & K. Kumar (Eds.), *The SAGE handbook of nations and nationalism* (pp. 66~83). London: SAGE.

Lawrence, P. (2004). *Nationalism: History and theory.* London and New York: Routledge.

Lievan, A. (2005). *America right or wrong: An anatomy of American nationalism.* Oxford: Oxford University Press.

List of Olympic Games scandals and controversies. (n.d.). In *Wikipedia.* Retrieved January 7, 2022, from https://en.wikipedia.org/wiki/List_of_Olympic_Games_scandals_and_controversies

List of participating countries in Tokyo Olympics 2020. (n.d.). *whereig.com.* Retrieved December 27, 2021, from https://www.whereig.com/olympics/summer-olympics-participating-countries.html

Llewellyn, M. P. (2012). *Rule Britannia: Nationalism, identity and the modern Olympic Games*, London: Routledge.

Llobera, J. R. (1999). *Recent theories of nationalism.* Barcelona: Institut de Ciencies Politiques i Socials.

London 2012 Olympics: 60 of the 542 'home' Team GB members were born abroad. (2012, June 10). *The Ttelegraph.* https://www.telegraph.co.uk/sport/olympics/9390241/London-2012-Olympics-60-of-the-542-home-Team-GB-members-were-born-abroad.html

Lowry, R. (2019). *The case for nationalism: How it made us powerful, united, and free.* New York: HarperCollins.

Luckhurst, T. (2019, June 27). Honduras vs El Salvador: The football match that kicked off a war. *BBC News.* https://www.bbc.com/news/world-latin-america-48673853

Luxemburg, R. (1909). *The national question-the right of nations to self-determination.* Retrieved July 16, 2021, from https://www.marxists.org/archive/luxemburg/1909/national-question/ch01.htm

Mackay, D. (2020, August 13). Exclusive: Record number of London 2012 disqualifications shows justice been served, WADA President claims. *Inside the games*. Retrieved December 27, 2021, from https://www.insidethegames.biz/articles/1097290/london-2012-record-doping-cases

Macur, J. (2014, February 20). Adelina Sotnikova's upset victory is hard to figure. *The New York Times*. https://www.nytimes.com/2014/02/21/sports/olympics/adelina-sotnikovas-upset-victory-is-hard-to-figure.html

Macur, J. (2016, July 25). Russia decision muddies legacy of I.O.C. President Thomas Bach. *The New York Times*. https://www. nytimes.com /2016/07/26/sports/olympics/russia-doping-ioc-president-thomas-bach.html

Mann, M. (1986). *The sources of social power (Vol. I)*. Cambridge: Cambridge University Press.

Mann, M. (1993). *The sources of social power (Vol. II): The rise of classes and nation-states, 1760~1914*. Cambridge: Cambridge University Press.

Mann, M. (1995). A political theory of nationalism and its excesses. In S. Periwal (Ed.), *Notions of nationalism* (pp. 44~64). Budapest: Central European University Press.

McCrone, D. (1998). *The sociology of nationalism*. London: Routledge.

McCrone, D., & Kiely R. (2000). Nationalism and citizenship. *Sociology*, *34*(1), 19~34.

McDevitt, P. F. (2005). *May the best man win: aport, masculinity, and nationalism in Great Britain and the empire, 1880–1935*. New York: Palgrave Macmillan.

McKim, R., & McMahan, J. (Eds.). (1997). *The morality of nationalism*. Oxford: Oxford University Press.

Medal Table. (n.d.). *Olympic.com*. Retrieved December 21, 2021, from https://olympics.com/en/

Meeting with medallists at the XXII 2014 winter Olympics. (2014, February 24). *President of Russia (kremlin.ru)*. Retrieved March 11, 2022, from http://en.kremlin.ru/events/president/news/20331

Meyer, P. (1987). Ethnocentrism in human social behaviour; Some biosociological considerations. In: Reynolds, Falger & Vine (Eds.), *The sociobiology of ethnocentrism: Evolutionary dimensions of xenophobia, discrimination, racism and nationalism* (pp. 81~93). London: Croom Helm.

Mill, J. S. (2001). Considerations on representative government. In V. P. Pecora (Ed.), *Nation and identities*(pp.142~148). Oxford: Blackwell Publishers. (Original Work Published 1861)

Miller, D. (1993). In defence of nationality. *Journal of Applied Philosophy*, *10*(1), 3~16.

Minogue, K. (1996). Ernest Gellner and the dangers of theorising nationalism. In J. A. Hall & I. Jarvie (Eds.), *The social philosophy of Ernest Gellner* (pp. 113~28). Amsterdam: Rodopi.

Moore, M. (2001). *The ethics of nationalism. Oxford*: Oxford Press.

Morse, B. (2019, October 17). Each year, 13 boxers on average die in the ring. *CNN*. https://edition.cnn.com/2019/10/17/sport/boxing-deaths-patrick-day-spt-intl-trnd/index.html

Mosse, G. (1995). Racism and nationalism. *Nations and Nationalism*, *1*(2), 163~73.

Motyl, A. J. (Ed.). (2001). *Encyclopedia of nationalism (Vols. 1~2)*. San Diego: Academic Press.

Mower, J. (2012, January 1). London 2012: Olympic success is key to national pride. *BBC News*. https://www.bbc.com/news/world-16245075

Muller, J. (2007). *Constitutional patriotism*. Princeton: Princeton University Press.

Myers, D. G. (2008). 심리학 개론 (신현정 & 김비아 역, 제 8 판). 서울: 시그마프레스.

Nairn, T. (1977). *The break-up of britain: Crisis and neo-nationalism*. London: Verso.

Nairn, T., & James, P. (2005). *Global matrix: nationalism, globalism and state terrorism*. London: Pluto Press.

Nation [Def. 1]. (n. d.2). In *Dictionary. com Unabridged*. Random House, Inc. Retrieved December 16, 2015, from http://dictionary.reference.com/browse/nation

Nation. (n. d.1). In *Merriam-Webster online*. Retrieved December 16, 2015, from http://www.merriam-webster.com/dictionary/nation

Nation. (n. d.3). In *Etymology dictionary online*. Retrieved December 16, 2015, from http://www.etymonline.com/index

Nationalism. (n. d.). In *Dictionary. com*. unabridged. Retrieved December 20, 2015, from http://dictionary.reference.com/browse/ nationalism

Nelson, L. C. (2000). *Measured excess*. New York: Columbia University Press.

Newman, J. I., & Giardina, M. D. (2011). *Sport, spectacle, and Nascar naion: Consumption and the cultural politics of neoliberalism*. New York: Palgrave Macmillan.

Norbu, D. (1992). *Culture and the politics of third world nationalism*. London: Routledge.

O'Leary, B. (2001). Instrumentalist theories of nationalism. In A. S. Leoussi (Ed.), *Encyclopedia of nationalism* (pp. 148~153). New Brunswick: Transaction Publishers.

Ohno, Apolo Anton. (n.d.). In *Encyclopedia.com*. Retrieved March 7, 2022, from https://www.encyclopedia.com/sports/encyclopedias-almanacs-transcripts-and-maps/ohno-apolo-anton

Orridge, A. (1981). Uneven development and nationalism: I. *Political Studies, 29*(1), 1~15.

Oslo bid for the 2022 Winter Olympics. (n.d.). In *Wikipedia*. Retrieved December 12, 2021, from https://en.wikipedia.org/wiki/Oslo_bid_for_the_2022_Winter_Olympics

Özkırımlı, U. (2005). *Contemporary debates on nationalism: A critical engagement.* New York: Palgrave Macmillan.

Ozkirimli, U. (2010). *Theories of nationalism* (2nd ed.). New York: Palgrave Macmillan.

Ozkrimli, U., & Grosby, S. (2007). Nationalism theory debate: The antiquity of nations? *Nations and Nationalism, 13*(3), 523~537.

Panja, T. (2021, November 26). Olympic official who delivered Rio games sentenced to 30 Years for bribery. *The New York Times.* https://www.nytimes.com/2021/11/26/sports/olympics/rio-olympics-nuzman-diack-cabral.html

Panja, T. (2022, February 15). Kamila Valieva's sample included three substances sometimes used to help the heart. Only one is banned. *The New York Times.* https://www.nytimes.com/2022/02/14/sports/olympics/valieva-drug-test-heart-medications.html

Pattern, A. (2010). The most natural state: Herder and nationalism, *History of Politica Thought, 31*(4), 657~689.

Philippines celebrate Pacquiao's victory. (2008, December 7). *Reuters.* https://www.reuters.com/article/idINIndia-36910320081207

Phillips, Z. (2021, December 7). 2022 World Cup stadium built out of shipping containers. *Constructiondive.* Retrieved March 7, 2022, from https://www.constructiondive.com/news/2022-world-cup-fifa-stadium

-qatar-constructed-shipping-containers/611075/

Pisk, J. (2012, June). Search for immortality in ancient and modern sport. *Physical Culture and Sport Studies and Research, 54*(1).

Poggi, G. (1978). *The development of the modern state*. London: Hutchinson.

Poo, M. (2005). *Enemies of civilization*. State University of New York Press.

Puri, J. (2004). *Encountering nationalism*. New York: Blackwell Publishng.

Qian, N. (2021, September 1). The good and bad Olympic nationalism. *US Sports*. https://lookcharms.com/the-good-and-bad-olympic-nationalism/?nowprocket=1

Qvortrup, M. (2003). *The Political Philosophy of Jean-Jacques Rousseau: The Impossibility of Reason*. U.K.: Manchester University Press.

Race and ethnicity in the NBA. (n.d.). *In Wikipedia*. Retrieved January 24, 2022, from https://en.wikipedia.org/wiki/Race_and_ethnicity_in_the_NBA

Reardon, L. (2021, July 23). Tokyo Olympics by numbers: Participating country stats and facts. *nbcsports.com*. https://www.nbcsports.com/northwest/tokyo-olympics/tokyo-olympics-numbers-participating-country-stats-and-facts

Reicher, S., & Hopkins, N. (2001). *Self and nation*. London: SAGE Publications.

Renan, E. (1990). What is a nation? In H. Bhabha (Ed.), *Nation and narration* (pp. 8~22). London: Routledge. (Original work published 1882)

Renner, K. (1899). *Staat und nation*

Revealed: 6,500 migrant workers have died in Qatar since World Cup awarded. (2021, February 2). *The Guardian*.

Riordan, J., & Krüger, A. (Eds.). (1999). *The international politics of sport in the twentieth century*. London: E & FN Spon.

Rocker, R. (2015). *Nationalism and culture* (R. Chase Trans.) [Kindle Paperwhite version]. Retrieved from Amazon.com.

Rogers, H. K. (1992). *Before the revisionist controversy*. London: Routledge.

Rosenberg, S. (2014, February 6). Putin's hopes to burnish Russia's image with Sochi 2014. *BBC News*. https://www.bbc.com/news/world-europe-26062757

Roshwald, A. (2006). *The endurance of nationalism: Ancient roots and modern dilemmas*. Cambridge: Cambridge University Press.

Rushton, J. P. (2005). Ethnic nationalism, evolutionary psychology and genetic similarity theory. *Nations and Nationalism, 11*(4), 489~507.

Russian doping official planned book before sudden death. (2016, February 21). *CBS News*. https://www.cbsnews.com/news/russia-doping-nikita-kamaev-planned-book-before-sudden-death/

Russo, S. (2020). The politics of sports. *Political Analysis, 21*(3).

Saideman, S., & Ayres, W. (2015). *For kin or country*. New York: Columbia University press.

Samuel. H., Spencer, R., & Gammell, C. (2008. April 8). Olympic flame put out four times in Paris. *The Telegraph*. https://www.telegraph.co.uk/news/worldnews/1584388/Olympic-flame-put-out-four-times-in-Paris.html

Searle-White, J. (2001). *Psychology of nationalism*. New York: Palgrave Publishers.

Segal, D. A., & Handler, R. (2006). Cultural approaches to nationalism. In G. Delanty & K. Kumar (Eds.), *The SAGE handbook of nations and nationalism* (pp. 57~65). London: SAGE.

Seippel, O. (2017). Sports and nationalism in a globalized world. *International Journal of Sociology, 47*(1), 43~61.

Seton-Watson, H. (1977). *Nation and states: An enquiry on to the origins of nations and politics of nationalism.* London: Methuen & Co. Ltd.

Seton-Watson, H. (1965). *Nationalism, old and new.* Sydney: Sydney University Press.

Settimi, C. (2018, February 8). By The numbers: The 2018 Pyeongchang winter Olympics. *Forbes.* https://www.forbes.com/sites/christinasettimi/2018/02/08/by-the-numbers-the-2018-pyeongchang-winter-olympics/?sh=2d7a0c317fb4

Shahzad, F. (2012). Forging the nation as an imagined community. *Nations and Nationalism, 18*(1), 21~38.

Shefferd, N. (2020, June 22). Art museum removes bust of former IOC President Brundage because of concerns over "racist legacy". *Inside the games.* Retrieved December 11, 2021, from https://www. Inside thegames.biz/articles/1095570/museum-removes-bust-of-brundage

Shibli, S., Ramchandani, G., & Davies, L. (2021). The impact of British sporting achievements on national pride among adults in England. *European sport management quarterly, 21*(5), 658–676.

Shih, G. (2021, October 29). Indian police detain cricket fans cheering for the other team: Pakistan. *The Whshington Post.* https://www.Washingtonpost.com/world/2021/10/29/india-pakistan-cricket-fans/

Shils, E. (1957). Primordial, personal, sacred and civil ties. *British Journal of Sociology, 8*(2), 130~45.

Shils, E. (1960). The intellectuals in the political development of the new states. *World Politics, 12*(3), 329~368.

Shils, E. (1995). Nation, nationality, nationalism and civil society. *Nations and Nationalism, 1*(1), 93~118.

Shipley, A. (2002, August 1). Russian implicated in Olympic scandal. *The Washington Post.* https://www.washingtonpost.com/archive/politics/2002/08/01/russian-implicated-in-olympic-scandal/845c6aa1-9168-44

47-9a8b-dd827c326a55/

Silk, M. L, Andrews, D. L., & Cole, C. L. (Eds.). (2005). *Sport and corporate nationalisms*. New York: Berg.

Smith, A. D. (1983). *Theories of nationalism* (2nd ed.). London: Duckworth.

Smith, A. D. (1991). *National identity*. London: Penguin.

Smith, A. D. (1995). *Nations and nationalism in a global era*. Cambridge: Polity Press.

Smith, A. D. (1998). *Nationalism and modernism: A critical survey of recent theories of nations and nationalism*. London and New York: Routledge.

Smith, A. D. (1999). *Myths and memories of the nation*. Oxford: Oxford University Press.

Smith, A. D. (2000). *The nation in history: Historiographical debates about ethnicity and nationalism*. Oxford: Blackwell Publishers Ltd.

Smith, A. D. (2001a). *Nationalism: Theory, ideology, history*. Cambridge: Polity.

Smith, A. D. (2001b). Perennialism and modernism. In A. S. Leoussi (Ed.), *Encyclopedia of nationalism* (pp. 242~244). London: Transaction Publishers.

Smith, A. D. (2001c). Ethno-symbolism. In A. S. Leoussi (Ed.), *Encyclopedia of nationalism* (pp. 84~87). London: Transaction Publishers.

Smith, A. D. (2002). When is a nation? *Geopolitics*, *7*(2), 5~32.

Smith, A. D. (2004). History and national destiny: Responses and clarifications. *Nations and Nationalism*, *10*(1/2), 200.

Smith, A. D. (2005). The genealogy of nations: An ethno-symbolic approach. In A. Ichijo & G. Uzelac (Eds.), *When is the nation?* (pp. 94~112). London: Routledge.

Smith, A. D. (2008). *The cultural foundations of nations*. Malden MA: Blackwell Publishing.

Smith, A. D. (2009). *Ethno-symbolism and nationalism*. London: Routledge.

Smith, A. D. (2010). *Nationalism* (2nd ed.). Cambridge UK: Polity Press.

Smith, T. W., & Jarkko, L. (1998). National pride: A cross-national analysis. *National Opinion Research Center*. Chicgo: University of Chicago.

Snyder, J. (1991). *Myths of empire: Domestic politics and international ambition*. Ithaca: Cornell University Press.

Sochi scandal as Putin blamed for bias judging. (2014, February 21). *The New York Post*. https://nypost.com/2014/02/21/1-5-million-sign-petition-suggesting-putin-fixed-figure-skating/

Spencer, H. (1960). *The man versus the state*. Caldwell, Idaho: The Caxton Printers, Ltd. (Original work published 1884)

Spencer, P., & Wollman, H. (2002). *Nationalism: A critical introduction*. London: SAGE.

Spencer, P., & Wollman, H. (2005). *Nations and nationalism: A reader*. Edinburgh: Edinburgh University Press.

Sport. (n.d.). In *Etymology dictionary*. Retrieved December 1, 2021, from https://www.etymonline.com/word/sport

Stone, J. (Ed.). (1979). Internal colonialism. *Ethnic and Racial Studies*, *2*(3), pp. 255~259.

Stone, J., Dennis, R. M., Rizova, P., & Hou, X. (Eds). (2020). *The Wiley Blackwell companion to race, ethnicity, and nationalism*. NJ: John Wiley & Sons.

Suter, K. (2003). *Global order and global disorder: Globalization and the nation-state*. London: Praeger.

Tamir, Y. (1993). *Liberal nationalism*. Princeton: Princeton University Press.

Tamir, Y. (2020). *Why nationalism*. NJ: Princeton University Press.

Tang, L. (2013, May 31). The role of nationalism in the Olympics: Reflecting on the 2012 London Games. *Sociological Research Online, 18* (2).

Taranto, S. (2021, May 12). Conor McGregor tops Forbes's list of 10 highest-paid athletes of 2021. *CBSsport.com*. https://www.cbssports.com/mma/news/conor-mcgregor-tops-forbess-list-of-10-highest-paid-athletes-of-2021/

Tetrault-Farber, G. (2018, January 12). Years after Salt Lake City scandal, French judge finds peace. *Reuters*. https://www.reuters.com /article/us-olympics-2018-figs-scandal/years-after-salt-lake-city-scandal-french-judge-finds-peace-idUSKBN1F11L8

Thayer, B. A. (2004). *Darwin and international relations*. Lexington, KY: The University Press of Kentucky.

The 1969 'Soccer War' between Honduras and El Salvador. (n.d.). *Association for Diplomatic Studies & Trainingies & Training*. Retrieved October 3, 2021, from https://adst.org/what-is-adst/

Tokyo Olympics cost $15.4 billion. What else could that money buy? (2021, August 7). *Business Standard*. Retrieved March 1, 2022, from https://www.business-standard.com/article/sports/tokyo-olympics-cost-15-4-billion-what-else-could-that-money-buy-121080700159_1.html

Tomlinson, A., & Young, C. (Eds.). (2006). *National identity and global sports events*. Albany: State University of New York Press.

Turley, S. R. (2018). *The new nationalism: How the populist right is defeating globalism and awakening a new political order*. CA: CreateSpace Independent Publishing Platform.

United Nations. (n.d.). *United Nations member states*. Retrieved October 20, 2020, from https://www.un.org/en/about-us/member-states

United states Census Bureau. (n.d.). *Population*. Retrieved March 3, 2022, from https://www.census.gov/quickfacts/fact/table/US/RHI225219#R HI225219

United States presidential election, 2000. (n. d.). In *Wikipedia*. Retrieved October 4, 2021, from https://en.wikipedia.org/wiki/United_States _presidential_election_2000

United States. (2012). *Amendment XIV to the United States constitution, section 1*.

United States. (n.d.). *The preamble to the United States constitution*.

United States. (n.d.). *United States code, supplement 3, title 8, section 1408 nationals but not citizens of the United States at birth*.

van den Berghe, P. (1978). Race and ethnicity: A sociobiological perspective. *Ethnic and Racial Studies*, *1*(4), 401~11.

van den Berghe, P. (1979). *The Ethnic phenomenon*. New York: Elsevier.

van den Berghe, P. (1994). A socio-biological perspective. In J. Hutchinson & A. D. Smith (Eds.), *Nationalism* (pp. 96~103). Oxford, Oxford University Press.

van den Berghe, P. (1995). Does race matter? *Nations and Nationalism*, *1*(3), 357~68.

van den Berghe, P. (2001a). Kin selection. In A. S. Leoussi (Ed.), *Encyclopedia of nationalism* (pp. 167~168). London: Transaction Publishers.

van den Berghe, P. (2001b). Sociobiological theory of nationalism. In A. S. Leoussi (Ed.), *Encyclopedia of nationalism* (pp. 273~279). London: Transaction Publishers.

van den Berghe, P. (2005). Ethnies and nations: Genealogy indeed. In A. Ichijo & G. Uzelac (Eds.), *When is the nation?* (pp. 113~118). London: Routledge.

Wallerstein, I. (1987). The construction of peoplehood: Racism, nationalism, ethnicity. *Sociological Forum*, *2*(2), 373~388.

Waltz, K. N. (2001). *Man, the state and war*. New York: Columbia University Press.

Weber, E. (1976). *Peasants into Frenchmen: The modernization of rural France. 1870~1914*. Stanford: Stanford University Press

Whannel, G. (2008). *Culture, politics and sport: Blowing the whistle, revisited*. London: Routledge.

Wills, J. (2021, October 31). The economic impact of hosting the Olympics. *Investopedia*. Retrieved October 12, 2021, from https://www.investopedia.com/articles/markets-economy/092416/what-economic-impact-hosting-olympics.asp

Wilson, T. M. (Ed.). (2001). *Sport, nationalism, and globalization: European and north American perspective*. Albany: State University of New York Press.

Xu, G. (2012). Chinese anti-western nationslism, 2000~2010. *Asian and African Studies*, *16*(2).

Young, D. C. (2004). *A brief history of the Olympic games*. Malden: Wiley Publishing.

Young, M., Zuelow, E., & Sturm, A. (Eds.). (2007). *Nationalism in a global era*. New York: Routlege.

Zirin, D., & Boykoff, J. (2020, April 1). A bribery scandal hits the '2020' Tokyo Olympics. *The Nation*. https://www.thenation.com/article/world/tokyo-olympics-bribery-scandal/

색 인

A

Adam Smith, 77
Adelbert von Chamisso, 292
Adelina Sotnikova, 221
Ainus, 145
Ajax, 196
Alexander, 73
Alexandra Trusova, 62
Alimzhan Tokhtakhounov, 257
Alla Shekhovtseva, 222
Altius, 143
amare, 293
Amateur, 293
amateurism, 238
Amendment XIV, 94
Andrés Escobar, 32, 246
Anna Shcherbakova, 62
Anthony A. Cooper, 97
Anthony D. Smith, 80, 86
Anton Ohno, 33
Anton Sikharulidze, 256
Arabs, 73
ARD, 55
Arsenal, 161
Arthur Soares, 255
Asian Art Museum, 27
Astylus, 259
Avery Brundage, 25

B

Bad Blue Boys, 29
bad nationalism, 71
BBC, 189
Benedict Anderson, 91, 120
Benedict de Spinoza, 198
Berlin Summer Olympics, 251
Bild, 59
Bill Clinton, 204
Bob Goldman, 261
Bodyline, 251
Britons, 73
Burgundians, 72

C

Callippus, 258
Cardiff, 161
Carlos Nuzman, 255

CAS, 61
Central Europe, 114
CERD, 126
Chechens, 107
Chelsea, 161
Chinese, 105
Chinese nationalism, 83
Chinese patriotism, 83
Citius, 143
citizen, 93, 102
citizenship, 93
city, 93
civic, 94
civic nationalism, 113, 139
civil, 94
Cleomenes, 248
CNN, 50
Committee on the Elimination of Racial Discrimination, 126
confederacy, 97
Conor McGregor, 156
constitution, 94
Coroebus, 137
cosmopolitan, 292
cosmopolitanism, 81
country, 76, 77
Creole peoples, 91
Cyrus, 73

D

David Pelletier, 256
Delije, 29
deport, 133
desport, 133
Didier Gailhaguet, 257
Diego Maradona, 245
Dinamo Zagreb, 29
dop, 259
doping, 259
Durham Stevens, 101
Dynamo, 160, 251

E

egoism, 110
Elie Kedourie, 79
Elis, 247
emotional nationalism, 144
England, 89
English, 105
Ernest Gellner, 79
Ernie Harper, 18
etatism, 82

Eteri Tutberidze, 62
ethnic, 125
ethnic community, 87
ethnic group, 76, 102
ethnic nationalism, 71, 113
ethnicity, 85
Etruscans, 73
Eupolus, 258
European Football Championship, 141

F

Fabio Carta, 33
fair play, 139
festa, 135
festival, 135
FIFA, 263, 268
Floyd Joy Mayweather Jr., 190
Football War, 252
Fortius, 143
Franjo Tudjman, 30
Franklin D. Roosevelt, 174

G

Gauls, 73
gentlemanship, 139

George Orwell, 251
George W. Bush, 175, 203
gladiator, 157
Gloria Arroyo, 188
Golda Meir, 26
Goldman's dilemma, 262
Grace Wang, 51
Greeks, 73
greenhouse, 93
Grigory Rodchenkov, 56

H

H. B. Gerard, 177
Hans Kohn, 79
Hans Morgenthau, 198
Hector, 196
Hilvoorde, 184
holocaust, 16

I

IAAF, 254
IBF, 141, 199
Immanuel Wallerstein, 85
in-group bias, 176, 177, 180, 282

International Olympic
   Committee, 149
International Trade Union
   Confederation, 268
Inuit, 76
Iphitos, 247
Italian World Cup, 251

J

Jack Cafferty, 50
James Francis Thorpe, 236
Jamie Sale, 256
Jean-Jacques Rousseau, 173
Jesse Owens, 16
Jin Jing, 52
John Carlos, 27
John Coates, 215
John Locke, 98
John Stuart Mill, 107
Jorge Rafael Videla, 205
Joseph Stalin, 73

K

Kamila Valieva, 59
Kenesaw Landis, 174
Konrad Z. Lorenz, 198

Korean, 105
Korean ethnic nationalism, 71
Korean nationalism, 71

L

Lamine Diack, 254
league, 97
Leonardo Gryner, 255
Lionel Messi, 246
Ludwig Jahn, 139
Luis Suarez, 244
Luxembourgers, 72
LVMH 그룹, 50
Lycurgus, 248

M

Manny Emmanuel Pacquiao,
   187
Marie-Reine Le Gougne, 257
Marty Glickman, 16
McLaren Report, 56
MGM Grand Hall, 187
Michael Jordan, 156
MMA, 156
Monica Lewinsky scandal, 204
Moros, 145

mother country, 97
Muzafer Sherif, 179

N

nation, 70, 73, 76, 86, 102, 114
national, 99
nationalism, 69, 73
nationalities, 115
Nationality, 99
nature view, 198
Nelson Mandela, 174
Nikita Kamaev, 55
non-zero-sum game, 204
Northern Ireland), 89
nurture view, 198

O

OAR, 58
ohn Kerry, 203
Olympic Athletes from Russia, 58
Olympic Games, 141

Ø

Ørnulf Seippel, 184

O

Oscar De La Hoya, 187

P

P. H. Ling, 140
Paralympic Games, 141
patriotism, 82
people, 77, 94, 95
Philip Zimbardo, 176
Philippides, 277
Pierre de Coubertin, 142
Pisatan, 248
pitz, 135
polity, 84
positive-sum, 235
power politics, 209
Pygmies, 145

R

race, 85
racial, 125
Ralph Metcalfe, 17
Rangers, 161
Red Star Belgrade, 29
Reinhold Niebuhr, 198
ritual internationalism, 144

Robbers' Cave, 179, 204
Robert B. Cialdini, 220
Roberta Gibb, 164
Rocky IV, 192
Rohullah Nikpai, 189
Romans, 73

S

Sahrawi, 85
Saint Augustine, 198
Sam Stoller, 16
Scotland, 89
screen, 205
Sérgio Cabral, 255
sex, 205
shamateur, 238
Sioux, 145
Sokol, 140
sovereign people, 104
Spartan, 248
sports, 133, 205
sports nationalism, 173
sportsmanship, 139
sportswashing, 205
Spyridon Louis, 260

Stanford prison experiment, 176
state, 76, 77, 102
statism, 82

T

T20 월드컵 크리켓 경기, 191
team spirit, 139
Teutons, 73
The Wealth of Nations, 77
Theodosius, 138
Thomas Bach, 59, 286, 317
Thomas Hubbard, 40
Tommie Smith, 27
tribalism, 114
tribe, 85
Two Treatises on Civil Government, 98
t-검정, 228

U

United Kingdom, 69, 89
United Nations, 247

V

Vicky Wright, 236

Vitaly Stepanov, 55
Vladimir Lenin, 107
Vyacheslav Sinev, 56

W

WADA, 55
Wales, 89
Walker Connor, 81
WBA, 141, 199
WBC, 141, 199
WBO, 141, 199
World Anti-Doping Agency, 260
World Medical Association, 199

Y

Yelena Berezhnaya, 256
Yulia, 55

Z

zero-sum, 235
zero-sum game, 204
Zionism, 89
Zulu, 259
Zvonimir Boban, 30

ㄱ

가나, 244
감정적 자국주의, 144
강대국, 274, 290
개발도상국, 187
개최국, 274
개최국 프리미엄, 226, 285
거주자, 99
검은 구월단, 24
검투사, 157
게르만 민족, 15
게르만족, 115
겔너, 79
격구, 135
고어, 203
고향 땅, 87
골드만딜레마, 262
골족, 115
공민, 113
공민 국인주의, 139
공민정부 2론, 98
공통 조상, 87
구부러진 나뭇가지, 41
국가, 77
국가 자부심, 182
국민, 92, 93, 117

색인 **335**

국민주의, 92, 100

국인, 102, 109, 280

국인주의, 108, 130, 280, 291

국제권투연맹, 141

국제권투협회, 141

국제노동조합연합, 268

국제연합, 77, 247, 284

국제올림픽위원회, 149, 213, 218, 255, 284

국제육상경기연맹, 254

국제축구연맹, 263, 268

국호, 103

군인, 243, 283, 294

궁술, 135

권력정치, 209

권지국사, 103

권투, 199

그레이스 왕, 51

그리스, 277

근골, 117

기마, 135

기업 마케팅권, 150

김구, 116

김동성, 33, 34, 271

김연아, 116, 192, 221, 271, 295

ㄲ

까르푸, 50

ㄴ

나관중, 195

나라사랑, 99

나쁜 내셔널리즘, 71

남승룡, 18

낭비, 201, 218, 264, 266, 288

내셔널리즘, 69, 73, 113, 278

내집단편향, 176, 177, 180, 282

네덜란드, 273

네이션, 70, 73, 86, 279

네팔, 268

노근리 사건, 39

노르웨이, 217

노무현, 38

ㄷ

다국인국가, 139

다이나모팀, 251

다케다 츠네카즈, 253

단군신화, 88

담합, 236

대중매체, 158

대한매일신보, 116

대한인국민회, 103
데일리 텔레그라프, 259
도쿄하계올림픽, 26, 46, 59, 208, 210, 211, 224, 232, 234, 265, 270, 273, 284
도핑, 259, 288
독립 내셔널리즘, 80
독립운동, 103
독일, 140
돈, 294
디에고 마라도나, 263

ㄸ

딱새, 123

ㄹ

라싸, 48
라이벌전, 190
라이커거스, 248
랍어스 동굴, 179
러시아, 249, 252
러시아올림픽위원회, 59
로디지아, 28
로마, 115
로스엔젤레스올림픽, 249
록키, 192

루소, 173
루프트한자, 26
류, 119
리우하계올림픽, 46, 58, 59, 208, 241, 265, 267
리하르트 슈트라우스, 14
리호준, 28
링컨, 94

ㅁ

마라톤, 17, 277
마쉬티, 23
마초, 195
맑시즘, 73
맥라렌보고서, 56
메넬라우스, 194
메달집계표, 270
메달획득, 285
메달획득 비율, 228
메데인, 31
메시, 291
명예, 294
모국, 97
모사드, 26
모스크바올림픽, 249
문재인, 39

뮌헨하계올림픽, 24
미국, 187
미국월드컵, 31
민간단체, 284
민족, 76, 102, 116, 279
민족 공동체, 86
민족 내셔널리즘, 113
민족주의, 69, 278
민족집단, 69
민중, 94
밀로세비치, 29

ㅂ

바디라인, 251
바흐, 59, 62, 64, 286
반 CNN, 50
반중시위, 215
방송중계권, 150
백성, 94
베를린올림픽, 248
베를린하계올림픽, 13, 159, 210, 217, 251
베이징동계올림픽, 59, 62, 214, 215, 217, 236, 248, 249, 267, 278
베이징동계패럴림픽, 250

베이징올림픽, 250
베이징하계올림픽, 45
보불전쟁, 142
보잉 747 점보 여객기, 266
부시, 38, 175, 203
부정 부패, 122, 201, 253, 288
부족장, 135
분업, 294
불법행위, 65
불평등, 270, 289
브라질올림픽위원회, 254
비영합게임, 204

ㅃ

뻐꾸기, 123

ㅅ

사랑, 293
사모아인, 100
사이비 아마추어선수, 238
사회계급, 153
사회주의, 160
산살바도르, 20
삼국지연의, 195
생래적 성향, 198
선수, 283

선수 선서, 146
선진국, 186
성, 163, 205
성종, 102
성화봉송, 48
세계권투기구, 141
세계권투평의회, 141
세계무역기구, 149, 284
세계반도핑기구, 55, 260
세계의학협회, 199
세계주의자, 292
세계화, 165
세르비아, 252
세리프, 179
세종대왕, 116
소치동계올림픽, 210, 224, 265, 267, 286, 291
소콜, 140
손기정, 18
솔트레이크동계올림픽, 33, 255, 256
쇼트트랙, 33
숀 화이트, 34
수박, 135
슈보데르바, 62
스모, 172

스미스, 80, 87
스웨덴, 140
스코틀랜드, 69
스코틀랜드사람, 69
스키, 172
스탠포드감옥실험, 176
스톡홀름올림픽, 248
스티븐 브래들리, 35
스파르타, 248
스페인, 42
스포츠, 133, 205
스포츠 자국주의, 173, 290, 294
스포츠 정신, 54, 139, 147, 159, 201, 244, 287
스포츠 행사, 207
스포츠세탁, 205
스포츠중재재판소, 61
시, 93
시민, 92, 93
시오니즘, 89
신, 294
신사도, 139
신장, 215
신조, 79, 83
심판 매수, 258

색인 339

ㅆ

싸이러스, 73
쌍체검정, 228
씨름, 135, 172

ㅇ

아가메논왕, 195
아가멤논, 193
아담 스미스, 77
아르헨티나월드컵, 205
아리안민족, 17
아마추어, 238, 293
아마추어리즘, 238
아마추어체제, 241
아메리칸 풋볼, 172
아작스, 195
아카이아, 193
아테네하계올림픽, 208, 265, 284
안정환, 36
안창호, 103
알렉산더, 73
알마티, 217
알바니아, 252
알제리아, 252
애국심, 82

앤더선, 91, 120
앤서니 쿠퍼, 97
약소국, 290
에스파뇰, 291
엘리스, 247
엘리트 스포츠, 242, 287, 292
엘리트 체육, 241
엘살바도르, 20
역사적 기억, 87
연대의식, 87
연합왕국, 89
영고, 135
영국, 69, 139, 252
영국인, 105
영합, 235
영합게임, 204
영화, 205
오슬로, 217
온두라스, 20
온실, 93
우레이, 291
우루과이, 244
우크라이나, 249
위구르, 215
유고슬라비아, 29
유대인, 17

유비, 195
유엔 인종차별철폐위원회, 126
유진 웨버, 119
응원, 178
의식적 국제주의, 144
의지, 294
이누이트, 76
이성계, 103
이지아준, 33
이집트, 252
이천수, 36
이탈리아월드컵, 251
이피토스, 247
이회창, 39
인간, 294
인격, 294
인권탄압, 215
인민, 77, 92, 94
인종, 85, 162
일리아드, 136, 193
잉글랜드, 89

ㅈ

자국주의, 130, 280, 291, 294
자그레브, 29
자기주의, 110

자본주의, 158
자원, 264, 288
장비, 195
장인환, 101
잭 캐프티, 50
전명운, 101
전쟁, 243
전쟁법, 198, 283
정신, 117
정체성, 161
정치, 294
제1차 세계대전, 248
제2차 세계대전, 248
제우스, 137
조선, 104
조선인, 103
조선인민주주의공화국, 96
조선족, 104
족, 119
존 로크, 98
종족주의, 114
주몽, 135
중국, 273
중국인, 105
중부 유럽, 114
중화주의, 53

지카바이러스, 208
진징, 52

ㅊ

찰스 캠벨, 38
체코, 140
초등학교, 266
축구전쟁, 20, 252
치앨디니, 220
친족, 85

ㅋ

카자흐스탄, 217
카타르, 190, 199, 267, 268
케두리, 79
코너, 81
코로나바이러스, 61, 208, 211, 213
콜롬비아, 31
쿠베르탱, 142, 143, 144, 237, 271
크레올인, 91
크로아티아, 29, 252
크로아티아민주연합, 29
크로톤, 259
클레오메네스, 248

ㅌ

테구시갈파, 20
테스토스테론, 200, 233
텔라몬, 195
토지개혁법, 22
통합 내셔널리즘, 80
투우, 172
트로이, 193
티베트, 48

ㅍ

팔레스타인해방기구, 24
페르시아, 277
펠레, 32
평등성, 155
평창동계올림픽, 58, 210, 265, 267
포르투갈, 43
푸틴, 57, 59, 222, 223, 224, 249, 286
프란시스코 마투라나, 31
프로체제, 238
피사탄, 248
필리피데스, 277
필리핀, 187
필립 짐바르도, 176

핏츠, 135

ㅎ

하계올림픽, 227
하루유키 타카하시, 254
하키, 172
한국대표팀, 42
한국인, 105
한스 콘, 79
한일월드컵축구, 42
행복, 294
헐리우드 액션, 33
헐링, 172

헝그리 정신, 187
헥토르, 193
혈통, 85
호머, 136
홍콩, 215
환경, 289
효선 미선 사고, 38
훌리건, 252
훌리오 그론도나, 263
훔볼트대학, 262
흑인, 17
히틀러, 13, 14, 15, 16, 217

스포츠 내셔널리즘
: 스포츠 자국주의

인쇄: 2022년 5월 31일
발행: 2022년 5월 31일

지은이: 조영정
펴낸이: 조영정

펴낸 곳: 사회사상연구원
서울시 서초구 사평대로 154
출판등록: 제2018-000060호(2018. 3. 14)
전화: 070-4300-7997
팩스: 02-6020-9779
홈페이지: www.sir.re.kr
E-mail: zjoyz@naver.com

ISBN 979-11-963520-0-4 93300
copyright©조영정
Printed in Korea

본서의 무단 복제를 금합니다.

잘못된 책은 교환해 드립니다.

정가 20,000원